THE FIRST WORLD WAR IN 100 OBJECTS

一战物典

改变一战的100件物品

［英］加里·谢菲尔德（*Gary Sheffield*）　著

宋凌　文微　译

SPM
南方出版传媒
广东人民出版社
·广州·

图书在版编目（CIP）数据

　　一战物典：改变一战的100件物品 /［英］加里·谢菲尔德（Gary Sheffield）著；宋凌，文微译. —广州：广东人民出版社，2018.6
　　ISBN 978-7-218-12612-8

　　Ⅰ.①一… 　Ⅱ.①加… 　②宋… 　③文… 　Ⅲ.①第一次世界大战—历史 　Ⅳ.① K143

中国版本图书馆 CIP 数据核字（2018）第 036580 号

First World War in 100 Objects

Text © Gary Sheffield 2013

Design © André Deutsch Limited 2013

Original edition published by André Deutsch, a division of the Carlton Publishing Group

All rights reserved.

Simplified Chinese rights arranged through CA-LINK International LLC（www.ca-link.com）

著作权合同登记号：图字 19-2015-033 号

YIZHAN WUDIAN：GAIBIAN YIZHAN DE 100 JIAN WUPIN

一战物典：改变一战的100件物品

［英］加里·谢菲尔德（Gary Sheffield）著

宋凌　文微　译

版权所有　翻印必究

出 版 人：肖风华

责任编辑：施　勇　李　响　皮亚军
责任技编：周　杰　吴彦斌

出版发行：广东人民出版社
地　　址：广州市大沙头四马路10号（邮政编码：510102）
电　　话：（020）83798714（总编室）
传　　真：（020）83780199
网　　址：http：//www.gdpph.com.
印　　刷：深圳市新联美术印刷有限公司
开　　本：787毫米×1092毫米　1/16
印　　张：16　　字　数：150千
版　　次：2018年6月第1版　2018年6月第1次印刷
定　　价：148.00元

如发现印装质量问题，影响阅读，请与出版社（020-83795749）联系调换。
售书热线：（020）83790604　83791487　　邮　购：（020）83781421

目录

前言

第一次世界大战决定性地改变了历史进程，无论是战争的规模还是残酷性都史无前例。战争将国家和社会置于前所未有的压力之下，直到今天，人们都能感觉到一战带来的影响。首先，一战打破了1914年各方势力的平衡。欧洲最强大的国家——德国，丢失了大片领土，德意志民族也遭到羞辱。但它的衰落只是暂时的，之后的二十年间，它再次走上了侵略的道路。融汇了多种语言和多个民族的奥匈帝国则分裂为数个小国，现代土耳其从奥斯曼帝国的废墟中崛起，战胜国获得了不同数量的财富。法国虽然在战场上取得了胜利，但实力却被削弱。民族主义势力在战争中崛起，而这场战争将在两代人的成长时间内，摧毁大不列颠的帝国体系。美利坚合众国的大国风采初露头角，它暂时采取了孤立主义政策。

回看历史，沙皇俄国在1917年土崩瓦解是一件意义非凡的大事。一个马克思主义革命团体夺取了权力，并排除万难，存活下来，最终呈现欣欣向荣的姿态。新政府推行的意识形态影响力十分巨大，这套意识形态以国际无产阶级革命为基础，在接下来的70年间，与另一套意识形态——资本主义自由民主相争相斗。英国、法国、美国（美国尤为突出）都是资本主义自由民主的拥趸。1914年至1991年这段时间被称为"短暂的二十世纪"。在此期间爆发了两场激烈的世界大战，以及一场冷战。直到1989年至1991年期间，这场意识形态之争才最终落下帷幕，成立于1917年的苏联政权解体，冷战也随之结束。第一次世界大战的意义不言而喻，对其有相应的理解十分必要。在普罗大众看来，第一次世界大战总是笼罩着一团迷雾，英语世界尤其如此认为。

获邀通过100件相关物品，创作一本关于第一次世界大战的图书时，我被这项挑战迷住了。这给了我一个机会，去探寻战争中不为人知的一面，并且从另一个角度来看待战争中我们习以为常的一面。在选择这100件物品的时候，我拥有完全的自主权。在罗列这些物品的时候，我故意使名单具有折中性。我无意于列出一张十分全面的单子，我也乐于承认，在选择这100件物品时，我也藏了"私心"，侧重于自己感兴趣的方面。有时候，我的阐述方式十分直接。在《道格拉斯·黑格爵士的背水一战电令》一节中，我主要介绍了黑格爵士本人以及他下达该命令时的背景。部分内容中，给出的主题不过是个跳板，我利用这个跳板，讲述了更为广泛的内容。因此，介绍法国村庄普鲁瓦亚尔华丽的一战纪念碑时，我借此讲述了敌人占领下法国和比利时部分地区人们的生活状况。

虽然这本书的封面上赫然印着我的名字，但我身后还有一群杰出的作者，他们在本书的创作过程中功不可没。菲洛米娜·H.拜德赛博士（Dr. Phylomena H. Badsey）主要负责第10、17、53、54以及74节；迈克尔·洛克西罗博士（Dr. Michael LoCicero）负责第6、9、11、12、13、25、26、28、38、69、84以及86节；斯宾塞·琼斯博士（Dr. Spencer Jones）负责第20、22、30、36、40、41、43、44、48、52、55、58、60、63、72、73、77、90、98以及100节。我非常感谢这三位作者，也向我的编辑——卡尔顿出版社的凡妮莎·道布内（Vanessa Daubney）致以谢意，与她共事非常愉快。此外，我还要感谢我的文学经纪人，彼得·罗宾逊（Peter Robinson），感谢他的耐心工作，以及他的助手阿历克斯·古德温（Alex Goodwin）。最后，我要一如既往地感谢我的家人。谨以此书致我的侄儿——杰克。

加里·谢菲尔德

1

01 弗朗茨·斐迪南大公的轿车

军事历史博物馆中一辆带有弹痕的轿车毫不客气地提醒我们，第一次世界大战直接导源于巴尔干半岛。这是一辆四缸32马力的格拉夫&希夫特敞篷1911款豪华轿车。这款车因此而知名。1914年6月28日，弗朗茨·斐迪南大公乘坐此车参加在萨拉热窝（波斯尼亚–黑塞哥维那①首都）举行的一场官方宴会。斐迪南大公是奥匈帝国皇位继承人，大家都认为他不久后将成为新一任皇帝：他年迈的叔叔，现任皇帝弗朗茨·约瑟夫已经快84岁了。对于弗朗茨·斐迪南而言，此次来萨拉热窝是冒险之举。奥匈帝国1908年才吞并波黑，当地的局势依然非常紧张。19世纪，民族主义在德国和意大利等地获得巨大成功。而哈布斯堡家族统治的多民族帝国，也承受着来自国内外民族主义者越来越大的压力。

塞尔维亚人给奥匈帝国出了一个难题。巴尔干地区是奥匈帝国最后一块势力范围，而维也纳认为，独立的塞尔维亚国，是一个蛮横无礼、自命不凡的对手，它为了占领帝国的土地，在帝国内部引发纷争。弗朗茨·斐迪南此次访问萨拉热窝，旨在声张帝国权威。但在塞尔维亚民族主义者看来，这无异于赤裸裸的挑衅，尤其是斐迪南大公竟在塞尔维亚国庆日到访。大公应该意识到了他面临被刺杀的风险，因为在那个时代，皇室成员被刺身亡是真实存在的危险。1898年，弗朗茨·约瑟夫的妻子伊丽莎白皇后②遇刺身亡。

塞尔维亚民族主义团体黑手党决定抓住这个机会刺杀大公。他们的背后是自行其是的塞尔维亚军事情报局；刺杀并非出于塞尔维亚政府的授意。

行动从一开始就搞砸了。一个刺客一看到大公的座驾就泄了气，另一名倒是扔出了一枚炸弹，却误中副车。尽管如此，宴会结束后，大公驱车离开时，司机拐错了弯，刺客加夫里若·普林西普正好站在那里。车辆掉头时，他射杀了大公及其平民出身的妻子索菲亚女公爵。普林西普自杀未遂，当场被捕。

距弗朗茨·斐迪南遇刺到一场全面战争在欧洲爆发，仅一个月多一点时间。这场危机从一起发生在巴尔干半岛的地区性冲突演变为终将席卷所有列强并导致数百万人死亡的大战。还有一些诱发本次大战的因素，试举三例：德国人对霸权的追求、英德海军军备竞赛和俄国人对重登世界舞台的渴望；但这些不应掩盖一个事实，即奥匈帝国对萨拉热窝事件的反应促成了战争的爆发。刺杀事件后，它决定不计后果向塞尔维亚宣战，以此作为对塞尔维亚的惩罚。7月23日，奥匈帝国发出最后通牒。虽然塞尔维亚几乎答应了维也纳所有的要求，但战争还是在五天后爆发了。几乎可以肯定，奥匈帝国的决定会使塞尔维亚的保护国俄国以及俄国的盟友法国卷进来，并使一场巴尔干冲突升级为欧洲的全面战争。这是奥匈帝国的一次致命赌博。它的盟友德国决定支持这次冒险。这意味着，维也纳和柏林的一小撮决策者就是引发一战的主要责任人。

① 即波黑。——译注
② 即茜茜公主。——译注

対页图：加夫里若·普林西普射杀斐迪南大公及其妻子索菲亚。由于被人群包围，他无法使用炸弹，而是不加瞄准使用手枪射击

上　图：遇刺前一刻，斐迪南大公夫妇在萨拉热窝市政厅外。两人在当天早些时候已经逃过一劫：一枚投向大公座驾的炸弹被轿车的折叠车篷弹出去，最后在另一辆车的车底爆炸

02 巴黎东站

巴黎东站是巴黎的两大火车站之一，它是通往西线的门户。历史学家阿德里安·格雷戈里写道："不管是第一次世界大战还是1914—1918年的各首都城市，都无法离开铁路，甚至无法想象没有铁路的情况。"1870年的普鲁士军拥有能力远超敌方的参谋部门，通过国内四通八达的战略铁路运输网，在普法边境快速集中兵力，获得了战争的主动权。在开头棋差一着之后，拿破仑三世的军队再也没能恢复过来。从此人们的心中深深记下了这样一个教训：开战初期的部署速度极端重要，而且不要将主动权交给对方。20世纪60年代，颇具争议的历史学家A.J.P.泰勒甚至认为，在1914年7月危机期间，战争爆发的一个关键因素就是动员计划的僵化使得政府丧失了灵活性。泰勒表示这是"一场被火车时刻表强加到政治家头上的战争。对铁路发展史而言，这是一个出乎意料的高潮"。虽然有些夸张，但他的观点反映了一部分事实：比如说德国的施里芬计划，即依靠战略铁路，集中兵力在西线击溃法国，然后再移师到东面对抗俄军。

1914年战争真正爆发时，铁路在支援前线方面起到了至关重要的作用。如此一场物资战争的进行，取决于一个高效的运输系统能否将人员、弹药、食品和邮件等从国内运到前线，有时候还需要轻轨运输。铁路也用于运送战士们回家度假。一旦战事需要，铁路还要承担起大规模军队调动的任务，比如1918年3月鲁登道夫攻势前夕，德国将好几个师从俄国前线调到法国进行重新部署。因此，像巴黎东站这样的大型火车站就具有了相当高的军事价值。

1914年秋天，许多来自战区的难民抵达巴黎东站。一位妇女记录道："一队队可怜人"，"带着他们仅有的财产，很难想象还有比这更让人伤心的景象了"。巴黎东站和北站都处于军事管制状态。在难民潮过后，几乎就看不到平民了。取而代之的是，或回家度假，或返回前线的大批士兵。1916年末，巴黎东站每天人流量高达6 000人次；1917年10月，每日有五列休假火车进站，同时，发出六列开往前线的火车。东站和其他车站周围出现了官方或非官方的建筑群——宪兵哨所、小卖部、酒吧、妓院（包括大量的流莺）和黑市（士兵们可以在那里通过非法销售他们的装备来获得急需的金钱）。这样的情景不仅发生在巴黎，也发生在伦敦、柏林以及整个欧洲的其他大城市。志愿机构剧增：在巴黎东站和其他地方，美国红十字会开设了"士兵餐厅"。一名战士回忆道，当他们到达巴黎东站时，"迎接我们的总是逐渐散去的蒸汽味和煤炭味，尿骚味混杂其间。但你总是会感到非常开心"。这并不奇怪，因为列车上没有厕所。

对页图：1914年8月，满载新兵的火车正要离开巴黎东站。至此，大约已动员了290万法国男性

上　图：1914年8月，人群目送预备役军人从巴黎东站出发。铁路经这座总站穿过法国，通往东方。它是军队向东赶往前线的主要中转站

03 德式钉盔

钉盔，又称矛尖盔，是德意志帝国的制式头盔。它是德国军国主义的象征。普鲁士军队于1840年首先使用该型头盔。1914年式钉盔是由皮革、黑色烤漆以及帽顶中央一个竖起的金属矛状顶钉构成。头盔前部有一块由黄铜制作的装饰物，通常是帝国之鹰，不过也有许多变形。帝国军队的士兵来自许多不同的地区，比如来自巴伐利亚地区的军队就是采用巴伐利亚盾徽装饰。另外，炮兵帽顶不是矛状顶钉，而是一个圆球。乌兰枪骑兵头盔的帽体部分和钉盔类似，但帽顶则是经典的波兰方顶帽样式。

现役钉盔通常罩着一块盔罩，不过钉盔很快就成了英国皇家海军海上封锁的受害者。由于无法进口皮毛，于是烤漆钢铁头盔和其他一些材料制作的替代型头盔应运而生。

军装样式往往能反映出军事上的胜利。携普法战争（1870—1871）大胜之威，普鲁士军被视为世界上最强的军队，于是许多国家的军队也采用了普军样式的军装。戴着法式平顶军帽的英国士兵在1870年之前的衣着明显带有法军风格，但在那之后，英军的穿着就带有德式风格了。讽刺的是，1914年许多英军步兵团的全套军礼服所配的钉盔上的盾徽，看上去明显和他们敌人的非

常相似。这实际上是对他们的盟友在以前战争中的表现的无声批评！幸运的是，在西线，部队很快就换装成卡其布军服和尖顶软帽。

钉盔是协约国盟军最喜欢的一种"战利品"。有许多照片中的英国士兵戴着缴获的矛尖盔，最后它们中的许多都成了军事博物馆的展品。在东线，德国军队有时需要前往增援奥匈帝国的友军，诸如钉盔之类的德军特征物都被勒令隐藏起来，以免被俄国人发现他们的存在。

虽然矛尖盔是一战中德军的象征，但最终还是被看起来更平凡的德式钢盔（钢制头盔）所替代。一般说来，是从1916年初开始换装的。"煤斗"形状的钢制头盔能够提供更好的头部防护，而德式钢盔经过改进后，在二战中再次成为德国军人的象征。钉盔并没有从战场上完全消失。1917年，军官们还继续戴着它，不过矛尖已经被去掉了——实际上，这玩意儿就是告诉协约国盟军狙击手：这是个高价值目标。一直到1918年，它才在前线部队里消失，但仍为后方的军官们使用。与其遭遇类似的还有象征法军的法式平顶军帽——它被阿德里安式钢盔所取代。事实证明，钉盔并不适用于堑壕战。钉盔的消亡，是大规模工业化战争出现的征兆。

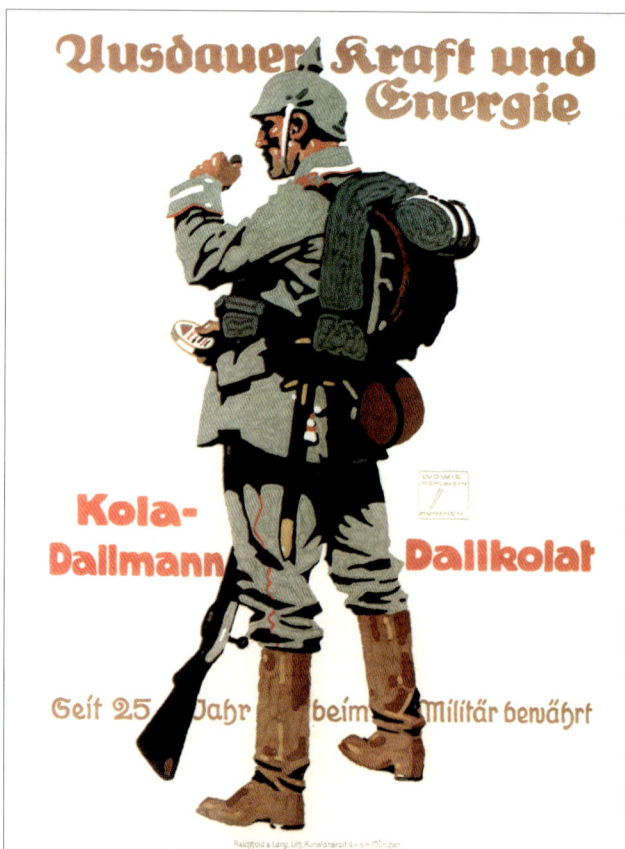

对页图：一张一战期间的德国蜡烛广告，图中强调：
"经久、强悍和活力"

上 图：一顶饰有帝国之鹰的德式钉盔

04 普鲁瓦亚尔的凯旋门

坐落于巴黎夏尔·戴高乐广场的凯旋门是法国军人荣耀的象征之一。它建成于1836年，是一座纪念拿破仑一世及其军队的丰碑。一战后，法国人在凯旋门正下方盖起了一座无名烈士墓，墓中长眠的是在第一次世界大战中牺牲的一位无名战士。墓前有一盏长明灯，纪念在两次世界大战中牺牲的法国将士。

毫无戒备的游客在法国皮卡第地区可能会惊讶地发现，在一座小村子里有一座小了一号的"凯旋门"。一战后，许多地区选择用这样一座雕像来纪念一战：一名穿着厚重长大衣，戴着阿德里安式钢盔的法国士兵。但是普鲁瓦亚尔选择把战争的记忆铭刻在一座与巴黎那座战争丰碑相似的建筑上。这就好像是英国诺福克郡或者美国阿肯色州的人民用特拉法尔加广场上的纳尔逊纪念碑或者华盛顿的华盛顿纪念碑来承载他们对战争的感触。普鲁瓦亚尔凯旋门下有尊脚踏德式钢盔的法国士兵雕像。这座纪念碑铭刻有如下语句："我们胜利了！"——这句话改自贝当在凡尔登战役中提出的战斗口号："我们必将胜利！"

普鲁瓦亚尔和许多城镇、村庄一样，因为地理因素被卷入了战争。1914年8月，德法在此地打了一场仗。4年后，在亚眠战役的余波冲击下，一次激烈的战斗在此展开。据一名英国记者的记载，10个澳大利亚旅在坦克的支援下，向普鲁瓦亚尔挺进。"敌军的重机枪火力是如此猛烈，以至于澳大利亚人放弃了继续进攻的企图。（后续的）行动……艰难冗长而又度日如年。"尽管如此，迫于侧翼压力，防守方还是撤退了。当战争发展到那个阶段，当地居民不得不"在非常糟糕的处境下"，背井离乡，或去德国，或去比利时，成为自1914年起成千上万的法国难民和比利时难民中的一员。

如1914—1918年这般的全面战争中，德占区法比人民的命运是战争固有的蛮横和暴力的又一例子。如法国历史学家斯特凡纳·奥杜安·鲁佐和安妮特·贝克尔所写，"自1914年开始，人们迎来了真正的恐怖。战争进行了四年，血雨腥风也整整持续了四年……当时的想法是，出于羞辱占领区人民的心理，要系统地使用特殊的、暴力的手段震慑对方"。食物短缺，即便有，也非常昂贵。法国平民——主要是妇女、老人和孩子（因为青年人在1914年都应征入伍了）——生活在永久的恐惧中。到处都是全副武装的德国军人；占领军厉行通行隔离制度，人民的行动自由受到严格限制。占领军把平民视为人质，把报复强加到他们头上。许多平民被强征劳役。1916—1917年，大约12万名比利时人被船运到德国，在战争工厂中劳作。一名美国人回忆他见到的比利时劳工时说：他们"骨瘦如柴、青筋毕露；虚弱得没法自己站住，再饿下去，就真是病入膏肓了。和1940年那场席卷全人类的大规模征服和奴役相比，这只是噩梦的序曲。但在1917年的我们看来，这场浩劫依旧是史无前例的恐怖"。

如上文所引述的，在对待占领区人民方面，德意志帝国及后来者纳粹德国在行为上有极强的关联性。在这方面，德国皇帝统治下的德国虽然并非有意识进行大屠杀，但其行为也是极其恶劣的。

LA MARNE L'YSER VERDUN **PRO PATRIA** LA SOMME L'ARTOIS L'AISNE

1914 AUX ENFANTS DE PROYART MORTS POUR LA FRANCE 1918

对页图：浮雕"出发"，描述了一名士兵在奔赴前线之前和家人告别

上　图：普鲁瓦亚尔纪念碑是由诺尔芒一家捐建的，他们在战争中失去了唯一的儿子。纪念碑的主体建筑包括一个巴黎凯旋门的仿制品，纪念那些为法兰西战斗而献出生命的烈士

05 坦能堡战役纪念碑

1914年8月，德军在东普鲁士战胜俄军，这是充满象征价值的一次胜利。虽然这场战役发生在阿伦施泰因镇附近，但还是以几英里外一座郁郁葱葱的小山"坦能堡"为名。1410年，条顿骑士团在坦能堡几乎被波兰立陶宛联合王国全歼。将当前和斯拉夫敌人的斗争与这件往事联系起来，这样的宣传鼓动极为有力。

就歼敌数量而言，1914年的坦能堡战役并非一次决定性的胜利。俄国军队的规模大得足以承受一次大约5万人死伤和9万人被俘的战役。从短期来看，俄国人依然获得了一系列对奥匈帝国作战的胜利。甚至迟至1916年，俄国还发动了"布鲁西洛夫攻势"——这一攻势在初期成果斐然。但是，坦能堡战役的胜利是一次重要的心理胜利。它使将兵力大部分部署在法国和比利时的德国人，对从东方滚滚碾来的"俄罗斯压路机"不再畏惧。而且，此役除了打击俄国政府对俄军的信心，还使得英国发现，俄国和法国需要英军对其进行直接支援。因此，此役还促使英国更深入卷进西线战役。

坦能堡战役的意义在东线其余战役之上。它具有高度的象征意义。德军名义上的指挥官保罗·冯·兴登堡上将（此役后晋升为陆军元帅）是一位民族英雄——虽然其下属马克斯·霍夫曼和埃里克·鲁登道夫在战斗中发挥了更大的作用。此外，此役还体现了德国军队的优秀，最好的例证便是绝对的数量优势在出色的指挥艺术和机动能力面前不堪一击。此役是因俄军入侵东普鲁士而爆发，根据《凡尔赛条约》第231条款（通常被称为"战争罪责条款"），德国因其侵略行为需要对战争负全责，将此役定义为防御战就显得非常重要了。这场战役也被视为条顿人对俄国"野蛮人"的胜利——希特勒于1933年掌权后，该主题变得特别重要。

从1927年开始，人们花了三年时间修建坦能堡战役纪念碑。兴登堡出席了奠基仪式。瓦尔特和约翰·克鲁格共同设计了这座纪念碑。纪念碑外形为一座八边形的城堡，对边相距100米，每条边高6米并矗立着一座23米的高塔。纪念碑内长眠着20名在此役中牺牲的"无名"战士。他们的墓顶是一个12米高的十字架。后来，纳粹把坦能堡战役纪念碑变成了兴登堡陵墓。兴登堡作为民族英雄的地位，在他任德国总统期间进一步加强了——1933年，他指派希特勒为德国总理。1934年，在希特勒的关注下，"无名"战士墓被兴登堡和他妻子的合葬墓取代。这样，坦能堡战役纪念碑就成为民族社会主义（纳粹主义）的一个象征。它把希特勒的统治和过去的荣耀连接起来。

1945年1月，苏联红军攻进东普鲁士。德国当局将兴登堡及其妻子遗体搬走，并破坏了纪念碑的部分结构。二战结束后，此地成为波兰的国土。阿伦施泰因改名为奥尔什丁。今天，纪念碑的部分残骸在无声控诉着兴登堡和希特勒时代德国带来的破坏。

对页图：俄军炮火肆虐过的东普鲁士普查洛沃（Puchalow）地区。成群的马匹死去。俄军数量在此役中大大超过德军，双方数量对比达到29（俄军）：16（德军）

上　图：1933年坦能堡战役纪念碑的航拍照片。当年8月纳粹在此地举行了纪念这场战役的仪式。波兰政府允许他们借道波兰走廊抵达纪念碑所在地

下页图：1927年9月18日，坦能堡战役纪念碑揭幕。站在中间的是兴登堡

06 "大贝尔塔"榴弹炮

1914年8月4日，德军开始了他们在一战中的第一次进攻，目标为强大的比利时列日要塞。奥托·冯·埃米希上将集结在默兹河的陆军部队的任务是攻占要塞，为入侵法国和比利时做好必要准备。到8月7日，尽管环绕城市的12座炮台还有11座尚未攻破，上将手下的6个步兵旅在遭受了巨大损失后，仍然突破了默兹河东岸防御，进入列日。就在此时，巨大的克虏伯420毫米榴弹炮登场了。8月13—16日，在8门奥地利305毫米斯柯达攻城臼炮的支援下，"大贝尔塔"毫不留情地轰开其余要塞，直至敌方投降。要塞指挥官莱曼将军在防守龙欣要塞时负伤，在昏迷的情形下成了德军的俘虏——"我是在昏迷时被你们俘获的，请务必在电报中写明此事"。在莱曼被俘后的第二天，施里芬计划所面临的第一个主要障碍化为硝烟中的一片废墟。

420毫米榴弹炮源自1904—1905年的日俄战争。其时，日军采用280毫米海岸炮对付旅顺港的俄军工事。这是一次利用可机动重型攻城火炮对抗诸如要塞等固定目标的出色展示。这一战术所展示出来的潜力，尽入德国和奥匈帝国观察者眼底。经过一年的设计，具备丰富海岸堡垒臼炮设计经验的克虏伯公司于1908年制造出了305毫米重型榴弹炮的首门原型炮，绰号"测试设备"。五年后，克虏伯制造出了机动性更强的新炮。1914年8月，两门轮式"42厘米M-设备14"，也就是

通常为人所知的"迪克"或者"胖贝尔塔"，在英语里一般称为"大贝尔塔"（为了纪念钢铁军工巨人克虏伯公司的女继承人贝尔塔·克虏伯）进入西线部队服役。此前在2月份的试射中，该炮使得威廉二世龙颜大悦：75吨重的"怪兽"需要280人为它服务，以保证一小时10发的射速。其配备的半穿甲弹重930千克，射程12.5千米。面向列日要塞，它发射的一连串炮弹沿着1200米的弧形弹道射向目标。在开火60秒后，炮弹击中目标。

作为克虏伯的"奇迹武器"，420毫米机动火炮携列日要塞攻防战大胜之威，继续参加了接下来的一连串战役：那慕尔战役、安特卫普战役、莫伯日战役和对协约国其他要塞的攻击。共计14门巨炮分别进入东线和西线服役。"大贝尔塔"榴弹炮"要塞拆迁工"的美名即使在1916年漫长的凡尔登战役中也没有丝毫削弱：那里的法军要塞是用混凝土和钢铁建成的——根本不是1914年质量低劣的比利时要塞可比。这些法军要塞在攻城加农炮的大量炮弹轰击下，虽然受损严重，但依然耸立在德军面前，直到遇见了"大贝尔塔"。随着交战双方火炮射程的增长，"大贝尔塔"在1917年退役。

上 图：1916年，德军炮兵与一发炮弹的合影。炮弹上的文字为："贝尔塔"向霞飞问好。霞飞是法军总司令

上　图：1915 年，西线部队的一门"大贝尔塔"正处于开火状态。炮兵统治了一战战场

下页图：1914 年 8 月 7 日，在列日的德国士兵和一门"大贝尔塔"

07 法军的红色军裤

1914年法国参战时，可以说，法国士兵穿着交战双方军队中最"灿烂"的军装。之前十多年，在其他地方，这种华美的军装一般只用于国内服役和接受检阅的士兵身上。英国人穿着非常实用的卡其色，德国人是田野灰，奥地利人是青灰色（呈浅绿），俄国人的军装则是淡卡其色的。所有这些军装的颜色都旨在使穿着者在战场上看起来不那么起眼。从19世纪开始，随着步枪火炮的精度和射程急速提高，原来的紧密队形被抛弃，取而代之的是散兵线队形。而法国人是一个例外。虽然1914年7月就有一种暗色调的"地平线蓝"军装获批使用，但在第二个月的战争动员中，法国士兵还是穿着厚重的蓝色长大衣，戴着一顶红色的法军平顶小帽（通常会盖上一个蓝色外罩），裤子则是红色军裤。而在骑兵方面，胸甲骑兵的着装和他们99年前在滑铁卢的前辈们非常相似，还是"经典"样式：带着鬃毛的头盔还有钢制护胸甲（不过前后都有布罩）；他们红色的军裤则更多地令人想起法兰西第二帝国而非第一帝国。

法国士兵从19世纪40年代就开始着红色军裤。一个推测是，引进红军裤是法国征服阿尔及利亚的结果，这为产自北非的红茜草染料提供了市场。60年后，一个为法国士兵换装不那么显眼的军装的计划被否决了。某种程度上，是担心如果将传统军裤换成更单调的服装，会使军队士气受损。1913年，当时的陆军部部长这么说道："红色军裤就是法兰西！"基于"进攻再进攻，全力进攻"的理论，士气被视为法军作战方式中关键性一环。根据陆军中尉罗伊佐·德·格朗迈松和斐迪南·福熙将军的战术思想，具备强烈进攻意识、高度积极的士兵是战场上胜利的关键。在战略层面，1914年8月开始执行的法军《17号作战计划》也体现了把进攻放在首位这一思想。虽然法军经常因其对进攻战术的执迷而被嘲笑，但其将进攻置于首位的思想以及对士气的高度重视为1914年的各国军队所广泛吸收。近代的某些战例证明，尽管现代化火力的破坏力越发强大，但具备高昂士气、决心坚定的军队依然能够获得胜利，1904—1905年的日俄战争就是一例。如历史学家帕迪·格里菲斯所说，对士气因素的强调看起来"是牢固建立在当时的心理学和人种科学上的"。

但法军在1914年8月进行的边境战役中，伤亡人数高达约20万人，其中包括超过4 700名冲在队伍前列的军官。在1914年8月22—23日的战斗中，第三殖民地师总人数为16 000人，损失高达11 000人。到1914年底，已有40万法国士兵阵亡。

由于法军大量伤亡，另类的法兰西第二帝国军装在1915年被不显眼的"地平线蓝"军装所取代。与军服换装同步进行的，还有对更实用的战术思想的采纳，这使法国军队在僵持不下的西线战场上成为令人生畏的对手。

Patience, Courage, Espérance
Mon cœur est près de toi

Myosotis

76

对页图：1914 年 9 月第一次马恩河战役期间，一群法国士兵在森林中休息。他们身上的红色军裤最终还是被不显眼的军装所取代

上　图：卡片上的文字为"坚忍、勇气，愿吾心与你同在"。法军传统军装中的爱国主义情感值得铭记。"取消红色军裤，绝对不行！红色军裤就是法兰西！" 1913年法国陆军部部长尤金·艾蒂安如此宣称

08 比利时狗拉机枪

马和驴子并不是仅有的在战场中拥有一席之地的四足兽。比利时陆军机枪手们使用成对的大狗作为驮兽。比利时大猛犬被用来拖带装载武器的运输小车。狗在比利时常被用于运输。当时的一份研究报告声称，一只体重50千克的狗可以拉动重达400千克的货物，而且狗"聪明、温驯，在任何环境下都全身心为主人服务……不管是在行军途中还是在炮火下，狗是完全值得信赖的……除非它精疲力竭或是受了致命伤"。

尽管比利时是击败德国的联盟的一个重要成员，但它在一战中的作用却常常被人忽视。作为1914年的中立国，比利时拥有一支11.7万人，分属6个步兵师和1个骑兵师的军队。这个规模大致和英国远征军最初的规模一致。在施里芬计划中，德军主力的攻击轴线将穿过比利时进入法国。比利时军虽然在开始时被德军击溃，但恢复士气后，与法军和英军并肩作战，并延缓了德军的进攻。10月25日，位于纽普特的运河闸门被打开，伊瑟河的河水在阻止德军进攻的同时，也淹没了大片富饶的土地——这体现了比利时人反抗入侵者的精神。至11月中旬，西线僵局形成时，比利时的大部分国土已被德国占领。首都布鲁塞尔和主要港口安特卫普均告沦陷。伊普尔是唯一一座逃过德军魔掌的比利时大城市。这是大战期间，协约国军对处于困境的"伊普尔突出部"进行顽强防御战的一个因素。

比利时国王阿尔伯特一世一直把指挥部放在滨海城镇德帕内，亲自指挥他的军队。在痛失大部分国土后，阿尔伯特宣称："军队现在是比利时国仅存的徽记！"伤亡人员极难补充，阿尔伯特将军队省着用。他拒绝将部队投入1915—1917年的战争绞肉机中。在协约国中，阿尔伯特保持着一种半独立的身份。虽然德国不太可能与比利时达成和解，但这种可能性也不能完全排除。这将使其他协约国成员处于一种非常尴尬的状态。但德国人——他们把比利时工厂设备拆后运回德国，把比利时人运到德国强制劳役——并没有给予和解这种选择应有的重视。

在1918年最后的百日会战中，比利时军加入了协约国的攻势。阿尔伯特国王和法军上将让·德古特共同指挥佛兰德陆军集团军。上将赫伯特·普卢默爵士指挥下的英国远征军第二军也受阿尔伯特统率，并最终起到了带头作用。9月28日，伊普尔前的GAF在一天之内就突破了1917年的战线——协约国联军当时在此地血战三个半月之久。比利时军夺回巴雪戴尔岭，同时英军占领了梅森。此后，比利时部队暴露出他们缺乏经验的问题，特别是在后勤事务方面。11月22日，阿尔伯特率领比、英、法、美军队重回首都布鲁塞尔。这既是政治上的，也是军事上的胜利——这是比利时国家主权和独立的重生。

対页图：这张狗拉机枪的图片发表于 1913 年 6 月 8 日的法国报纸《小报纸》（*Le Petit Journal*）上。和驮马相比，狗更容易驾驭。它们低矮的身形使它们可以在行动时待在机枪边上

上　图：1914 年，一名机枪手和两只比利时大猛犬站在一起。狗已戴上口套，并均已装上了马克沁机枪车的挽具

09 法式阿德里安钢盔

腰佩武装带，脚着战地重靴，身披油布堑壕雨衣，手握一把独特的左轮手枪，陆军中校温斯顿·丘吉尔带着挑衅的眼神，从一顶法式阿德里安头盔的帽檐下凝视前方。这是丘吉尔在1915年底拍摄的一张相当有代表性的照片。在加利波利战役惨败后，他的政治生涯似乎已宣告终结。这位未来的首相大人被指派为西线皇家苏格兰燧发枪团第六营指挥官。除了额外携带一把柯尔特1911自动手枪和一个便携式的洗澡用烧水炉子之外，丘吉尔还试图戴上一个相当有特色的"阿德里安盔"以配齐他那已经够笨重的军官套装——他特立独行的态度早已声名在外。如此，在确保头部也获得足够的防护后，丘吉尔穿戴着这套独一无二的装备在前线一直待到1916年5月他重返政坛。

阿德里安式钢盔由四块分开的金属构件（前帽檐、后帽檐、碗状主体、偏流浅帽冠）、皮革衬垫、波纹板衬带和可调式下巴皮带组成。与盆状的英式布罗迪"锡帽"或者著名的哥特式德式钢盔相比，阿德里安盔或者说M15钢盔惊人地将法式的功能与风格结合在了一起。由于堑壕战里，炮弹爆炸后产生的低速弹片对头部有着致命的杀伤效果，这使法军对头盔有急迫需求，促成了阿德里安钢盔的设计和开发。伤兵中头部受伤人数的显著上升，使得人们得出一个结论：某种制式钢盔也许会大大降低堑壕战中士兵受致命伤的机会。同样，为了控制大规模攻势中持续增加的伤亡，并保全国家因战争而不断损耗的人力资源，人们对一款全新的现代军用头盔的需求越来越迫切。

1915年春，阿德里安钢盔［为了纪念设计者陆军主记总监（Intendant-General）奥古斯特–路易·阿德里安］正式服役。头盔的设计原型为巴黎消防队的铜饰头盔。它由低碳钢制成，仅重0.765千克。它是由四个金属构件以铆接技术结合而成，但这样形成的铆缝结构也留下潜在的缺点，冲压制造的英式和德式钢盔则几乎完全没有这方面的问题。新头盔为士兵们提供足够防护力的同时，还具备价格相对低廉和易于制造的优点。它的颜色包括亚光蓝灰色或者卡其色面漆，并配以各兵种识别标记。步兵和骑兵佩戴的标志为一个燃烧弹或者一个手榴弹；精锐猎兵的是一支军号；炮兵的是交叉的炮管；工兵的是经典头盔和胸甲；殖民地军队的则是锚。在停战前夕，超过300万个M15头盔用于装备部队。被编入法军的美国黑人亲切地叫它为"蓝帽子"，比利时、意大利、俄国、罗马尼亚和塞尔维亚军队在一战期间也使用阿德里安钢盔。日后，经过改进的阿德里安钢盔又随同法军一同投入第二次世界大战的硝烟中。作为法国人不懈抗争的情感象征，它历久绵延的意义在粉色的花岗岩界石上得到了最好的体现。这个界石划定了德军在法兰西和佛兰德行军推进的极限。不管是阿德里安钢盔还是布罗迪钢盔，它们都铭刻着战士们的坚守带来的胜利。战士们践行着如下格言：入侵者们，此路不通！

对页图：第十九猎兵营的战士莫里斯·莱唐于1916年在法国梅尔齐库尔的堑壕中拍下了这张机枪小组的照片。塞尔翁－梅尔齐库尔的这座村庄完全被战火摧毁了

上　图：阿德里安钢盔比英国和德国的同类装备都要轻

10 战争债券

战争债券是交战国政府为了向本国居民筹集军费而采用的一种金融机制。它为投资者提供的回报"固定"而低微，但对于大众来讲却是安全放心的储蓄形式。在英国，战争债券的主要发行对象为工人阶级（工资每周付一次）和下层中产阶级（工资每月付一次），他们中的许多人在战前并没有任何余钱。随着战事深入，劳动力需求上升，劳动人口增加，政府开始担忧通货膨胀和消费者支出的增加。战争债券促使人们形成储蓄的习惯并让人感到自己是一名"帝国的股东"。这样不但可以筹措军费，还可以防止战时通货膨胀。

德国发行了九期战争债券，每期间隔半年。1916年3月发行的战争债券，是现金购进最为狂热的一期，当期认购者达到520万人。一个有争议的观点认为，认购者对1916年9月期债券的热情有所消退，这反映了德军在凡尔登和索姆河的巨大损失导致德国中产阶级的信心动摇。据统计，德国战时公债高达"1 000亿马克，相当于德国2/3的战争支出"。历史学家大卫·史蒂文森说："欧洲中产阶级用他们孩子的生命和自己的财产进行了一次豪赌。"

为了促进战争债券的销售，英国政府发行了多种面额的战争债券，所以联合王国和大英帝国的各个阶级都可以买得起一份"战争储蓄存单"。广告牌被制成类似说明书一样的东西；其他宣传材料则常常强调购买债券的爱国性质和战时公民支持政府和军队的义务。当时流行的大众媒体无声电影和卡通片也被用在战争债券的促销上，比如1918年拍摄的《有个小个子男人，他有一把小小的枪》。电影中，大不列颠的形象代表约翰牛带着他的斗牛犬，挫败了德国皇帝和兴登堡。花花绿绿的宣传画被贴在了银行、邮局和大块的户外广告板上。这些宣传物经常摆放在许多城镇广场上的临时看台周围，对战争进行直观的展示，为各种诸如"战舰"或"坦克周"的募资活动募集资金。

1917年，美国加入一战。美国政府为募集"自由公债"创作的海报一般是强调"德国佬"和普鲁士人的野蛮本性，并强调购买自由公债给全体公民带来的骄傲和自豪。美国人在宣传中认为，事实上，如果一个人没有参军来保卫这个国家，那么购买公债就是他的义务。加拿大则制作了"购买胜利公债"的海报。海报中总有一名女性双翼天使和一面米字旗。数百万人购买了战争债券，而债券促销海报则成了一战进入普通人家庭生活的明证。

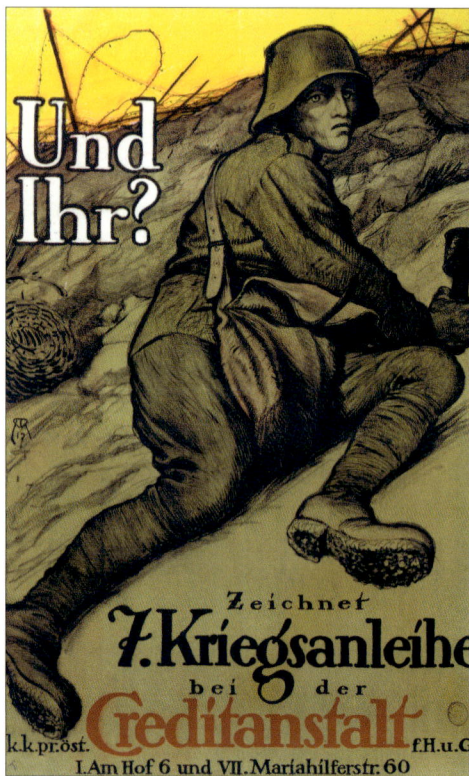

THE TANK TOUR

BUY NATIONAL WAR BONDS (£5 TO £5000) AND WAR SAVINGS CERTIFICATES 15/6

对页图：这张 1917 年的奥地利海报描绘了一名手握手榴弹准备"跃出堑壕"的战士，宣传画中提出了一个简单的问题："你呢？"

上　图：一张以广受欢迎的坦克为卖点的英国海报，注意画里的数字，它旨在以最适当的面额来吸引投资者

下页图：1917 年 12 月，伦敦特拉法尔加广场上的一场战争债券促销会。人群中的坦克引人注目

NATIONAL
WAR BONDS
SOLD HERE

11 罗斯步枪

战爆发的前十年，加拿大军方正式采购了一系列不仅不堪用且恶评如潮的.303口径步枪（包括MKⅠ、MKⅡ和MKⅢ）。该枪由苏格兰发明家兼商人查尔斯·罗斯爵士设计，因此被称为罗斯步枪。由于这把枪在法国和佛兰德前线潮湿泥泞的作战环境中表现极其恶劣，加军于1916年用经过战场考验的英制李·恩菲尔德短步枪替换了几乎全部的罗斯步枪。

富有戏剧性的是，罗斯步枪的出现正是源于英国政府拒绝在加拿大生产李·恩菲尔德步枪。其时，第二次布尔战争（1899—1902）正处于高潮。大英帝国内部在战时的不和，显露于外，让人始料不及，这给了罗斯一个很好的机会。他手里正好有一款现成的步枪设计，这为英式制式步枪提供了替代方案。1901年8月，在魁北克郊外的亚伯拉罕平原上，罗斯步枪及其竞争对手经受了一场高强度的

测试。除了远距射击精度以外，李·恩菲尔德步枪的设计远远优于罗斯的直拉式枪机。然而，罗斯对其步枪缺点的解释仍为加拿大武器官员所接受——这迎合了当时加拿大国民自卫队大臣兼罗斯步枪的热情支持者弗雷德里克·博登爵士的喜好。因此，尽管伦敦和其他民兵组织均对此枪持保留意见，但它仍于1903年3月被加军正式接受。

对罗斯步枪的抱怨整整持续了近十年，直到1914年对它的批评仍然不绝于耳。最早的批评来自皇家西北骑警总监于1906年说的一段话，他指出了罗斯步枪的"诸多缺陷"，其中包括一起由于枪机后飞导致射手一只眼睛受伤的事故。一名批评家尖刻地说道："它在后方杀死的人数和它在前线击毙的敌人一样多。"在动用了大量的政治关系，并对罗斯步枪原始设计进行大修改后，罗斯爵士才平息了这场风波，保住了这份利润丰厚的合同。

1914年8月一战爆发时，加拿大军队几乎全部装备了MKⅢ型罗斯步枪。该枪于当年初进入加军服役，其主要改进包括加拿大的盒式弹仓，以桥夹取代原来的漏夹装填，以及安装在桥夹后面的后准星。8月10日，国防大臣萨姆·休斯为组建中的加拿大远征军又订购了30 000支罗斯步枪。结果，这支枪的缺点于1915年初西线的战斗中显露无遗。在1915年4月22日发生的伊普尔战斗中，德军在毒气攻击后立即发起进攻，罗斯步枪的不可靠导致了致命后果：战场上无处不在的泥沙以及使用不符合加拿大标准的英国弹药，导致该枪发生大范围卡壳事故。军队私底下对武器标准化的需求促使走投无路的加拿大士兵扔掉手里无用的罗斯步枪，捡起伤亡英军留下的李·恩菲尔德步枪。加拿大官方则在很长一段时间后才意识到这个问题。虽然在加拿大的国家荣誉感和初生的民族主义感的影响下，加拿大国内仍有一部分罗斯步枪的支持者，但加军还是在1916年9月用李·恩菲尔德步枪换掉了罗斯步枪。尽管如此，由于罗斯步枪射击精度高，这款步枪在狙击手当中仍然很受青睐。

对页图：两名上士（站立者）教授士兵如何射击。狙击小组通常包括一名狙击手和一名观察员。在他们手里，罗斯步枪充分发挥了精度高的优势。狙击小组正是在一战中证明了他们的存在价值，因为他们能够有效打击敌军士气

上　图：罗斯步枪在堑壕战中并不适用，它的螺纹对污物很敏感，经常因此卡壳。和前线士兵相比，政客们更喜欢这款步枪。1916年，罗斯步枪退役

12 铁丝网

铁丝网，又称为"有刺的铁丝网"，是导致一战陷入僵局的两种"低技术"产品之一。另一种是铁锹，参战士兵可以用它挖洞，以躲避敌方炮火。与躲避时不同的是，攻击者试图前进攻克敌方堑壕时，不得不把整个身体暴露在外，此时铁丝网对攻击方来说，更是横添障碍。面对敌方铁丝网，"剪不断理还乱"，这是英国士兵在索姆河战役的第一天（1916年7月1日）就普遍有的悲伤经历。一名高地步兵团的士兵回忆道："通过苏格兰裙①的动向，我看到我们的前导攻击波被拦阻了。他们的尸体挂在铁丝网上，被打成了筛子。就好像在堤坝前被射杀的牛群！"

铁丝网障碍的布设和维护，是堑壕战日常工作中最繁重的一种。士兵们要在夜幕的掩护下进入无人区，铺设木质或者铁质的螺旋桩（高约81厘米或者1.07米），然后从沉重的绕线轴上拉出铁丝，将这些螺旋桩连接起来。这是一份危险的任务——有时候要在离敌方堑壕仅几码远的地方进行——不仅要有技巧，还要有耐心。一些专门的器具可以加快铁丝网的布设，比如包有垫子的木槌、加厚的手套、人力绞盘和钢丝钳等。一般来说，一个理想中的铁丝网障碍是在一线堑壕前18米处布设一段铁丝网，然后在这个铁丝网的前方35~45米处再布置一段铁丝网，以困住敌方投弹手。

依据组成和范围的不同，铁丝网有很多种类。德国人吹嘘的"齐格菲防线"，或称"兴登堡防线"，即由大量连续的纵深达90米的铁丝网构成。英国人则把"标准双围栏"型铁丝网作为他们的主要障碍物。通常

所谓的阵地"基础建设模块"包括一条或者更多条的平行铁丝线以及相应数量的鹿砦，并以散乱的线圈增强其效果。相对来说，铁丝网的更换和安装都是比较简单的，而且它还可以为防御机枪和火炮建立起一个"歼敌区"。可以说，铁丝网提供了一种便宜而又有效的防御手段。

和许多其他战术难题一样，人们很快就找到了攻破铁丝网的对策。除了钢丝钳（见《钢丝钳》，本书第146页）之外，1916年9月，一种机械化的铁丝网粉碎机出现了，那就是坦克。另一个对策则是英国106号引信。在这之前，英军试图使用2英寸迫击炮炸毁铁丝网。这虽然确实可行，但只能摧毁很小范围内的铁丝网；而且在1916年该炮发生了令人吃惊的大比例"哑弹"事故；此外，发射出去的炮弹要定时在铁丝网正上方的最优距离爆炸才可达到效果。106号引信是"瞬发"型，其有足够的敏感度，可以在碰到铁丝的瞬间爆炸。与平直弹道的火炮相比，高抛弹道的榴弹炮能更有效摧毁铁丝网，与之相结合，106号引信到1917年春部分解决了铁丝网这一难题。然而，进攻中的步兵被铁丝网钩住的无助身影，仍然是第一次世界大战中震撼人心的一幕。正如在一首著名的战士之歌中所表达的：

如果你想见见那些老战士，我知道他们身在何方，他们吊在那老旧的铁丝网上；

我曾见过他们，曾见过他们，吊在那老旧的铁丝网上；

我曾见过他们，曾见过他们，吊在那老旧的铁丝网上。

① 英国的高地步兵一般来自苏格兰，苏格兰裙为其标志性服饰。——译注

对页图：1916年，几个法国士兵正列队受阅。铁丝网横跨整条战壕。战争结束之前，前线大约布设有645千米长的铁丝网

上　图：1918年，凯昂的铁丝网。这是德军"兴登堡防线"的一部分。铁丝网促进了坦克这种新型战场武器的使用

13 勒贝尔步枪

1914年法国参战时，法军的制式步枪是"勒贝尔M1886"，更广泛的称谓则是"勒贝尔"步枪。该枪在普法战争（1870—1871）的余烬中诞生，是世界上第一种使用无烟火药的小口径军用步枪。在这一划时代武器的帮助下，法国在现代化步枪的开发竞赛中，赢得了一定的技术优势。此前，官方设计的各种手动步枪，或多或少都是出于赶上先进的德式装备的目的。"勒贝尔M1886"型步枪的服役，迫使德国的轻武器制造商在一片忙乱中，与其对手在同一起跑线上再度展开竞争。这就是1914年前欧洲轻武器军备竞赛的一幕。从阿尔及利亚到印度支那，再从马恩河到凡尔登，"勒贝尔"总体上来说，是一把射击精准、使用可靠的步枪，是法国军队多年的强劲支柱。

"勒贝尔"的技术来源于1884年法国化学家保罗·维埃那发明的无烟火药以及几乎在同一时间，由瑞士人爱德华·鲁宾发明的全金属外壳步枪弹。当时的法国陆军部部长乔治·布朗热将军敏锐地意识到，二者对未来小口径武器可能造成巨大冲击。他于1886年1月强烈要求必须把这些革命性的发明整合进新型军用步枪的设计中。为人所期待的原型枪从绘图设计阶段到评估阶段，只花了不到五个月时间。在那个时代冗繁的军事官僚机构里，这是一项闻所未闻的壮举。在以参与设计该枪平头弹的尼古拉斯·勒贝尔中校的名字为新步枪命名后——这是个错误——"勒贝尔"步枪于1887年4月22日正式入役。由兵工厂管理人员阿尔伯特·克洛斯和路易·韦尔丹在沙泰勒罗的国营兵工厂设计和测试，"勒

贝尔"革命性的机械部件在当时引起了很大的轰动。融合了具有传统构造的转栓式枪机，该款步枪除了采用当时最先进的8毫米口径无烟火药子弹外，还拥有置于枪管和下护木之下的8发直筒弹仓，这一特性让"勒贝尔"在开始重视步枪多次击发速率的年代深受关注。如果加上吓人的46厘米长的针状M1886型刺刀（法国士兵称其为"罗萨莉娅"），"勒贝尔"步枪长达1.72米——比许多士兵的身高还要长。法兰西第三共和国的三大国营兵工厂（沙泰勒罗、圣·艾蒂安和蒂勒）火速生产该枪。从1887年开始，到1940年停产的53年间，大约生产了288万支"勒贝尔"步枪。

任何尖端科技所带来的技术优势都是短暂的。尽管法国人于1893年推出了"勒贝尔"的小改型号，但是随着德国"1888式委员会步枪"的诞生，德意志帝国再次在军用火器的发展上获得了领先地位。虽然设计上有些过时，不过1914年8月一战爆发时，M1886/93型"勒贝尔"步枪依然是法国步兵的制式装备。"勒贝尔"一个固有缺陷是其固定的直筒弹仓。当子弹发射出去后，弹仓会导致全枪不平衡。到1918年为止，装备"勒贝尔"步枪的士兵只是法军庞大步兵力量的一部分。和其他国家的军队一样，法国人复杂精致的步兵战术中还包括手榴弹、枪榴弹以及其他自动火器的使用。

对页图：1917年在美国制造的"勒贝尔"步枪，图中的机器正把一把枪的枪托翻转过来。虽然直筒弹仓的装填需要花费更多的时间而且瞄准具也不大，但是"勒贝尔"步枪因其可靠耐用很受军队的欢迎

上　图：1888年制造的"勒贝尔"步枪保留了许多原始设计。图片下方的刺刀可以安装在枪管下部

14 阿尔弗雷德·利特的"基钦纳勋爵"海报

蓄有浓须的基钦纳勋爵，目光坚定，伸出食指："需要你！"——这张海报可能是有史以来最著名的海报之一。插画家阿尔弗雷德·利特（1882—1933）设计的这张海报于1914年9月发行，印刷量很大。这张海报流传至今，衍生出大量的仿制品，因此而闻名于世。回到一战时期，詹姆斯·蒙哥马利·弗拉格借鉴了这一想法，用一个戴着高顶大圆礼帽、蓄有山羊胡须的"山姆大叔"代替基钦纳，标语改为："我需要你加入美国陆军！"这一海报设计也被越战反战海报所广为模仿，对其产生了深刻的影响。此外，利特所勾勒的"基钦纳"还影响了意大利画家毛詹的战争债券海报。毛氏的海报描绘了一个手持步枪的意大利士兵，手指向观众，颇为引人注目，海报上的标题写着："请履行你的义务！"这些海报被广泛用于动员民众参与战争的宣传中——这是全面战争总动员的真实一面：至1915年3月底，英国议会征兵委员会招募了约200万士兵。

一战爆发后不久，陆军元帅"喀土穆的基钦纳"[①]伯爵立刻被任命为战时国防大臣。作为一名将毕生精力投入帝国领土扩张的民族英雄，基钦纳为人低调而又颇具军人风格。他发现，在阿斯奎斯的自由主义内阁中与职业政客打交道并不容易。他常与劳合·乔治那类人意见不合。在1916年6月5日基钦纳所乘的军舰遭水雷袭击、船沉人亡之前，他就已经被剥夺了一部分权力。然而，在1914年9月，他声望正隆。他决定从平民中募集兵员建立一支庞大的陆军，这一决定改变了英国的战略方针。主要依靠英国海军和财政实力，同时精简陆军，并依赖它的盟国进行大部分的陆地战斗，这一想法随风消逝了。基钦纳认为，这场战争将是一场持久战，无法速战速决。这场持久战会损耗巨大，待到1917年协约国军和敌军两败俱伤之时，"基钦纳的军队"将会登台打扫战场，决定双方最终的成败。基钦纳的见地在很大程度上是正确的，但是其战略终究还是失败了。联盟间战争的现实意味着，在1917年之前很长的一段时间里，新补充的部队就必须全力支持协约国联盟。尽管如此，在英军规模急剧扩张的过程中，基钦纳此前的深谋远虑发挥了巨大的作用。这支庞大的军队为在陆地上击败德军做出了巨大的贡献。

截至1915年底，共有2 466 719名志愿者应征入伍。颇具讽刺意味的是，利特紧急征兵的著名海报在征兵中的作用被过高地估计了。1914年9月是整场战争中征兵数量最多的一个月：462 901人。虽然利特的画稿在1914年9月5日就刊登于杂志封面上，但在9月底才以海报的形式出现。10月的征兵数量直线下落，降至169 862人，且1914年9月时的征兵热潮再也没有出现过。军队实力面临下降的危机，为此，英政府于1916年出台了新的征兵制度。

---

① 喀土穆为苏丹首都，基钦纳曾在此任英属苏丹总督。——译注

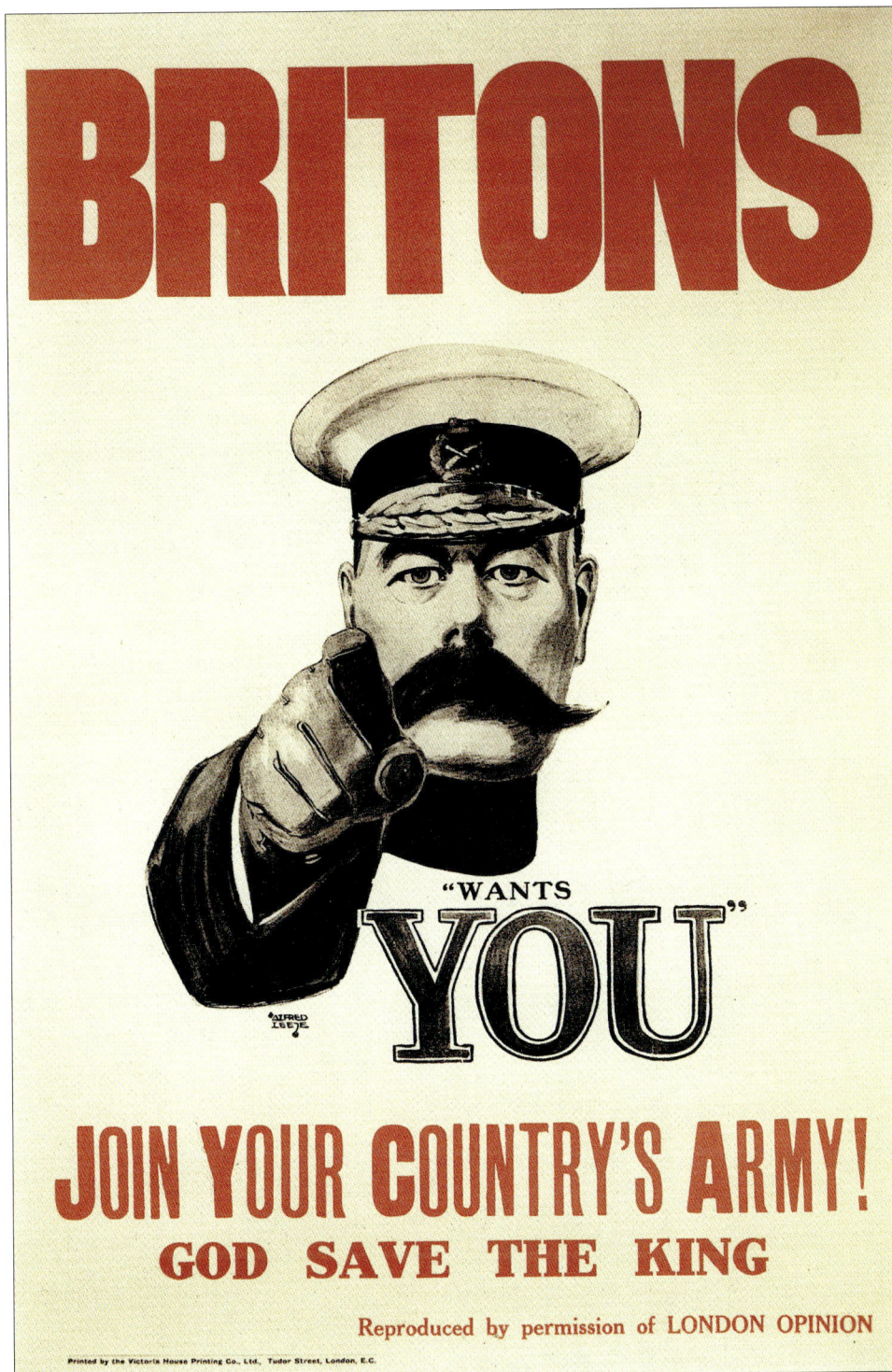

BRITONS

"WANTS
YOU"

JOIN YOUR COUNTRY'S ARMY!

GOD SAVE THE KING

Reproduced by permission of LONDON OPINION

Printed by the Victoria House Printing Co., Ltd., Tudor Street, London, E.C.

对页图：1916年6月2日，战时国防大臣基钦纳勋爵离开在伦敦的战争办公室，3天后遇难。此时，基钦纳手里的权力日益减小

上　图：1914年9月5日，这张海报首次出现在伦敦《观点》杂志上时是黑白样式的。那个著名的"你的国家需要你"版本则是卡克斯顿广告公司写手埃里克·菲尔德的作品

15 小酒杯上的道格拉斯·黑格爵士

人们会把一些一战中英国著名高级将领的形象描绘在明信片、徽章和卡通人物上，甚至在小酒杯上。所谓小酒杯，就是陶制啤酒杯，酒杯外形是一个坐着的人。这种酒杯诞生于18世纪中叶的斯塔福德郡[①]。之所以叫作小酒杯，可能是因为那个年代的一首人物诗《托比·菲尔波特》——在英语中，托比的发音和"醉汉"相似；菲尔波特的发音和"装满酒壶"的发音相似。小酒杯还有政治上的含义。1899年，第二次布尔战争中，萨尔格米讷的一些法国公司制造出德兰士瓦总统保罗·克吕热的头肩半身像（从技术上看，是一个"有个性"的啤酒杯）。对于大英帝国的民众而言，克吕热就是个大奸大恶的坏人，但不管是在欧洲还是美国，对于反英人士来说，他却是个大英雄。在一战期间，英国爱国企业制造了诸如约翰·弗伦奇爵士、基钦纳勋爵、戴维·劳合·乔治和海军上将约翰·杰利科爵士等诸君形象的小酒杯——当然，其中也包括道格拉斯·黑格爵士。

道格拉斯·黑格形象的小酒杯值得仔细研究。他本人是第一次世界大战中最具争议的英国将领。该酒杯形象的设计者是弗朗西斯·卡拉瑟斯·古尔德爵士（1844—1925）。他是一位著名的政治漫画家，同时也是一名讽刺作家。这个由皇家斯塔福德郡陶厂制作的啤酒杯高26.5厘米，它的外形为坐在坦克上的黑格，他手里正握着一个绘有英国国旗的酒杯。酒杯的把手看上去就像一个飞机螺旋桨。酒杯底座上写着"推了就走"（push and go）——在英语中，这表示精力和活力。

黑格糟糕的口碑，部分归咎于他是一名厌恶现代技术的骑兵拥趸。事实上，这个观点很不准确。黑格的啤酒杯暗示着他是一名站在高新技术前沿的将军。1916年9月，这个酒杯诞生的前一年，坦克在索姆河会战中的弗莱尔-库尔瑟莱特战役里首次投入战斗。黑格是一名有力的坦克支持者，同时，就像"螺旋桨"酒杯把手所示，也强力支持皇家飞行队。和传说相反，他还是机枪和火炮的坚定支持者。这几项技术在大战中都是最前沿的。1915年，他便已支持化学武器的开发。他所制订的卢斯战役的计划就是围绕毒气弹的使用进行的。在卢斯战役中，黑格对还处于研发初期的技术抱以过高的期待，可计划并不奏效。一年后，他对坦克也抱有同样的期望，但坦克在索姆河会战中也成效不彰。黑格很乐于接受新技术，他甚至考虑过一种死光武器的潜力，不过不久他就发现是被一个骗子欺骗了。

也许黑格最大的成就是监督着1916年那支臃肿的军队转变成为1918年那支高效的胜利之军。这个过程包括应用高新技术、改良军队条例、使用新型战术，并将其综合运用。

---

① 英格兰中部城市，因制造陶瓷而闻名。——译注

対页图：黑格从 1915 年开始，到 1919 年战争结束一直是英国远征军总司令。他是英国历史上最成功、最富争议的统帅之一

上　图：一战期间，有 11 名将领和政治家的形象被塑在了小酒杯上。黑格形象的酒杯（制于 1915—1920 年）只制作了 350 个

下页图：在1915年的香槟战役后，受伤的法国士兵躺在一户农家院内。由即将上任英国远征军总司令的黑格指挥，英军也几乎同时发起了卢斯战役

16 朗姆酒

战期间，在英军战壕里最受欢迎的一种物品就是一个印有"S.R.D"字母缩写的灰褐色陶土罐子，里面装有朗姆酒。因为S.R.D可能就是英文"给养储备仓库"（Supply Reserve Depot）的缩写，当然也可能是别的。士兵们常开玩笑说这也是"不久就喝光"（Soon Runs Dry）或者"很少到货"（Seldom Reaches Destination）的意思。后者的由来是前线士兵极度怀疑后方部队把朗姆酒监守自盗了。英军规定，朗姆酒必须在军官面前即发即用，以防止士兵们囤货。一些军官是禁酒主义者，非常不受士兵欢迎。因为他们拒绝为自己的手下派发酒精饮料，而以非酒精物品代替。通常朗姆酒是用一个大汤勺分发，有时候也加到茶里。官方配额是十六分之一品脱（30毫升）。但如历史学家艾伦·威克斯所指出的，士兵们拿到手的只有配额的一半。朗姆酒能借给士兵"酒后之勇"。在保持士兵的士气，帮助他们克服战场上的恐惧和压力方面，酒精究竟有多大作用，人们观点不一，但是酒精在其中的确起到了某种作用。

第一次世界大战和早先的战争相比，有一个巨大的不同：士兵暴露在危险面前的概率急剧增加。除了在特定环境下，比如围城战中，士兵无须长时间暴露在致命的战场环境下。虽然战场是危险且令人恐惧的，但一般来说战斗几小时后就结束了，之后士兵就可以享受相对安全的日子了。而一战中的炮火具备射程远、杀伤力大的特点，再考虑到胶着的堑壕战和轰炸机的使用，士兵就不得不长时间处在巨大的压力下。这就导致了士兵"精神创伤"数量的急剧上升。而这一症状在一战时期则被错误地描述为炮弹休克症。

虽说如此，还是有一些东西是可以减轻压力的。比如来自军官和士官们的"家长式领导"。法军因缺乏这一因素于1917年春发生了一系列兵变。休息和放松，以及一些难得的享受，比如烟草、茶叶和咖啡，都非常重要。战时大后方和前线的联系就非常重要。当后方的信件迟到时，士兵士气则必然下降。1918年，德军士气受损就是因为后方来信告知家里正粮食短缺、艰难度日。与之相反，为"家"而战的情绪是激发军队士气强有力的因素。探亲假也是一个重要因素。

最后，也不要低估爱国主义和信念（二者常和利己主义纠缠在一起）对军队士气的影响。塞尔维亚人、法国人和比利时人为他们的祖国而战。在加利波利战役期间，土耳其人为自己的土地而战。甚至德国人也相信，他们发动战争是为了防止被欧洲列强包围和被俄国侵略。身为劳动阶级的英国士兵如此奋战的一个原因就是为了保卫过去几十年里获得的社会、经济和政治成果[1]。朗姆酒在激励士气方面起到了作用，但也只是诸多因素之一而已。

---

[1] 当时英国工人阶级的生活比其他国家好。"20世纪初……英国政府进行了一系列旨在减少贫困、缓解矛盾的社会经济改革……为现代福利国家的形成奠定了基础。"见高岱：《20世纪初英国的社会改革及其影响》，《史学集刊》，2008年第2期。——译注

　　对页图：1916 年，在法作战的士兵们喝着他们的朗姆酒配给。一般英军在战事僵持时或之后分发朗姆酒

　　上　图："S.R.D"缩写的意思是"给养储备仓库"。但士兵们常称其为"不久就喝光""军用稀释朗姆酒"（Service Rum Diluted）和"很少到货"

17 肥皂

清洁和卫生对一战期间所有在战区的军队来说都至关重要：如此多的人长期生活在一个狭小而又不卫生的地区，不管任何类型的传染病都会对军队士气和作战效率造成致命打击。英军非常关心他们的移动澡房和洗衣站，为其制定了特殊条例。通过衣物清洗和淋浴，二者可以消灭和去除导致流行性斑疹伤寒的虱子成虫及卵。

同时也存在来自个人清洁的压力。所有级别的战士对肥皂的需求都很强烈，从家里送来的到部队的补给配额，他们都来者不拒。那时候的肥皂企业推出了不少的品牌，比如珍珠、救生圈、阳光和赖特煤膏。这些企业发动了多种多样的市场营销活动（使用明信片和报纸广告）。这些广告营销不仅强调了他们产品的洁净度，而且还指出让军人们更舒适是各个家庭应尽的爱国义务。阳光牌肥皂的一则广告就宣传："英国的汤米"[①]是"世界上最干净的士兵"。母亲和妻子们常为这些广告所吸引，准备好肥皂也渐渐成为她们家务的延伸和对在前线亲人关心的外在体现。有则广告的题头是："为了她在前线的儿子！"描画了三名正在整理包裹的妇女："只有最好的才合用，这就是她为什么总在包裹里放上几块珍珠牌肥皂。对于为了英国和家而战的

小伙子们而言，这般体贴的礼物是很重要的。"

嗅觉是触发人类记忆最重要的要素之一。从家里寄来的肥皂也许会令战士们想起往日平凡的平民生活。但也有证据显示，许多退役军人再也不想看到或者闻到红色的救生圈牌肥皂。这个牌子的肥皂含有石炭酸，这种杀菌物质有一种非常特殊的味道。这种肥皂也因此被医院广泛用在伤兵消毒和通用清洗上。

除此之外，战士们经常要求的物品还有牙膏、牙刷和用于预防和治疗"战壕脚"用的爽足粉。在西线，战士们经常需要在冰冷、积水的战壕里一站就是好几个小时。"战壕脚"就成了当时西线一个特别严重的医学问题。割伤或者擦伤的伤口很快就会感染，如果置之不理，就会导致致命的坏疽（组织坏死后因细菌感染呈现黑色等变化），最后不得不切除病患组织或者伤腿。唯一有效的措施就是通过保持脚部的温暖干燥来加以预防。这就要求士兵们要一天换几次袜子并将其洗净晾干，靴子也同样要做到这点。英军要求军官们检查手下的脚，贯彻执行了严格的脚部检查计划。糟糕的脚部护理会导致非战斗减员或者纪律处分。从1917年开始，美军也开始执行这项军规，并将其作为美军卫生条例的一部分。值得一提的是，美军用吉列公司的"安全"剃须刀代替了原来的"割喉"刀片。这也影响到了英国军队对吉列刀片的需求，并从此改变了剃须的习惯。

---

① "Tommy"一词演变自"Tommy Atkins"，在第一次世界大战时期被用来指代英国士兵。当时英军的工资表上，英国人以化名"Tommy Atkins"做示例。——译注

对页图：明信片右下角的文字是：无畏的近卫兵说，"在我看来，疾病很明显就是一个危险的敌人。所以在冲锋的时候，我的包里装着救生圈牌肥皂，我全身上下健康得红彤彤"

上　图：这块肥皂是一个德国医院发给英国列兵H.H.古尔丁的。他在1918年3月7日的战斗中重伤被俘

45

18 法制 75 毫米野战炮

第一次世界大战中，一种武器统治了整个战场，在西线尤为如此。和人们想象的相反，那并不是重机枪。火炮才是战场上的王者，它带来的伤亡比其他任何武器都高。也许最著名的火炮就是法制75毫米口径火炮，正式编号为"M1897型75加农炮"或简称75炮。75炮总计生产了大约21 500门，其中有17 500门是在一战时期生产的。75炮配备有一个6人炮组，当它发射高爆弹或者榴霰弹时，最大射程为6 900米。在那个年代，它是一种革命性的武器。

在早先的历史中，火炮就是一种破坏力极大的武器。炮兵出身的拿破仑就已有效地、大规模地使用了炮兵。但从19世纪中期开始，一系列相关科技的发展极大地增强了火炮的杀伤力。后膛装填、膛线、钢制炮管以及将无烟火药作为高爆弹的发射药，这些技术使得1890年后的新火炮威力远超拿破仑时代的老式火炮。尽管如此，1897年定型的法制75毫米炮依然大大地上了一个台阶。它解决了火炮开火时的后坐问题。所谓后坐问题，即炮弹发射时，火炮会往后运动的现象。如此，在下一轮开火之前，就必须很费劲地把火炮推回原位。所以后坐现象会导致火炮射速和精度下降。75炮利用一套液压系统成功解决了后坐问题，火炮开火后能迅速回到原位，而且炮管依然指向目标方向。这样就不需要再重新校正火

炮了。这就意味着75炮能够以每分钟15发这一前所未有的射速开火。1898年，M1897型75毫米火炮入役。它赋予法国炮兵明显的优势，获得了传奇般的地位。

1914年一战爆发后，75炮在最初的几场战役中为法国人提供了高效的野战反步兵火力。那时候其他国家也发展了同类的装备，比如英国军械局的18磅速射炮[1]和德国的77毫米FK 96型野战炮。再加上机枪和来复步枪（与上一代枪支相比，来复步枪能帮助步兵提高射速、射程以及射击精度），1914年的战场成为史无前例的死亡之地。应对之道是铁锹，步兵用它挖出战壕等遮蔽物，以此为防护，躲避大幅上升的弹药投射量。一战中西线战斗的方式就是这么演变为堑壕战的。75炮在导致战局僵化的过程中，扮演了重要的角色。

在新的战场形势下，75炮以及英国、德国的同类装备被证明是不太有效的。在包围战中，更重型的火炮被用于轰击敌军。不过，在1918年的运动战中，75炮再次展示了其作为一门著名野战炮的风采。1915年，这门炮获得了经久流传的命名："法国75"——巴黎纽约酒吧以此炮为依据开发了一种叫"法国75"的鸡尾酒。

---

① 磅指的是火炮弹头重量。这是英军的传统之一，以磅位制来命名火炮。现已舍弃。——译注

对页图：1918年7月，第二次马恩河战役期间，法军的75毫米野战炮正在开火

上　图：M1897型75毫米野战炮。火炮护盾下方的护翼在运输期间可以拆掉

19 土耳其软帽

1914年，土耳其士兵的名声并不响亮。[①]在1912—1913年的第一次巴尔干战争中，土耳其连吃败仗，奥斯曼帝国被迫割让了大片领土。英法于1915年对达达尼尔海峡发起进攻，有一个潜意识的设想：奥斯曼军不会有多少战斗力。英国外交大臣爱德华·格雷坦率地承认，英法方面的期望是奥斯曼帝国的首都君士坦丁堡会爆发一场足以推翻其政府的起义。这种认为土耳其士兵战斗力低下的乐观判断是没有根据的。被谑称为"约翰尼·特克"或者"小穆罕默德"的土军战士们在战场上证明了自己的顽强，奥斯曼军表现出相当的军队战斗力。对他们的对手来讲，这并不是一个好消息。

来自安纳托利亚的土耳其人是

多民族、多语言的奥斯曼帝国的军队的中坚力量。这支部队中还有阿拉伯人、亚美尼亚人的身影，以及库尔德人和高加索人组成的非常规单位。在1915年的加利波利战役中，奥斯曼军的阿拉伯战士表现出色；但从1917年开始，阿拉伯人的投敌问题变得越来越严重。战争开始时，许多亚美尼亚人叛变至俄国人的一边，与奥斯曼人做斗争。在战事开始前，土耳其军队便已深受德国人的影响：德军条例和德军装备在土军中随处可见，德国军官和德国士官的身影也屡见不鲜。不过，正如历史学家爱德华·J.埃里克森最近表明的，德国和奥斯曼

高级军官之间的关系比此前许多历史学家所描述的要平等得多。

作为战前改革的成果之一，土耳其士兵身着卡其布军装，头戴"卡巴拉克"式军帽——这是软帽的一种，轻巧的帽体外缠绕有布条。这是一战期间奥斯曼军队最常用的一种帽子。军官或着羊皮卡尔帕帽，或阿拉伯头巾；1909年前则时常佩戴红色的土耳其毡帽。战争后期，有些奥斯曼部队佩戴德式"煤斗"式钢盔（见《德式钉盔》，本书第8页）。取决于战争的不同时期和所属部队的不同，士兵的制服和装备可能是非常精良的，也可能是糟糕透顶的。军靴就常出问题。根据英军和澳新军团的记载，敌军士兵用布条包着脚，甚至是光着脚板作战。

1914年底，尽管奥斯曼军在高加索地区的攻势开始时令俄国人忧心忡忡，但最终还是失败了。奥斯曼军最成功的战役是1915—1916年，在加利波利半岛反击英法联军的入侵。在穆斯林信仰的时常激励，严苛纪律的约束，以及许多称职的奥斯曼土耳其裔军官的指挥下，保家卫国的普通土耳其士兵以其十足的顽强，令敌手忌惮，并赢得了尊敬。在此之后的一些战役，如1917—1918年的巴勒斯坦战役中，奥斯曼军还是吃了败战。这说明协约国联军的战斗力还是高于奥斯曼军——尤其是联军将西线的经验应用于奥斯曼战场后。总的来说，一战期间"小穆罕默德"证明自己并非弱兵，而是一个令人敬畏的对手。

---

① 本文出现的奥斯曼和土耳其均指同一个国家，即奥斯曼帝国。但一战后，奥斯曼帝国即宣告解体。1922年，大国民议会废除苏丹制；1923年，土耳其共和国正式成立。——译注

対页图：开罗的土耳其士兵，头戴恩维尔·帕夏军帽。被俘后，他们在英国人押解下行军离开

上　图：三名土耳其预备役军官：步兵军官（左）、骑兵军官（中）和通信兵军官

20 防弹衣

18世纪末期，随着炮火的越发猛烈，除了一些骑兵团（比如拿破仑战争期间的法国、萨克森和俄国的胸甲骑兵），盔甲在欧洲销声匿迹。然而，在19世纪和20世纪之交，来复枪、机枪和火炮造成的伤亡越来越大，这迫使欧洲的军事家开始考虑再度引入某种形式的军用盔甲。1914年初，英国远征军试验了一种大型的钢制防弹盾牌，但实践表明这些盾牌过于沉重，难以机动。1914年8月爆发的大战打断了试验的进一步开展。

1914年和1915年出现的巨大伤亡促使英国、法国和德国设计师开始认真考虑新型防弹衣的研发问题。英国实验军械委员会（British Experimental Ordnance Board）测试了包括混杂有厚橡胶、厚布织物和钢板在内的多种材料。布制防弹衣虽然达到了预期指标，但在前线潮湿泥泞的环境下性能很容易下降。金属制防弹衣不但比前者重，而且严重限制了单兵的机动力。如果在布制防弹衣内衬钢板，就能获得介于前面两种防弹衣的性能，但还是太重，而且生产成本过高。综合考虑了实战缺陷、财政成本以及有限的防护水准后，委员会最终认定，防弹衣并不具备实战能力，不适于推广使用。不过，从1917年开始还是有一些特种部队小批量使用了防弹衣。

由于部队制式装备序列中并没有防弹衣，私人厂商为购买力充沛者生产了防护套装。消费者主要是军官或者较富裕的士兵。但某些情况下，当地的社会团体或者有关家庭的成员也会为前线捐赠防弹衣。这种私人制造的防弹衣多种多样，但全都无法避免过于沉重的缺点，而且无法提供真正有效的防护功能。

德军也在同一时期试验了金属复合防弹衣，其中包括全身防弹衣和带面甲的头盔。这般穿戴的德军战士看起来像是过去的武士。英军给这样的大型防弹衣起了"龙虾盔甲"的绰号。这类重型防弹衣起到了防护作用，但其巨大的重量使它只适用于专业人员。以静止姿势战斗的部队——比如机枪组和狙击手们——装备了不同型号的防弹衣。这在战场上被证明是有一定价值的。1917年，德军设计出包覆身体和腹股沟的新型金属防弹衣。它的重量大约是9千克。1918年，德军暴风突击队装备了该型防弹衣。但过重的胸甲使它不适于突击队实施机动和快速攻击。

尽管进行了大量的测试和试验，交战双方在一战中都没有设计出真正有效的防弹衣。在20世纪60年代的凯夫拉纤维发明前，单兵防具的潜力受到了成本、重量、寿命以及无法确定的防护价值等诸多缺点的严重限制。

対页图：三名身着缴获的德军防弹衣的爱尔兰卫兵正在检查一挺德国机枪。照片于 1917 年 7 月 31 日第三次伊普尔战役之初，在皮尔根（Pilckem）拍摄

上　图：1915—1916 年的德军头盔和防弹衣，注意防弹衣并不完全合身

21 齐柏林飞艇

1908年，H.G.威尔斯发表了一篇小说《天空战记》，文中描述了用飞艇舰队摧毁城市的场景。七年后，敌人的飞艇真的在不列颠的土地上丢下了炸弹。就在一战爆发前，如威尔斯的幻想小说所述，完全没人想到飞机会在未来的载人飞行中扮演主要角色。飞艇——一种比空气轻的机器，它由一个充满气体的"气囊"，至少一个为机组成员准备的"刚朵拉"[①]和一个发动机组成——的出现，比莱特兄弟于1903年进行的首次成功飞行早了大约50年。法国、英国和意大利的制造商都有生产飞艇，但最著名的还是德国贵族斐迪南·冯·齐柏林伯爵。

19世纪90年代，齐柏林开始进行一系列关于飞艇的严谨实验。他于1900年制造了LZ1号飞艇，并于1906年推出了LZ1的大改型号。"齐柏林"成了德国飞艇甚至德意志帝国的同义词。齐柏林飞艇被赋予了很深的爱国自豪感，某种程度上，它被认为是一种典型的"德国"武器。与之形成对比的是"法国"的飞机。虽然如此，齐柏林没有在德国所向披靡。飞机的发展仍在继续，而齐柏林飞艇则遭受了一系列挫折：坠机事故、恶劣天气下完全无法运作和资金不足的问题（飞艇很昂贵：1914年，制造一艘齐柏林飞艇的花费可以制造34架飞机）。但德国海军和陆军还是对这种比空气还轻的飞行器保有一定的信心。

1915年1月19日，两艘德国海军的齐柏林飞艇L3号和L4号，飞越北海轰炸英国。还有一艘飞艇因故被迫

返航。最初的目标是亨伯赛德郡，但糟糕的天气使得东安格利亚地区成了替死鬼。飞艇轰炸了大雅茅斯和金斯林，致使五人身亡，大量建筑被毁。这场在英国的空袭被视为是德国人野蛮暴虐的又一例证。

1915年5月，伦敦首次遭到德军空袭。德国的对英空袭断断续续一直进行到1918年8月为止。但齐柏林飞艇舰队的开支超过了它对英空袭所带来的收获，这一事实越发清楚。从1916年开始，飞机取代了飞艇，成为空袭主力。此外，英国的防空能力也得到了提高。在1916年9月2—3日夜间的防空作战中，皇家飞行队的威廉·里弗·罗宾逊上尉成为第一个击落齐柏林飞艇的飞行员，这为他赢得了一枚维多利亚十字勋章。

在海上侦察方面，飞艇比飞机有用得多，因为它的续航能力比飞机强。皇家海军用飞艇来为商船护航，防止德国U艇的进攻，并获得了一定的成效。但飞艇依然非常容易受恶劣气象条件的影响，在1916年5月的日德兰半岛战役期间，德国公海舰队从齐柏林侦察飞艇处获得的情报是最少的。

事实证明，在军事航空的演进中，飞艇是一条死胡同。它的设计决定了它的使用环境必须是和风煦日。一旦大战爆发，需要夺取如1915年那样的战场制空权时，和飞机相比，飞艇的缺点就太多了。同时，随着防空技术的进步，和战略轰炸机相比，飞艇的效能就显得很低下。但将死亡从天空带到敌人国土上的齐柏林飞艇依然是全面战争的强大象征。

[①] 一种两头尖的平底船，这里指飞船下的吊舱。——译注

对页图：照片摄于英国亨登，1915年9月8日。当日伦敦正遭受齐柏林飞艇的空袭。稍后，飞机也被用于对英空袭当中

上　图：L48号飞艇是最后一艘在英国本土被击落的飞艇。它于1917年6月17日凌晨，冒着火光坠落于勒伯顿村（Therberton）的冬青树农庄，19名机组成员中仅有

3人幸存

下页图：一艘齐柏林飞艇从巴尔干地区的河流上方穿过硝烟

22 阿尔贝的倾斜圣母像

战爆发前，法国小镇阿尔贝就是一个充满荣光的朝圣之地。一则中世纪传奇告诉人们，一名老农如何在附近的田地里发现圣母与圣子像，上帝的神恩如何降临该地的故事。阿尔贝在神迹治愈方面拥有了不小的名声，这使它成为卢尔德市[①]小小的竞争对手。19世纪末，阿尔贝打算进一步发扬自己在这方面的优势，建一个矗立在大教堂顶上的圣像——"金色圣母像"，描绘圣母马利亚哺乳圣子耶稣的形象。旅行者远远就能看到圣母像，而且它还是阿尔贝的第一地标。

1915年1月，圣母像被德军炮火击中。它因此偏移了基座，朝地面倾斜，非常危险。法国工程师将摇摇欲坠的圣母像紧急加固，直至它被正常修复为止。1915年夏季，英军夺回阿尔贝时，它还保持着这个状态。这一突兀的圣像立即引发了大众的评论并获得了"倾斜圣母像"的昵称。1916年，路过的澳大利亚军队称它为"芬妮·杜拉克"。杜拉克女士为澳大利亚赢得了1912年的奥运会游泳金牌，之所以这么称呼圣母像是因为其倾斜的样子看上去就像是要跳进游泳池似的。

随着时间的流逝，圣母像在许多战士心里发展成为一种迷信。英军对法国和比利时教堂的宗教图像拥有一种不同寻常的痴迷。这种痴迷则在军队中孕育出各种神话传说。据英国报道，1914年的蒙斯[②]战役中出现了天使。这则轰动的消息广为流传。随后几年里的意象则偏向于黑暗，被俘英国士兵被德国人钉十字架的谣言持续流传。

关于金色圣母，英国人中有一则传说：战争不会结束，除非圣母像跌落地面——显然法军中也有同样的传说。还有传说称，当圣母坠落，战争也将以协约国失败而告终。圣母像居高临下的位置意味着战线另一侧的德国人也可以看到它。虽然阿尔贝经常遭受德军炮击，但在德军炮手中有相当数量的士兵以为，哪方将圣母像击落，哪方就会真正输掉这场战争。

德国人在1918年春季攻势中占领了阿尔贝，他们发现圣母像还在那个位置。德军炮兵观察员利用教堂尖塔来引导炮火，这迫使英军炮兵瞄准并摧毁了这座尖塔。圣母像最终还是跌落了下来。几个月后，英军重新夺回阿尔贝。同年迟些时候，战争就结束了。

战后，当地按照战前的样子重建了这座教堂。直至今日，这座教堂都一直矗立着。据说在重建期间，一名英国军官写信给镇长，强烈要求将金色圣母建成倾斜的模样。这则建议无可厚非地被拒绝了。但这反映出，路过的英军对这个著名地标的某种喜爱。

---

① 卢尔德市位于法国南部，因传说多次出现圣母指点，用泉水治愈疾病的神迹，成为天主教最大的朝圣地。——译注

② 蒙斯，比利时西南部城市。——译注

对页图：英国骑兵途经法国阿尔贝大教堂的废墟。照片摄于 1918 年晚些时候，圣母像已被击毁

上　图：1916年的大教堂废墟。它离前线只有5千米远，路过此地前往索姆河的英国士兵都很熟悉这一地标

23 商船

1916年1月16日，载满包括冻肉和橡胶在内的货物的"克兰·麦克塔维什"号商船从新西兰开往英国，在非洲沿海被德意志第二帝国战舰"海鸥"号伪装巡洋舰[①]击沉。"克兰·麦克塔维什"号商船于1913年下水，由凯泽&欧文公司的格拉斯哥分号运作。它排水量为5 816吨，长137米，航速13节（约24千米/每小时）。在被"海鸥"号袭击的过程中，17名船员身亡，船长威廉·奥利弗被俘。"克兰·麦克塔维什"号只是1916年1月81 529吨位商船损失（62 645吨为英国商船，其余为其协约国和中立国）的一部分。"克兰·麦克塔维什"号的命运预示了两次世界大战中商船水手所面临的危险。1942年10月，又一艘以"克兰·麦克塔维什"为名的商船在南非沿海被德军U艇击沉。

两次世界大战中，英国的阿喀琉斯之踵都是其对来自海外的商船补给线的极度依赖。从油料到食品，英国在很大程度上无法做到自给自足。到一战结束为止，生产弹药的本土工厂数量之多令人印象深刻。即使这样，英国军队对弹药和诸如此类的物资的胃口之大甚至还要靠从北美进口才能满足。中立国轮船，包括1917年4月前的美国，在维持英国补给方面也发挥了重要的作用。1917年初，英国几乎已经山穷水尽，要退出战争了。德国U艇对大西洋航线和不列颠诸岛沿岸航运的破坏达到

了高峰；至当年4月，英国仅能维持大约6个星期的食品供给。当年5月开始实施的商船护航制度使协约国海军开始占据上风。

商船水手的生活原本就非常艰难和危险：作业时间长，工作强度高。战争使这些条件进一步恶化：14 679名商船船员在一战中牺牲。若所属商船沉没，那么支付给水手的薪酬也宣告停止——有些水手经历了多次沉船事故。水手们拼命工作，卖命玩乐。商船靠岸时，酗酒就成了水手文化的核心，也有极少数人嫖娼。这些都是水手们喜欢的休闲活动。商船水手一般不会服从军法——虽然特定环境下他们必须服从军规，但作为船队的一员，他们会按照商船上代代流传下来的规矩行事。商船上的规矩并不禁止船员们在港口时未经允许就离船——在美国尤其如此。同样的工作，在美国商船上的水手能够获取更高的薪酬。1915年，在美国一个港口，英国商船"切普斯托城堡"号的水手集体开小差逃跑。

驾驶英国商船的汉子们来自许多不同的地方。历史学家托尼·莱恩指出，"船员们通常来自四面八方，战争对此也几乎改变不了什么"。1916年沉没于大西洋的"卡波提亚"号商船的74名船员中有"希腊人、意大利人、葡萄牙人、美国人、丹麦人和挪威人"，当然还有英国人。无论如何，英国人的名单里还包括印度水手和来自大英帝国其他领地的船员。在英国商船上"牺牲的水手中，高达40%的人是非英国本土船员"。这些人迄今为止并没有获得他们应得的赞誉！

---

① 伪装巡洋舰是指一战中安装有火炮、鱼雷等武器的商船。通常这类商船吨位较大，并经过伪装，使敌人无法发现该船上的武器。——译注

对页图：图为"克兰·麦克塔维什"号商船。它于1916年1月16日被德国"海鸥"号击沉

上　图：涂有伪装迷彩的英国标准化商船。艺术家诺曼·威尔金森发明了这种迷彩。它虽然不能对船起到隐藏作用，但可以使敌人很难判断目标的大小和航速

24 东非士兵帽

对土著士兵的大规模使用，使18和19世纪欧洲对非洲和亚洲的殖民征服成为可能。土著军忠诚的重要性一点也不比殖民者对殖民地掌控权的重要性差。1857—1858年的印军哗变[①]后，大英帝国还能维持对印度的统治，非欧洲裔的关键部队（比如锡克族人和廓尔喀人部队）的政治和军事可靠性是重要原因之一。50多年后，东非土著军团战士的耿耿忠心，使他们的殖民统治者德国人发动了一场在欧洲停战后仍在进行的游击战，并牵制住了大约16万人的大英帝国军队。这个数字比东非土著军团的数量要大得多。

这样的战果在1914年是不可想象的。英国皇家海军将德国殖民地与欧洲隔离开，德国本土几乎无法支援殖民地，协约国占领德国殖民地看上去是手到擒来。果然，虽然协约国的进攻并非易事，但还是在1916年初打下了德国的西非殖民地。在德属东非，坚毅的保罗·冯·列托－佛贝克上校的存在使一切都变得不同了。他指挥的警备部队包括3 000名德国人和11 000名东非黑人，但总数始终不多于14 000人。1915年，德军巡洋舰"柯尼斯堡"号在非洲沉没后，警备部队得到了幸存船员以及从船上拆卸下来的火炮的支援。冯·列托－佛贝克的战斗包括他在1918年对英属北罗得西亚（赞比亚的旧称）发起的无畏进攻。到1918年11月25日冯·列托－佛贝克投降之

前，他已拥有一支包括155名白人、1 156名非洲战士和137挺机枪的部队。

1914年，东非土著民兵的制服为卡其布制服，军帽是一顶带黑色流苏的红色土耳其帽。进入现役后，土耳其帽被"塔布须"帽所替换。"塔布须"帽以柳枝为框架，外罩卡其布。帽体后侧向下延伸，以保护士兵颈部。帽体正面饰有金属的德意志帝国鹰徽。在列托－佛贝克长期的战斗生涯中，军队制服在某种程度上变成了一个相对的概念。他的一名战友如此描述1917年的东非土著士兵，"戴着一顶普通毡帽，身上衣衫褴褛，但还可以看出那是一件衬衫。透过破烂的衣服，可以看到他黝黑发亮的皮肤"。另一个人则这么写道：非洲士兵戴着"毡帽和领巾（譬如'塔布须'帽）"，但没有衬衫。有三分之一的士兵穿着"一件英国人的卡其色衬衣，其余的都是穿着比较规范的德军制服"，但装备却是一把英国步枪。

列托－佛贝克带着这支衣着不得体的部队一直进行游击战，且一直立于不败之地。直到德国在一战战败的消息传来，他才投降。他所达成的战略成果不仅可以用大英帝国在东非战场上投入的士兵人数衡量，还如教授休·斯特罗恩爵士所述，在1917年德国U艇的威胁达到顶峰时，商船队不得不进行"长途跋涉，当其为他处所急需"。在大英帝国和法兰西帝国部署的部队中，也能找到和列托－佛贝克的东非士兵一样的人，他们在协约国的战争中做出了虽然鲜为人铭记，但却重大的贡献。

[①] 即印度民族起义，亦称印度反英大起义。独立后的印度则称它为印度第一次独立战争，一般指1857—1858年发生在印度北部和中部，英属东印度公司服役的印度士兵发动的反对英国统治的普遍的民族大起义。——译注

上　图：1914年驻喀麦隆杜阿拉的德国防卫部队第一武器库连一名东非士兵戴的土耳其帽

对页图：一支在德占东非（现坦桑尼亚）的巡逻队，摄于1915年7月15日。他们正在汇报袭击乌干达铁路的情况

25 观测气球

战期间，观测气球被用于炮兵校射和情报收集。热气球是蒙戈尔菲耶兄弟于18世纪设计的新型载人飞行器。1794年法国大革命期间，在弗勒吕斯战役中，法军将第一个实战型军用气球投入战场。随后观测气球在美国南北内战、普法战争、第二次布尔战争和日俄战争中的广泛应用，展示了这双早期"天空之眼"的价值。气球由充满氢气的结实布袋组成。一战期间，炮兵观察员坐在气球的吊篮里，在钢索的帮助下保持稳定。气球被认为是非常易损的，因为它的气囊里充满了高度可燃的气体。直到签署一战停战协议后，人们才开始为气球装填比空气轻且安全不可燃的氦气。1914年，所有的大国都采用了更符合空气动力学的改进型梭形气球以及配套的电动绞盘。

1914—1918年，前线经常可以看到大约900米高度上香肠状的观测气球安静地排成一列的情景。这样的场景在索姆地区被人们称为"香肠谷"。尽管降落伞降低了观测员的死亡率，但观测气球仍然是战斗机游猎的目标。与之相反的是，更高一级的指挥部门多半拒绝为飞行员装备这一生死攸关的救生设备。观测气球军官和士兵中几乎普遍装备了降落伞，但它并不能保证下降过程的安全。巴兹尔·雷德福上校的悲剧为此做出了诠释。这名天才的表演艺术家生于1889年，以艺名"巴兹尔·哈勒姆"或"费尔伯特的吉尔伯特，纨绔子弟们的中心人物"闻名于爱德华七世时代的剧迷。战争爆发之后没多久，他就参加了皇家飞行队。1916年8月，隶属第一陆军系留式气球组的巴兹尔阵亡。当时他的气球在被绞盘拉入锚地前，脱离了固定钢缆。往吊篮外扔掉了电话、双筒望远镜、地图和书本之后，巴兹尔在跳伞前，于吊篮边缘停留了片刻——一道黑色的身影出现在湛蓝的夏日天空中。不幸的是，笨重的伞包与索具纠缠在一起。地面人员眼睁睁地看着他们的骄傲——巴兹尔坠地身亡。

美国陆军航空勤务队[1]（United States Army Air Service）的王牌弗兰克·卢克上尉强调，所有参战国都非常重视消灭敌方的观测气球。他是美国远征军（AEF）中排行第二的王牌（拥有18个确认的战绩）。这个特立独行又粗鲁的西南汉子不停地追杀无所不在的静态目标，并由此赢得了一个绰号："亚利桑那州的气球克星"。这些战绩都是他执飞"斯帕德ⅩⅢ"战斗机时获得的。卢克在1918年9月12—23日的短短12天里，出击10次，斩获了14个观测气球和4架飞机。卢克的运气在9月29日对付另外3个气球时耗尽，他不得不迫降在敌军战线后方，还因地面火力身受重伤。朝摸过来的德国步兵打光了"柯尔特"自动手枪中的子弹后，在"斯帕德ⅩⅢ"座舱中的卢克牺牲了。他"气球克星"的生涯就此终结。勇敢的卢克被追授美国最高勋章：国会荣誉勋章。

---

① 即美国空军的前身。——译注

対页图：系留式气球上的观测员在升空前测试电话机。照片摄于 1916 年 7—11 月间，其时索姆河战役爆发

上 图：1918 年在法美军的观测气球。观测气球的升空是炮击开始的前兆，这衍生出一句谚语：气球升空了！引申为麻烦要来了

下页图：1916 年索姆河战役期间，英国军队正要跨出战壕。观测气球搜集了这一地区的作战情报

26 "布韦"号战列舰

1915年3月18日下午3时15分，皇家海军"乔治亲王"号上的一名英国军官见证了灾难性的一幕。他"眼看着法国海军战列舰'布韦'号舰艉处右舷燃料舱冒出一股巨大的黑烟，随后它渐渐地开始向我们这个方向倾斜——我们在离它右舷大概400码的位置。它的右倾程度一直在增加，直到最后底朝天，龙骨都露了出来。'布韦'号的舰艉持续下沉，第一次爆炸发生大约3分钟后，它沉没了。我们这些甲板上的人都感到可怕和不安。我们没有时间去做任何事情"。另一名皇家海军军官、海军准将罗杰·凯斯认为"布韦"号是被敌海岸炮兵的炮弹击中了弹药库。"爆炸发生后不到一分钟，海面上除了落水的水兵，就什么都看不到了。"事实上，"布韦"号

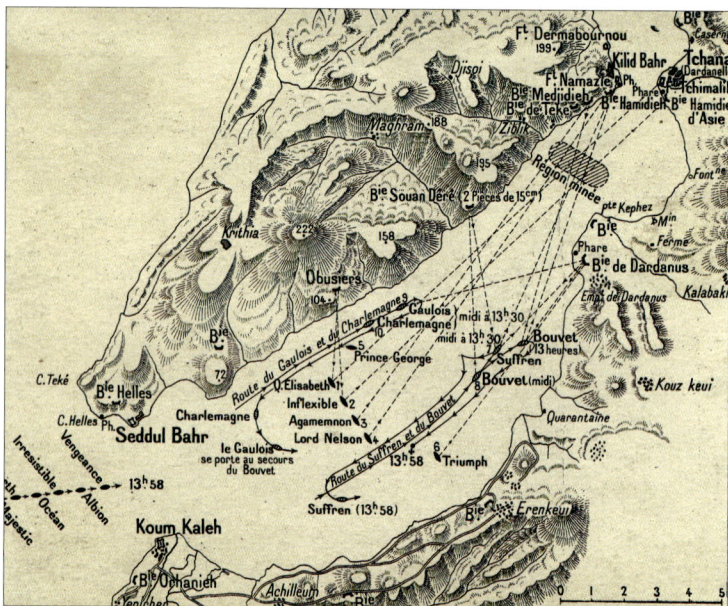

很有可能是被一发重炮炮弹击中，但在几秒钟内又触发了一颗水雷——这是奥斯曼布雷舰"努斯拉特"号此前布下的。"布韦"号全舰710人，仅50人生还。

"布韦"号隶属于海军少将约翰·德·罗贝克指挥的英法联合舰队。舰队的目标是强行突破达达尼尔海峡。这条狭窄的水道将欧洲部分的加利波利半岛和亚洲大陆分割开。本次战役的最终目的是直抵奥斯曼帝国首都君士坦丁堡，并迫使土耳其退出战争——这或许要通过推动这座城市爆发一次革命来达成。

"布韦"号建于19世纪90年代中期，1898年入役。它是一艘前无畏舰。1906年下水的英国海军战列舰采用"全重型火炮"设计，并装备蒸汽轮机推进系统，这

使"布韦"号这样的战舰一下就过时了。"布韦"号排水量略超过12 000吨，最大装甲厚度45厘米，航速18节（33.3千米/每小时）。它的主炮是2门305毫米和2门274毫米的舰炮；并配备大量副炮，包括8门138毫米、8门100毫米和12门1.5千克炮。如此配备的理论依据是，在远距离炮战后，战舰将贴近敌军舰用更轻、更精确的速射炮给予"致命一击"。

一战爆发之时，各国海军仍装备有大量前无畏舰。这些军舰一般被用于二线战场，指挥官打算用它们做一番尝试——用18艘前无畏舰突破达达尼尔海峡。这和皇家海军对"伊丽莎白女王"号超级无畏舰的谨慎使用形成鲜明对比。5月12日，前无畏舰"巨人"号战列舰被一艘土耳其鱼雷艇击沉。这进一步说明了大型战舰在近岸水域面对此般武器时的脆弱。"伊丽莎白女王"号因此被紧急召回本土水域——这艘战舰如此珍贵，它冒不起这样的风险。

3月18日的战斗中，奥斯曼帝国获得了完全的胜利。协约国联军在这一天连续战沉了3艘主力舰（除了"布韦"号，还损失了英国皇家海军的"海洋"号和"无敌"号），还有三艘重伤（皇家海军"不屈"号、法国海军的"高卢人"号和"絮弗伦"号）。联军决定于4月25日展开加利波利两栖登陆作战，以清除敌方的海岸防御力量，达达尼尔海峡战役的陆战部分就此展开。和海军的突击相比，它花的时间更长，但联军最终也没有成功。

66

对页图：在战役开始前不久，达达尼尔海峡就布满了水雷——但协约国联军并不知道。直到今天，1915年3月18日的防御战胜利在土耳其人当中还是非常有名

上　图：自从1916年开始，随着皇家海军"无畏"号战列舰的下水，"布韦"号就已经过时了。达达尼尔海峡战役开始时，"布韦"号已有29年的舰龄，且舰况也不好。它在两分钟之内沉没，并带走了660名船员的生命

27 温斯顿·丘吉尔的雪茄

温斯顿·丘吉尔（1874—1965）是20世纪最容易辨认的人物之一，人们很少见到他不抽雪茄的样子。1895年，他在古巴染上了抽雪茄的习惯。他最喜欢的雪茄包括罗密欧与朱丽叶牌雪茄。没有人会拒绝生活中这些精致的物品，丘吉尔相信，雪茄和香槟、白兰地以及精美的食物一样是日常生活中的必需品——但是他经常任由雪茄熄灭，然后用力嚼着烟头。所以历史学家A.J.P.泰勒毫不留情地创作了"烟屁股战略"的短语，来阐述一战期间的英军远征，他在描述加利波利战役（1915）时写道："丘吉尔等人看着欧洲地图，然后用他的烟屁股点了点某个地方，说'让我们到那里去！'"——他把丘吉尔想象成一名业余战略家，突发奇想就让战士们去送死。一战期间以及战争结束后，这对丘吉尔的声誉造成极大的打击。直到二战中，丘吉尔在英国首相的位置上获得了巨大的成功，（大部分）人才渐渐淡忘此事。

一战是丘吉尔成为战神前的学徒阶段。作为著名保守党贵族政治家之子，温斯顿在1914年被视为一个聪明但标新立异的人。他因为加入自由党和推行激进的社会政策而被保守党所斥责，他们认为丘吉尔是叛徒。他虽是一个雄心勃勃的内政大臣和第一海军大臣（英国海军部的文职首脑），但许多自由党的同事也不信任他的判断。1914年10月，丘吉尔的举动使人们越发不信任他。他前往正面临德军威胁的安特卫普，申请担任那里的指挥官，这让他在内阁同事眼中像个傻瓜——他要真能当上将军那就让他

干[①]。此次行为和他在1914年7月、8月的迅捷反应形成鲜明的对比。丘吉尔在七八月份做出的决定确保了皇家海军舰队在其年度演习结束后并没有解散，这使它们可以为战争的爆发做好准备。

丘吉尔是加利波利战役的主要构思者之一。该战役旨在通过攻击连接地中海和黑海的达达尼尔海峡来达成打击土耳其的目的。来自海军专业人士的建议认为这项计划是不可行的。他当然须因此而受到批评，但他不应该为计划的糟糕执行而负责。二战时，计划不周、灾难性的1940年挪威战役也是丘吉尔的构思。这显示了他依然会因为"烟屁股战略"而受到指责。

1915年5月，丘吉尔被排挤出政治圈。他暂时放弃了政治，在当年底前往西线当了几个月步兵营长。重返政坛后，1917—1918年，他在军需大臣任上表现出色。他为黑格的军队送去了枪支弹药、坦克大炮等能够赢得战争的物资。值得一提的是，由于他在战时内阁名单之外，他对战略的影响力或者对其他政府部门的干预受到了严重限制。

1914—1918年的经历，展示了丘吉尔作为一名战争领袖的优势和弱点。他是一名非常有魅力有才干的组织者，但经常显示出无纪律和浮躁的一面。烟屁股总是离他不远。

----

① 时任英国首相的阿斯奎斯这么说，"温斯顿从前是一名骠骑兵中尉，如果接受他这个建议，他就有权指挥两名卓越的少将，更不要说准将、上校等军官了……"——译注

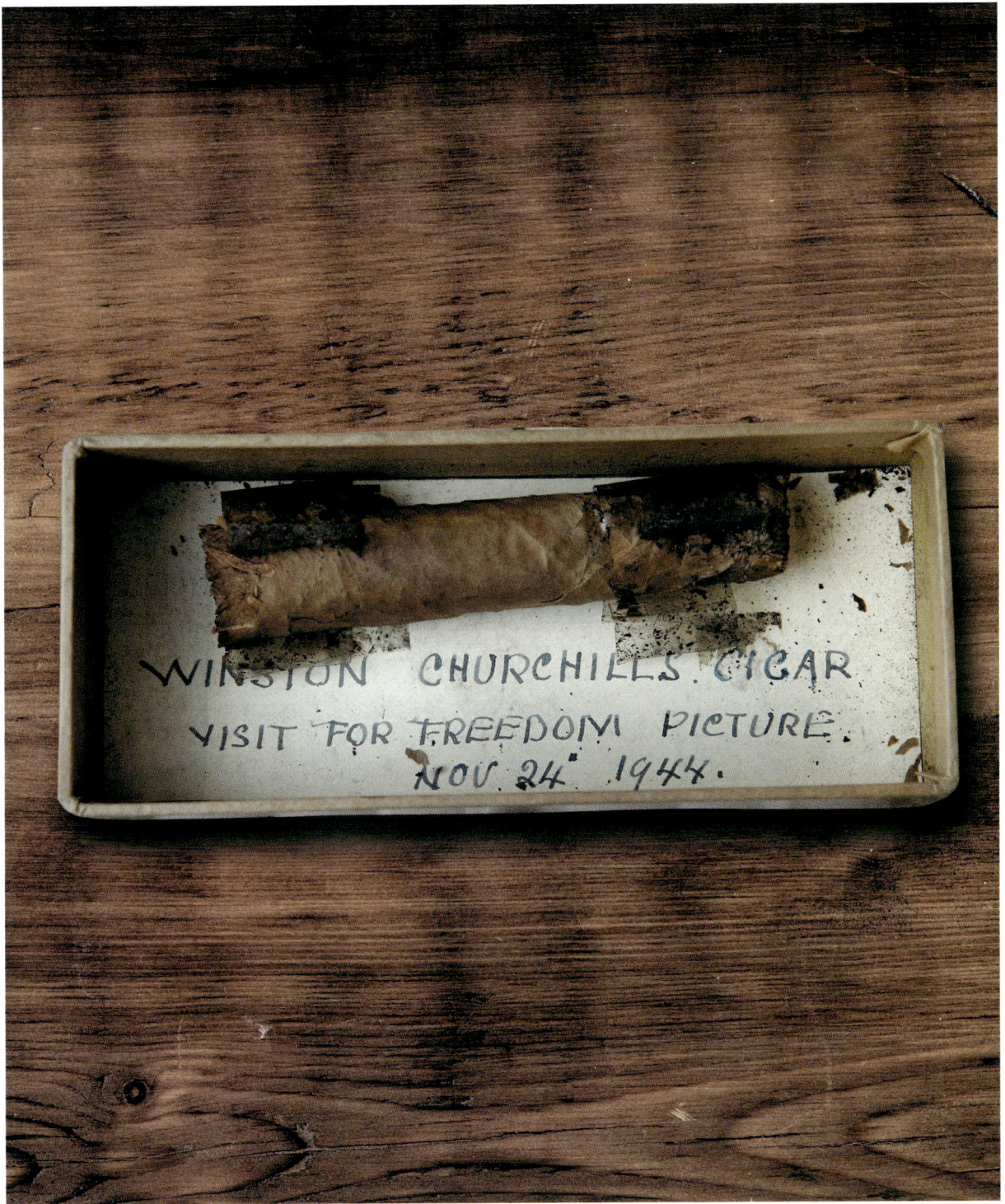

WINSTON CHURCHILLS CIGAR
VISIT FOR FREEDOM PICTURE
NOV 24 1944.

对页图：1914年，丘吉尔叼着一支雪茄离开日本使馆。1915年5月，他退出当届政府

上 图：作为二战期间的英国首相，丘吉尔抽雪茄的习惯变得更为知名。这个烟蒂被收作纪念品

28 德国火焰喷射器

1915 年7月30日，防守在伊普尔附近的霍格地区的英国士兵听到对面德国人的战壕里传出阵阵细微的声音，随后火焰和黑烟铺天盖地地扑了过来，英国士兵惊慌失措，在紧随其后的德军步兵的攻击下放弃了自己的阵地。敌人通过使用一种新式液体燃料火焰喷射器，成功地在居高临下的山脊上获得了一块立足之地。这种设备既有物理上，也有心理上的杀伤力。英军高级指挥官在震惊和沮丧之余，命令立即夺回制高点。虽然英军多次反击并付出了巨大的代价，但还是没有夺回失地。

德军的火焰喷射器是在20世纪的第一个十年中设计和研发的。研发先驱是里夏德·菲德勒，他和莱比锡消防主管赫尔曼·雷德曼（此人在日后成为西线火焰喷射器部队的一名军官）合作开发了火焰喷射器。他们的发明有两个基本型号：两人操作的小火焰喷射器和射程40米、但却笨拙不实用的大型火焰喷射器。小火焰喷射器最常用的组件包括一个喷火管和钢瓶。这套设备最远可以将火焰喷出18米开外。

德军组建了特种先锋营来操作这种新式武器，1914年底，他们在凡尔登附近进行了第一次实战实验。尽管实验的效果喜忧参半，这种新式武器喷射的猛烈燃烧的

火流还是对战壕中的敌军在生理和心理上造成了猛烈的打击。

霍格是火焰喷射器第一次大胜的地方，英军损失了31名军官和751名士兵。英国人试图在夜幕降临前稳住破碎的防线，但德军通过坚定的反击，牢牢地守住了阵地。这场地区性的胜利应归功于德军对火焰喷射器的广泛使用。正常情况下，火焰喷射器由6名士兵操作，经常被用在进攻开始时，扫清协约国联军阵地。整个一战中，德军一共进行了逾650次火焰喷射器进攻。

联军将初始报警纳入实战防御措施后，火焰喷射器的作战效能也就逐渐下降了。事实上，如果有一颗子弹或者横飞的弹片正好击中储油罐，那么毫无疑问，火焰喷射兵的生命会在顷刻间结束。

英国人又将火焰喷射器称为"液态火"，它的使用不过是将技术运用于战场，以期获得战术上的优势。但它也被联军视为如毒气和潜艇一般的"魔鬼"武器，类似的争论也是双方道义论战的一部分。这并未阻止英法方面发展自己的火焰喷射器，就好像他们同样也发展化学武器一样。但协约国方面占据道义上的制高点，因为并非他们首先使用这类武器。这在战争中立方——尤其是美国人——看来很重要。

对页图：由于喷射器笨重且难以操作，火焰兵只能携带喷射大约 2 分钟的燃料

上　图：1917 年法国色当，德军正在训练。火焰兵通常 6 人一组

29 辛普森的驴子

澳大利亚堪培拉的战争纪念馆外矗立着一尊令人注目的雕像：一头驴子驮着一名伤员。这尊雕像由雕塑家皮特·科利特于20世纪80年代中期完成。牵着驴子的士兵便是众所周知的辛普森。澳大利亚战争纪念馆外有他的塑像。除了博物馆，档案和纪念碑也都充分揭示了澳大利亚是如何铭记并进一步神化一战的事实的。

1915年4月25日，辛普森作为一名担架员随澳大利亚第三战地医院登陆加利波利。人们广泛传颂他如何用一头驴子将伤员从战壕带到沙滩上，救了多达300名士兵的故事。他的行为如此英勇，人们后来发起一场运动，要求追授他澳洲维多利亚十字勋章。

但"辛普森"并非他的真名。1892年，约翰·辛普森·柯克帕特里克出生于英格兰东北部的南希尔兹。他的口音带有很重的英格兰北部方言的腔调，而并非澳洲口音。1910年，商船水手柯克帕特里克似乎被抛弃在澳大利亚。1914年9月，他以"辛普森"的名字应征入伍，成为澳大利亚联邦军队许许多多在英国出生的士兵中的一员。

虽然辛普森在加利波利的行为非常勇敢，但没有证据表明他应得一枚维多利亚勋章——即使他所做的远多于其他担架员。历史学家格雷厄姆·威尔森撰写了研究辛普森的权威书籍。他说，这一虚构的人物"是辛普森和其他用驴子搬运轻伤士兵的担架员的优秀集体形象"。有张照片被人们认为是辛普森，还由此衍生出一幅油画，事实上照片的主人公是一名新西兰战士。

"辛普森"的故事是隐藏在澳洲士兵中的神话。澳大利亚官方战地记者和官方史学家查尔斯·比恩在里面发挥了很大的作用。这涉及如何塑造澳大利亚士兵形象：勇气、"战友情"和"特立独行"（反叛并藐视权威）。所有这些品行都反映了澳大利亚人的价值观，它们都体现在了加利波利战役中。这些要素还被普遍认为是澳大利亚民族性的发源所在。

对于一些澳大利亚民族主义者来说，加利波利战役作为一个被塑造的神话，有一个不利之处：它是一场按照英国人的命令，为大英帝国而战的战役（而且还失败了）。科科达小径之战后，加利波利神话的命运发生了转折。这场战斗发生在1942年的新几内亚。当时一支澳大利亚小部队在这里遇上了日军。和加利波利相比，科科达之战有许多值得称道之处。它是为保卫家园、打击日本侵略者而战；和大英帝国没有任何"令人遗憾"的关系。

虽然澳大利亚人在恶劣的条件下打得很出色，但是导致日军失败的主要因素是他们糟糕的后勤供应。事实上，正如澳洲历史学家中的领军人物皮特·斯坦利所示，日本人并没有入侵澳洲大陆的计划。无论如何，虽然科科达正变得更为人知，并成为民族自豪感的寄托物，但它并没能取代加利波利。如同辛普森和他的驴子一样，加利波利在澳大利亚人的民族认同感中，依旧处于核心位置。

对页图：相片中央的即是辛普森，他正在帮助一名受了腿伤的英国士兵。他的驴子有好几个名字："莫菲""达菲"以及"那头驴子"

上　图：堪培拉澳大利亚战争纪念馆外的辛普森和他的驴子的雕像。一代代的学童都在学习他生前的英勇品格

30 哥萨克制服

1914年，俄国军队自一百年前的拿破仑战争以来，第一次进入东普鲁士。担任先锋的哥萨克人通常穿着卡其布大衣，头戴皮帽。他们凶名远扬，令平民惊慌失措。虽然俄军有劫掠、杀人和强奸行为，但这似乎只发生在相当少的哥萨克人当中。

"哥萨克"是几个生活在乌克兰和俄国南部的不同民族的集体名词，这些马背上的民族普遍勇猛好战，作为强盗和雇佣军的他们声名狼藉。18世纪，俄罗斯帝国的影响力逐渐扩展，它与主要的哥萨克民族联盟，发挥他们作为雇佣兵的传统优势，并在帝国内部给予他们一定的地位作为奖赏。

到19世纪，哥萨克仍保留着他们半自治的政治状态，但已经融入了俄国军队。他们的文化让他们成为完美的轻骑兵。哥萨克往往装备军刀、长矛和卡宾枪，这使他们上马下马都能作战。拿破仑战争期间，他们名闻全欧：拿破仑称赞其为全世界最好的军队；但也因为其暴行而恶名昭彰。在俄国，哥萨克暴力的名声以及与主流民族明显不同的文化传统，意味着他们常奉命镇压民众骚乱。1905年那场反抗沙皇未果的革命中，官方经常雇佣哥萨克执行此类任务。1925年拍摄的著名影片《战舰波将金号》当中，哥萨克的暴行成为影片的关注点之一。

哥萨克在日俄战争（1904—1905）中表现不佳。因此一个英国观测员认为他们"对战争毫无用处"，并据此对哥萨克不予理会。战后，俄国军队仍保留了数量众多的哥萨克兵用于侦察和小规模战斗。同时，俄军也意识到，经过正规训练的骑兵在战争中具有更大的价值。

不管如何，一战前夕，野蛮危险的哥萨克形象激发了欧洲其他国家的想象。在英国，恶魔般成群结队的哥萨克对东普鲁士的袭击就是个活生生的宣传案例。哥萨克常常被当作俄军的象征，被看作是野性而高贵的。德国人也使用哥萨克来象征俄军，但把他们描述为醉心于杀人和强奸的斯拉夫野蛮人。

从1914年底起，在前线的军事压力和国内社会动乱的共同作用下，俄军实力逐渐崩溃。哥萨克编队在对抗奥匈骑兵（1914—1915）和奥斯曼军（1915—1916）时获得了卓著战绩。但是在1917年2月的革命中，哥萨克第一批参加革命军。沙皇尼古拉斯二世曾将国内治安托付给哥萨克，这对他而言是一个毁灭性的打击。同时，这也是促使沙皇退位的关键因素之一。一些哥萨克抓住沙俄政府垮台的机会，宣布独立。这些哥萨克组成了俄内战（1917—1922）时期的白军，但也有少数哥萨克为布尔什维克而战。

哥萨克中拥护布尔什维克的派别在苏联军队保留了一席之地，并在第二次世界大战里扮演了重要角色。德国人对哥萨克劫掠的想象——这些想象在1914年大部分被证明是错觉——最终在1945年变成了一个可怕的现实[1]。

---

① 此处暗指苏联军队在1945年攻入纳粹德国，并于1945年4—5月展开对柏林的攻击。——译注

对页图：一名近卫混编哥萨克骑兵团第三连的哥萨克军士正全副武装地站在他的坐骑旁。照片摄于 1914 年

上　图：一套哥萨克制服的现代复制品。制服设计基于传统的部落服装，在过去一个世纪里并没有太大的变化

31 "克莱德河"号

1915年的达达尼尔海峡战役①发生在一个历史和传说交错的地方。在古罗马希腊时代，达达尼尔海峡被称为赫勒斯滂。这是一条分割土耳其欧洲部分和小亚细亚部分的狭窄海峡。公元前480年，波斯的万王之王薛西斯以舟为桥，横渡海峡。在海峡的亚洲侧，往内陆走一段路程就是古城特洛伊。19世纪末期，海因里希·施里曼发现特洛伊城遗址。许多接受古典教育的英国军官对能在阿喀琉斯和赫克托耳②战斗过的地方服役，感到非常激动。英国海军师③的帕特里克·肖-斯图尔德这么说道："我只是希望我能够有机会吻一吻和瞧一瞧特洛伊。"一些历史学家争论道，公立学校的教育能培养出优秀的殖民地官员和初级步兵军官，但它没有教会英国社会的领袖如何面对20世纪的经济挑战。虽然这番议论有些过激，但它还是有一定道理的。

肯定会有人想出历史学家罗伯特·R.詹姆斯所谓的"现代特洛伊木马"的主意来，在现实中这个人就是皇家海军指挥官昂温。他想用运煤船"克莱德河"号运载2 000名士兵在海勒斯岬角（Cape Helles）的V滩头抢滩。随后士兵们从两舷事先切割出来的"舷门"冲上海滩。这是个很英勇的想法，但实战证明这是一场灾难。

大致而言，1915年4月25日在V滩头登陆的突击队所面临的问题是，无法压制奥斯曼守军的火力。为此，攻击方必须对守军阵地实行大规模的以炮弹为主的火力投送，以此来消灭守军或使之瘫痪——至少能压制对方的火力。当士兵们从"克莱德河"号出来时，他们看到皇家都柏林燧发枪团的许多战友已经死去或奄奄一息。他们在排队划船向海岸前进时遭受了巨大的损失。突击部队原本计划用驳船和木板搭建一座浮桥供士兵从运煤船登上海滩，但拖带驳船的蒸汽艇损坏了。昂温亲自跳入海中，以缆绳拖带驳船到位。当汉普郡团和皇家芒斯特燧发枪团的战士冲出"克莱德河"号时，他们纷纷被土耳其兵的火力击倒。至当天结束为止，英国人只在V滩头占领了脚趾那么大的地方。与海勒斯岬角的其他地方一样，胶着的堑壕战即将开始。

这是历史上第一次对拥有强大现代化火力装备的军队防守的海岸进行两栖突击。在此之前，如果登陆点有守军防守，进攻方则将绕道而行，直到找到一个防守薄弱点。在海勒斯岬角的Y滩头，一支小部队在敌方毫无防守的地点登陆了。但由于指挥问题，在整场战事中，协约国联军缺乏主动性，平庸无能，毫无亮点。

加利波利战役成了登陆作战史上的反面教材。1917年计划在比利时沿海进行，而最终放弃的登陆战就吸取了加利波利的经验教训。但对此次战役研究最细致的还数两次世界大战之间的美国海军陆战队。加利波利登陆战命途多舛，但却为二战当中美军在太平洋战区实施的一系列登陆战带来了积极的影响。

---

① 又称加利波利战役。——译注
② 二人是神话传说特洛伊战争中的英雄人物。——译注
③ 即英国海军陆战队前身。——译注

对页图：皇家海军装甲汽车师的士兵正在准备登陆。他们在"克莱德河"号上将机枪安装到位并构筑防护工事

上　图：1915年4月25日，从"克莱德河"号上拍摄的V滩头场景。伤亡大到海水都被血染红了。还停留在船内的士兵可以听见子弹打在船体上的声音

下页图：1915年4月，V滩头的"克莱德河"号

32 飞行帽

飞行员的飞行帽在一战中成为最为人熟悉和最有特色的制式装备之一。在1914年之前，配备护目镜的皮制飞行帽就已经问世，整套头部装备是为了防止飞行员在飞行中受异物伤害。在1903年的首次飞行试验中，莱特兄弟仅反戴布帽和着护目镜就进行了试飞。这成为第一次世界大战前广为人知的紧贴式头盔式样。1909年，法国飞行员路易斯·布莱里奥在世界上第一次成功飞越英吉利海峡时戴着一顶自己改造过的羊毛帽子作为头盔。而一种为美式橄榄球专门开发的"斯伯丁"皮帽也被用作飞行帽。一战结束的时候，一些更精致的飞行员防护帽出现了。英国人设计的登喜路头盔包含了允许机组成员通过叫喊来交流的话筒和氧气面罩。一般来说，当时的驾驶舱为敞开式，飞行员为了抵御寒冷要穿着多件衣服，以及厚重的航空手套和又长又重的外衣。他们的工作对于地面战斗的成败起到关键性作用。

一战刚刚开始的时候，军用航空器处于起步的状态。而到战争末期，飞行器在战争指挥中已起到举足轻重的作用，这一意义深远的变化被誉为当时的军事革命。事实上，后来能与之相提并论的军事革命也仅有两个：核武器的发明和电脑IT技术。后者在1991年海湾战争以及之后的战争冲突中表现卓越。

军用飞行器的重要性在于，它能极大地提升炮兵部队的战斗力和效率。1914年以前，火炮进行间接瞄准射击是很少见的。为了提高命中率，射击仍然需要目标在视线之内。而在飞机上的观察员能够定位地面目标，修正炮弹落点，这些使得火炮射击精度大大提高并且能对敌纵深开火。这使炮兵的远距离射击得以实现。炮术由此就变得更具科学性，例如，德国人格奥尔格·布鲁赫米勒和英国人赫尔伯特·尤尼亚克这样的创新型炮术专家制定了使用火炮的各种方法，它们在战场上的生命力远远超越了第一次世界大战。这些战术使得人们得以在大战后期实行大规模炮击。在1917年6月7日的梅西讷战役中，英国使用了2 266门火炮，前线平均每6.5米一门火炮。此般炮击给敌方带来毁灭性的破坏，战绩斐然。此后的1918年3月21日，布鲁赫米勒制订了一份使用6 473门火炮的复杂炮击计划，据此发动对英军阵地的炮击。

随着空军地位的提升，涌现出许多王牌飞行员，比如德国的曼弗雷德·冯·里希特霍（见《"红男爵"的三翼机》，本书第170页）；法国的勒内·丰克和乔治·吉内梅；英国维克多利亚十字勋章获得者阿尔伯特·鲍尔以及美国人埃迪·里肯巴克。他们都因为在自己的侦察（战斗）机上击落了大量敌机而声名大噪，然而空军真正的脊梁却是那些默默无名的普通飞行员以及那些与地面炮兵部队协调合作的侦察机观察员。从根本上说，战斗机飞行员的任务是阻止敌方飞行器对友方阵地进行侦察，并且扩大对敌侦察范围。和那些著名的战斗机飞行员相比，那些开着低速、脆弱侦察机（比如英国的R.E.8或者德国的哈尔贝施塔特 C.V）的飞行员才是关键人物。

对页图：埃迪·里肯巴克操作纽波特 28 战机。这位美国"王牌中的王牌"飞行员获得了 26 次作战胜利

上　图：这款英国制造，由柔软皮革做内衬的皮制飞行帽大约生产于 1920 年，与第一次世界大战期间使用的飞行帽相似

33 《每日邮报》对弹药丑闻的报道

1905年，艾尔弗雷德·哈姆斯沃思（1865—1922）被封为诺思克利夫勋爵。他是英国爱德华七世时期最成功的报业巨子。1896年，他创办了《每日邮报》。这是一份面向大众市场，以中产阶级为对象的爱国报刊，属于英国的右翼报纸。很快，报纸便开始发行。至1915年，随着对更多报业公司的收购，诺思克利夫对战争应如何进行发表了自己的观点，成为舆论界有影响力的人物。他反对战时国防大臣基钦纳勋爵，但他笨手笨脚地插足政治反而产生了事与愿违的结果。1915年5月21日，大堆《泰晤士报》和《每日邮报》在伦敦证券交易所被烧毁——两者均由诺思克利夫创办。《每日邮报》的销量在一星期内减少了20万份，原本稳步上涨的销量突然直线下降。此般举动，均是头版中一条显眼的标题惹的祸——《弹药丑闻：基钦纳勋爵的严重过失》。诺思克利夫的政治新闻给予了阿斯奎斯自由主义政府沉重的一击。但这对十分青睐基钦纳的广大读者而言，却是难以接受的。

5月26日，英国再次组建以阿斯奎斯为首的联合内阁。至1915年春天，有明显的证据表明西线正在进行的是一场物资战争。而英国军队显然是劣势的一方。由于布尔战争中消耗了大量军需物资，英国远征军的弹药很快就处于极度匮乏的地步。新沙佩勒战役（3月10—12日）失败后，来自政治层面的、对军队"弹药匮乏"的关注也越发升温。英国远征军指挥官陆军元帅约翰·弗伦奇的介入使此事再度升温，并逐渐广为人知。虽然国会将于4月21日对此事进行讨论，但是许多人仍感到不满。尽管确实可采取很多措施以加速弹壳生产（后来也

确实这么做了），但庞大的产业不可能一夜之间就建立起来。

5月9日，英国远征军在奥贝尔岭发动了新一轮的攻势。此次战役的彻底失败，使弗伦奇开始责备军需物资的匮乏，《泰晤士报》的随军记者科洛内尔·雷平顿对这件事进行了报道。5月14日的报纸随后对其广为宣传，声称"烈性炸药的短缺是阻碍军队胜利的最大障碍"。这一报道促成一次重大危机，最终导致联合内阁的组建——另一主要原因是海军元帅"杰基"费舍尔[①]的反常举动，当时，费舍尔与海军部文职首脑温斯顿·丘吉尔发生争执，所以辞去了第一海军军务大臣的职位。这一系列的事件，似乎足以说服阿斯奎斯：是时候开始重建联合内阁了。

作为报业经营者的典范，诺思克利夫勋爵很善于利用其政治影响力。他在这些事件中发挥了重要的作用。与其合谋的约翰·弗伦奇爵士也颇为值得一说。弗伦奇是战时国防大臣基钦纳的政敌。他几度对这个国家的民选政府进行破坏，其行为远远超出了基钦纳可以忍耐的底线。但对攻击基钦纳一事，弗伦奇和诺思克利夫勋爵却弄巧成拙了。戴维·劳合·乔治受命接手一个新的军需品生产部门，这使得他成为战争领导人之一，而基钦纳仍然是这届政府的关键人物。如果有什么区别的话，那就是对其声誉的攻击反而加强了他的政治影响力。1915年5月的弹药丑闻便证明了这种力量，同时也表明了战时英国新闻业的局限性。

---

① "杰基"费舍尔即一战时著名的英国海军将领费舍尔元帅的昵称。——译注

Daily Mail

THE PAPER THAT PERSISTENTLY FOREWARNED THE PUBLIC ABOUT THE WAR.

FRIDAY, MAY 21, 1915.

THE TRAGEDY OF THE SHELLS.

LORD KITCHENER'S GRAVE ERROR.

对页图：1915 年 1 月，从事军火生产的女工人在维克斯工厂生产炮弹壳

上　图：当时的基钦纳是如此受欢迎，以至于这一丑闻直接影响到《每日邮报》的发行量。但报纸的销量最终及时恢复了，诺思克利夫勋爵也保住了他在英国政坛的地位

34 列宁的火车

1917年4月16日，一辆火车开进俄国首都彼得格勒（圣彼得堡的原称）的芬兰车站。随着列车一起到达的，还有32名流亡国外的俄国人。他们能够返回故土，还要归功于俄国的敌国——德国。德国之所以允许这趟"秘密列车"通过德国与瑞典国土，是为了对俄国进行战略打击。因为火车上的流亡者中，有一名杰出的革命者，他就是弗拉基米尔·伊里奇·乌里扬诺夫，而人们更熟悉他的假名：列宁（1870—1924）。德国希望动摇俄国临时政府——它成立于一个月之前，取代了沙俄政权。德国人的把戏却最终导致了20世纪最具影响力的事件之一——俄国"十月革命"。

列宁是一名经验丰富的社会主义革命家，1917年时，他正流亡于中立国瑞士。他是一名有影响力、有威信、有魅力，但却与俄国社会民主工党分歧颇大的人物。众所周知，俄国社会民主工党在1912年分裂为两派：俄孟什维克党（两派中的"少数派"，尽管实际上这个党派的成员人数是另一派的两倍）和列宁的"多数派"——布尔什维克党。列宁主义是对马克思主义思想理论的继承和发展，他预见了两个经济阶级之间不断进行的斗争，最终会带来革命和资本主义的瓦解。与其竞争者不同，列宁彻底地反对与"中产阶级"之间的协作，他希望由俄国社会民主工党来进行一次初步的革命。俄国的国情并非完全符合马克思主义的理论，尽管一战前几年，俄国的工业得到高速发展，而且工人阶级的不满情绪也在一直增长，但这里并不是晚期的资本主义状况，而且缺乏革命的基础——人数庞大的工人阶级。

1914年8月爆发的一战，给沙皇统治下的俄国带来表面上的团结。但战场的失利和参战带来的国内压力很快就加剧了国内的紧张形势。1915年9月，沙皇尼古拉斯二世不明智地对军队进行亲自指挥，事实证明这是徒劳无益的。工厂和军队的社会主义鼓动者四处寻找同情革命的支持者。不满于国内现状及战争进程的俄国人民群众队伍逐渐壮大，到1917年3月，彼得格勒发生了多起严重的罢工游行活动，最后导致了兵变。尼古拉斯于3月15日宣布退位，而沙皇政府也被自由主义的临时政府取代。

俄国进入了一段政治动荡期，随着政府政权的变换（俄孟什维克党入主政权），苏维埃工农兵委员会填补了权力真空。早些时候，列宁倡导"革命失败主义"[1]，将其作为一个创造革命条件的方法。之后，他看到了机会。冒着被谴责为德国帮手的风险，列宁乘坐秘密列车回到了彼得格勒。他假意与列夫·托洛茨基结盟，推动了一个激进的和谈计划，并提出"全部政权归苏维埃"。尽管列宁被迫在芬兰车站避难，但他还是发动了对沙俄政府的政变——当然现在是由亚历山大·克伦斯基领导。列宁于10月底回到了俄国，并且在11月7—8日（俄国日历为10月25—26日）率领赤卫队，攻占了彼得格勒冬宫。列宁当选为布尔什维克政府领导人。尽管一开始的时候，列宁对于权力的掌控还是岌岌可危，但他创立的政权延续了70年之久。

---

① 列宁的"革命失败主义"是从马克思主义的阶级斗争衍生而来的概念，他认为，无产阶级的真正敌人是奉行帝国主义的统治者，这些统治者把低于自己的阶层送上战场。他宣称，无产阶级无法得益于任何一方胜利，资产阶级的国家战败反而对他们更有利，因为这可能会转变为针对统治者的内战，然后扩大为国际革命。——译注

对页图：列宁在去彼得格勒的火车上   上　图：1917年9月运送列宁到俄国的那列火车

35 克虏伯工厂

19世纪末20世纪初，"克虏伯"这个名字成为德国军事力量的象征。弗里德里希·克虏伯在19世纪早期成立了这家钢铁公司；在他儿子阿尔弗雷德的领导下，克虏伯成长为世界上有史以来最重要的军火工业帝国之一。克虏伯制造的火炮在普法战争（1870—1871）期间装备了普鲁士军队，并为公司获得了巨大的声誉。公司由此发展出了利润巨大的出口贸易。克虏伯公司崛起的实质是德国作为世界领先的工业霸主的实力的显现。1870—1913年，（德国）钢铁产量的增长量相当大，在整个欧洲对外出口的钢铁总量中占的比例越来越大。一战爆发时，德国已经在经济方面超越英国，美国是它当时的主要对手。

虽然德国看上去已经做好了在1914年开战的准备，但它发现自己面对的战争与之前准备进行的并不一样。和其他参战国一样，它被迫在国家和社会层面上展开激进且出乎预期的动员，以满足总体战争（Total War）的需求。由德国通用电力公司的瓦尔特·拉特瑙成立的"战争原材料办公室"在此般转变中扮演了重要角色。在所有的参战国家当中，简单的弹药都交由经验不足的工厂生产，但还是有许多其他类别的工厂与克虏伯等老牌军工厂一起，开始生产出各种各样的物资以满足进行一场现代的、工业化的总体战争的要求。俄国珠宝商法贝热制造手榴弹就是一个例子。对于克虏伯之类的公司来说，这是一段欣欣向荣的时光。正如历史学家罗格·奇克林所指出的那样，到1917年为止，德国工业的某些部分"在战争期间干得非常好……克虏伯钢铁公司的毛利是战前平均水准的2.5倍"。

1916年8月，德国进一步增强对劳动力和工业的动员。陆军上将埃里希·冯·法尔肯海因——德国军队实际上的领袖——被陆军元帅保罗·冯·兴登堡和他拥有巨大影响力的副手埃里希·鲁登道夫所取代。法尔肯海因是少数几个在任何情况下都预料到战争不可能获得完全胜利的高级指挥官之一。兴登堡和鲁登道夫的二人共治时期从1916年8月开始，他们实际上接管了德国政府的部分职能。他们与前任的看法很不一样。兴登堡雄心勃勃地计划建立战时经济，以支持德军获得全面战争的胜利。

结果，兴登堡计划不仅失败了，它对普通德国民众生活的冲击还动摇了德皇的地位。1917—1918年，英法政府号召民众承受更重的负担并忍受更大的损失，以获得胜利。其时，二者已经启动了所谓的"二次动员"，他们的手段包括强调民主战争的目的和民主改革等。他们的对手德国几乎看不到这样的"胡萝卜"，德国人眼里的大棒更多些。德国政府没能做到一些很基础的事情，比如确保城市的食物供给，导致民众对政府的信心崩溃。1918年，德意志帝国因战争失败和革命而崩溃。虽然德皇被迫退位，但威廉二世时期保留下来的一些擎天柱，比如德军总参谋部制度和克虏伯公司，为日后在希特勒的领导下，德国军国主义的复苏提供了重要依靠。

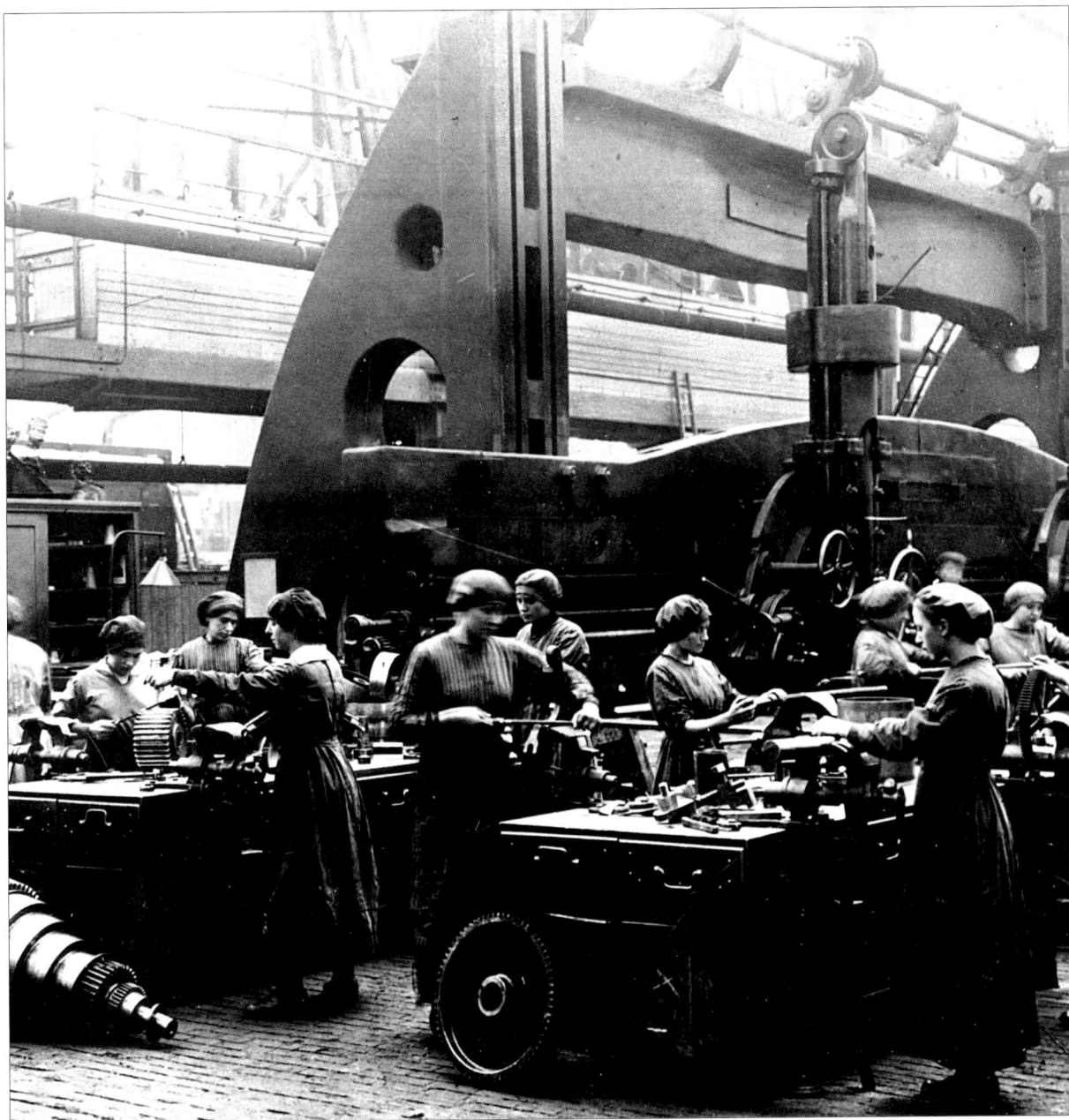

对页图：位于埃森的克虏伯钢铁公司和军工厂。照片摄于 1912 年，但这家工厂在一个世纪之前（1811 年）就已经成立了

上　图：越来越多的男性加入军队，使社会发生一场变革，图片中正在制造军火的女工人就是社会变革的体现之一

下页图：一战是一场物资战争。工业产品在支援前线军队方面，起到了生死攸关的作用

Trgf. 30000 Kg.

L. 53b.

36 皇家邮轮"卢西塔尼亚"号

皇家邮轮"卢西塔尼亚"号是一艘横跨大西洋的豪华远洋客轮,隶属于英国卡纳德轮船公司。它的船体尺寸和宽敞的住宿条件在当时引起轰动,并对其对手"泰坦尼克"号的设计和制造产生了巨大的影响。两艘船最终都以悲剧收场。

一战爆发时,英国海军部允许"卢西塔尼亚"号在运输政府物资的前提下,继续其班轮的生涯。1915年2月,德国宣布实施无限制潜艇战,声称不列颠群岛周边海域均被划为战区,任何非中立国船只,无论是民用船只还是军用舰艇,均会在不被警告的情况下遭受攻击。这完全不同于战争最初几个月的潜艇战。此前德军U艇的预案是,拦截商船,并在击沉对方之前进行一次正式的搜查。

这项政策的宣布对跨大西洋航运几乎毫无影响。"卢西塔尼亚"号也一如既往地航行在利物浦到纽约的航线上。1915年4月22日,驻德国美大使馆持续在报纸上宣传美国公民搭乘"卢西塔尼亚"号的风险,并声称任何乘客均得风险自负。

5月1日,"卢西塔尼亚"号从纽约出航,开始了它最后一次航行。5月7日早上,它在距爱尔兰南部海岸约19千米的地方被德军潜艇U-20号发现。大约下午2点10分,U-20发射的一枚鱼雷击中了"卢西塔尼亚"号,对其造成毁灭性破坏。它在18分钟内就沉没了。由于下沉时船体严重倾斜,阻碍了救生艇下水,大批乘客因此溺亡。"卢西塔尼亚"号上共有1 195人遇难,其中128人是美国公民。当时,船上的乘客和船员一共也才1 959人。

德国人的宣传辩称,这艘船被击沉的原因是它携带有武器和弹药。尽管货运清单显示"卢西塔尼亚"号确实携带了枪弹,但对它运载高爆弹药或其他战争物资的指控却从未被证实。

沉船事件引发了国际社会的愤慨。美国人是如此愤怒,以至于英国期望美国就此对德宣战。美国总统伍德罗·威尔逊发表了一系列用词谨慎的对德讲话。他警告德国,若进一步对美国公民进行任何攻击,都将面临"严厉的问责"。考虑到无限制潜艇战有限的军事战果和美国人施予的外交压力,德国人在1915年9月宣布放弃无限制潜艇战。

"卢西塔尼亚"号的沉没成为英国政府宣传的关键点,他们希望借此说服普通美国民众,使他们支持协约国联军。1917年2月,德国宣布发动第二次无限制潜艇战,"卢西塔尼亚"号再次成为大众讨论的焦点。威尔逊意识到,美国人对此态度强硬。他当即宣布与德国断交,并于1917年4月6日对德宣战。

"记住卢西塔尼亚!"这句话成为美国战时总动员一句流传甚广的口号,同时也被大量征兵海报所引用。记者菲利普·吉布斯在1918年7月7日的一篇新闻报道上这么描述美军的一次突击行动:"美国人并不是心慈手软。他们上好刺刀,高喊着'卢西塔尼亚'的战斗口号,勇往直前……德国人也许会心惊肉跳,因为'卢西塔尼亚'是一句复仇的呐喊。"

对页图：《纽约时报》在"卢西塔尼亚"号沉没后第二天的报道。报纸报道了这次军用运输的细节——政府对英国公众隐瞒了这些事实

上　图：1907年，"卢西塔尼亚"号抵达纽约。1915年该船被鱼雷击中，它的沉没速度非常快，以至于48艘救生艇只有6艘被成功地放下水

下页图：1907年，冒着烟的"卢西塔尼亚"号进入纽约港

37 简易防毒面具

1915年4月22日下午5时左右，在伊普尔防线突出部的协约国士兵看到一片奇怪的黄绿色烟雾徐徐向他们飘来。这就是氯气。德国人违反了1907年的《海牙公约》，在西线首先实行了大规模的毒气战。英国、法国还有加拿大的一线士兵毫无防护装备。用尿液湿润手帕之类的布料，并将其捂在口鼻处，这是一种简陋而又并非高效的防护手段。

氯气由德国化学家弗里茨·哈伯率领的团队研制而成，他在1918年因其他领域的工作获得诺贝尔奖。它比空气重。如果战士们吸入过量氯气，将会出现呼吸困难、呕吐等症状，眼部和肺部会受到严重的烧灼。大剂量的氯气是致命的。

虽然在4月22日之前，化学武器已经进行了小范围的实战——比如说，法国人在1914年8月使用了催泪瓦斯——但德国人对致命性毒气的使用无疑表明"总体战争"的心理已经深入人心。在总体战中，对武器使用、攻击目标的道德约束往往会被忽略，这是一个逐步的过程。德国人首先发动了化学战，这让他们被钉死在了道德的耻辱柱上。这和几周后发生的"卢西塔尼亚"号沉没事件一起，为协约国的宣传部门将德国人描述为未开化的野蛮人提供了证据。

德军最高统帅部无法提供有战斗力的预备队，因此失去良机，没能好好利用首次化学攻击带来的"奇袭"，这绝对是他们在战争中最大的失误之一。协约国联军很快就从开始的震惊和挫败中恢复过来。5月25日（第二次伊普尔战役）之后，又展开了一场消耗战。德国人虽然夺得了土地，但协约国的战线依旧完好无损。

协约国对此采取了两方面的对策。首先，引入防毒气装备。没有什么比浸泡过化学药剂的棉布更有效的了。一种叫作"黑面罩"的英式防毒装备就是把棉布浸泡在化学溶液里制成的。1915年7月，它被防毒面具所取代。防毒面具的发明者是纽芬兰医生克卢尼·麦克弗森。防毒面具由带透明目镜的帆布罩和一根供士兵呼吸的软管构成，这是一款对抗氯气吸入的最原始的防毒面具。其次，既然敌人已经打开了"潘多拉之盒"，因此在大声谴责德国人使用毒气的同时，协约国也在秘密发展自己的化学武器。英国第一军司令、上将道格拉斯·黑格爵士意识到毒气作为一种冲击性武器的潜能，因而英军对卢斯的作战计划中便确定要使用毒气。不幸的是，毒气武器以风为载体的本质决定了风向和风速的重要性。由于两者均不利，毒气武器的使用不仅无效，甚至起了反作用——在某些地段，毒气被风吹回来了。尽管如此，1915年底，毒气在交战国的武器库中已经牢牢地占据了一席之地。

对页图：战壕中的法军，他们只戴着最基本的毒气防护设备：护目镜和面罩。和它造成的恐慌相比，毒气造成的伤亡要小得多

上　图：戴着防毒装备的德国士兵。在毒气战中幸存下来的人们往往要忍受失明或者严重的瘫痪带来的痛苦

38 米尔斯手榴弹

带有刻槽的铸铁弹身、钢制击针还有定位销，这就是英军在一战时期的制式手榴弹：米尔斯"5号"。这个看上去像菠萝的造型被其发明者——伯明翰的威廉·米尔斯于1915年9月注册为专利。战争期间，包括两种后继改型在内，米尔斯手榴弹的产量超过7 000万枚。一名经验丰富的投弹手可以将被战时教官称为"黑暗邪恶的米尔斯"的手榴弹以相当致命的精度投出15米远，而手榴弹爆炸产生的弹片会飞得更远。米尔斯手榴弹的部件具备明显的机械效能。环状的定位销牢牢地压住内部的钢制击针。拔掉定位销，释放击针，撞击基座上的雷管，引爆弹体内装填的巴拉托炸药（一种TNT和硝酸钡混合后形成的具有强大威力的爆炸物）。其结果是致命的，在狭窄空间内尤为如此。

凭借适中的体型、相对较轻的重量（765克），以及从使用者角度来看还不错的可靠性，这种新型手榴弹成了堑壕战的理想装备，并很快成为西线突击部队的宠儿。为了适应工业化战争时代的大规模批量生产，米尔斯手榴弹进行了一些小的改进。虽然"5号手榴弹"供应不足的情况一直持续到当年底，但在1915年5月，距政府接受米尔斯的专利申请还有4个月的时候，许多部队都装备了"5号手榴弹"。考虑到美索不达米亚战区的作战行动，装填另一种炸药配方的防水手榴弹（型号分别为23M和36M）也投入紧张的生产当中。

1915年夏天，英国军事主管部门考虑到士兵需要在堑壕中投掷手榴弹，于是印刷了一本小册子：《掷弹兵的训练和组织》，这是"手雷党"的第一代初级读本。法国和德国的组织和战术与之类似。有潜力成为掷弹兵的士兵或者说是"轰炸者"[英国近卫步兵第一团（the Grenadier Guards）说"掷弹兵"（grenadier）这个词应该只用在他们身上]是从最强壮、最有攻击性的战士中挑选出来的。由于对身高和臂长都有要求，因此高个子更有优势。训练的第一步是克服对米尔斯手榴弹的恐惧，随后就是反复练习一套已经确定好的"动作"。掷弹兵的基本单位包括一名士官、两名刺刀手和两名投弹手。米尔斯手榴弹对英军战术的重要性可以通过下面的例子来衡量。1917年初，大不列颠及帝国步兵部队引进了一种新的排级编制，其中包括一队投弹手、一组枪榴弹射手、一组步枪手和一组刘易斯机枪射手。

最残忍的一次战事就涉及米尔斯手榴弹——当时部队的普遍装备——以及那些受过训练的士兵。这起事件于1916年7—8月发生在索姆河地区波济耶尔附近的"明斯特小路"。为了争夺这条战术上很重要的交通壕，英军和澳大利亚军使用了多达73 000枚手榴弹。如此巨大的使用量解释了为什么米尔斯手榴弹在战争中的产量会多达数千万枚。

对页图：乔治五世拿着望远镜，站在被英军占领的德国阵地上视察波基耶尔战役。这场战役发生在索姆河会战中期

上　图：一枚制造于1916年的米尔斯手榴弹。带有刻槽的弹身使它更容易产生破片，这使之成为战士消灭堑壕中敌军的完美武器

39 "旭日"帽徽

“旭日”帽徽，连同别着它的宽边软帽，成为“矿工”（即澳大利亚士兵）的象征。“旭日”帽徽的第一次出现是在1902年2月，少将爱德华·赫顿爵士对此功不可没，他是当时澳大利亚军队的英籍总司令。“旭日”帽徽的设计效仿了赫顿爵士获得的盾章：文字和步枪刺刀交替排列成半圆形，中间是一顶皇冠。澳大利亚士兵在第一次世界大战中所佩戴的帽徽是其第三种款式，出现于1904年，徽章上写着“澳大利亚帝国军队”。目前使用的是第七款。该徽章被视为澳大利亚军队传统的一个重要部分。

这个传统主要形成于第一次世界大战当中。尽管澳大利亚军队曾参与布尔战争，来自新南威尔士州的士兵更是早在1885年就曾在苏丹为大英帝国作战，但澳大利亚帝国军[①]到1914年仍然不甚为人所知。澳大利亚士兵抵达埃及进行培训时，落下了纪律不严的坏名声。一战结束后，即使有加利波利的卓越表现，在中东和西线，澳大利亚“矿工”仍然没有甩掉这个帽子：他们的犯罪率比英国军队和其他国家的士兵要高得多。不过，成立于1917年底、由澳大利亚籍中将约翰·莫纳什爵士指挥，拥有众多澳大利亚籍参谋和下级指挥官的澳大利亚集团军（拥有五个师之强的兵力），仍然被视为一支精英部队。

宽边软帽和“旭日”帽徽跟澳大利亚民族认同感紧密地交织在一起——这种民族认同感之所以能够形成，

部分原因在于宽边软帽和“旭日”帽徽跟英国的标志不同（极端情况下，澳大利亚人的民族认同感甚至来自对所有英国传统的拒绝）。人们很容易忘记，澳大利亚人看世界的眼光自1914年起有了巨大的变化。那时，尽管一些澳大利亚人便不满与帝国之间的纽带——拥有爱尔兰人血统的人就是其中之一——大多数人仍认为自己在一定意义上既是“英国人”也是“澳大利亚人”。把自己视为“澳大利亚人”，而不是来自新南威尔士州、维多利亚州或其他什么地方，是一个比较新的想法。1901年，各个殖民地联成一体之后，澳大利亚才作为一个国家存在。1914年，绝大多数澳大利亚人认为自己忠心于国王乔治五世，是帝国公民。正如历史学家克雷格·威尔科克斯所指出的那样，即便一个普通的英国士兵也令人颇为羡慕。1914年的一幅杂志封面描绘了一个威灵顿时期英国士兵的魂灵正向一位戴着软帽，奔赴一战战场的“矿工”不拘礼地致意。图片标题是“祖辈们的精神”。此图片暗示，“矿工”有强大的榜样。

大约30年之后，参加第二次世界大战的澳大利亚军队被称为第二澳大利亚帝国军。其各师部队番号以“2/”作为前缀（比如2/23）。“第一澳大利亚帝国军”时期的“老兵师”被编为第六师，即2/6；“新兵师”被编为2/5。1915年4月25日至一战结束期间，从加利波利到中东，再到西线，澳大利亚军队已经建立起了一个属于自己的传统。

---

① 其时澳大利亚属于大英帝国，故称呼其部队为帝国军队。——译注

上 图："旭日"帽徽的变形之一，用于纪念澳军在法国和比利时的战斗

对页图：德国居斯特罗战俘营中的三名身份不明的协约国士兵。坐在前排椅子上的士兵戴有"旭日"帽徽

40 马铃薯捣碎器——德国手榴弹

有烟火药发明之后，手榴弹就成了战场上的一大风景。早期的手榴弹结构原始，不管是对使用者还是被投掷者而言，都一样危险，直到20世纪初叶才开发出公认的现代手榴弹。一枚塞尔维亚手榴弹击中了弗朗茨·费迪南大公的座车，但却弹到了另一辆陪同车辆的底部，周围人员全部负伤。

一战爆发后，手榴弹被视为一种主要用于围攻战的专业武器。尽管如此，1914年中，还是有少量战例证明了手榴弹用于堑壕战中的价值；与此同时，所有的交战国都在设计或改进各种武器。1915年，德军选择了M24柄式手榴弹。该型手榴弹是德国在两次世界大战中的制式手榴弹。它的外形与其他手榴弹明显不同，因此被英军戏称为"马铃薯捣碎器"。英国手榴弹靠破片杀伤，"马铃薯捣碎器"则是一种依靠爆炸产生杀伤力的高爆武器，这使得M24在堑壕或者狭小空间中非常有效。

M24有一条贯通握柄的拉索。早期型号的拉索暴露在外，有被外物钩住引爆手榴弹的危险。意识到这一点后，设计师在后期型号的M24上用一个瓷盖把拉索保护起来。使用手榴弹时，取下瓷盖，拉动拉索，引信燃烧约5秒后，手榴弹起爆。柄式的设计使手榴弹易于投掷，同时手柄加长了力臂，使其有了惊人的投掷距离（28米~37米）。英国米尔斯手榴弹的有效距离只有14米~28米。

1916年，坦克首次登上战争舞台。德军为对抗坦克，将七枚M24绑扎在一起，周围六枚去掉木柄减轻重量，中间一枚保留木柄作为起爆引信。这种集束手榴弹被称为"集中装药手榴弹"，它不但可以干掉坦克，还可以对付小型工事。投弹手通常把集束手榴弹扔向坦克车顶，因为这里的装甲比较薄弱。这些集束手榴弹的破坏力非常强大，所以后来设计的英国坦克都加装了顶部倾斜装甲，这样可以使集束手榴弹滑落。

到大战结束时，手榴弹已经从一种新奇的专业兵器演化为步兵的必备装备。手榴弹成为堑壕战的重要特征。近距作战中，士兵利用弹坑和堑壕来躲避敌方步枪的威胁，但却可能被手榴弹炸飞在阵地上。步兵在堑壕里的近距突击之前总会有一阵"手榴弹雨"，这迫使防御者要么从隐蔽处出来，要么面临着被炸得粉身碎骨的风险。步兵必须紧随这阵手榴弹弹幕，贴着堑壕前进，在被炸得头晕目眩的幸存者清醒之前干掉他们。这些战术对西线所有的部队来说都习以为常。对任何士兵而言，被手榴弹"轰出"堑壕都是一种惨痛的经历。

对页图：照片大约拍摄于1916年。三名德国士兵对英军战壕展开攻击，其中一人投出一枚手榴弹进行掩护

上　图："马铃薯捣碎器"比米尔斯手榴弹的投掷距离要远得多，这意味着它不容易被敌人扔回来

41 战俘

第一次世界大战头几个月的拉锯战导致双方都收容了大量战俘。战争开始之前，没有一个参战国真正考虑过战俘的安置问题。战俘的骤然增加意味着必须在匆忙间设计出相应的制度。

早期的战俘营都是临时建造的，这导致了很多问题。1907年的《海牙公约》指出，应该"人道地对待"所有战俘，但战俘数量的骤增给战俘营带来了卫生问题和过度拥挤的情况。对战俘营警卫工作缺乏统一的指挥，这意味着部分战俘营存在普遍的滥用职权的行为。澳大利亚的一个离岸战俘营——托伦斯岛战俘营因其随意实施暴行而臭名昭著，最终在1915年被迫关闭。奥斯曼帝国（它拒绝签署《海牙公约》）的战俘营因极其简陋恶劣的营地条件而臭名远扬。英国、澳大利亚以及印度战俘普遍受到虐待。在战俘营中，营养不良和疾病意味着高死亡率。因为英国的封锁，德国粮食短缺，战俘忍饥挨饿，病患人数由此进一步增加。德国还建立了更为严酷的战俘营，即所谓的"报复性战俘营"，来惩罚那些试图越狱却未能成功的战俘。未来的法国总统戴高乐，便是在这种战俘营中度过了第一次世界大战的后半部分。

随着战事的推进，战俘营人满为患的问题通过逐步修建新的营地得到缓解。纪律严苛，生活艰难，这是战俘生活的真实写照。在德国战俘营中情况尤甚。战俘经常被迫服苦役，从事农业劳动和体力劳动。"军官战俘营"的条件往往要优于安置普通士兵的战俘营。1916年，英国和德国达成了一项协议，规定在不试图逃跑的前提下，允许被俘的军官在营外散步。

苦差和日常琐事是战俘营的两大特点。表现良好的战俘每月至少可以往本国寄一次信，收到家人的来信是一件很令人期待的事情。另外，红十字会和其他人道主义组织也在坚持为战俘提供卫生服务。其他的娱乐还包括阅读报纸、组织音乐会和学习当地的语言。

第一次世界大战一个不寻常的特点是战俘交换体制和复杂的中立国拘留制度。重病号或重伤员会被送到一个中立国。在那里，他们可能被拘留，也可能被遣返回国。此外，还制定了针对40岁以上战俘的交换规定。不过，双方都反对建立被俘军官遣返制度，原因是这些人对敌人来说太宝贵了。

被俘军官禁止遣返的规定导致了一个事实，即军官恰恰是最有可能试图越狱的人群。1918年7月，霍尔茨明登军官战俘营发生了一起非常著名的军官越狱事件，29名英国军官挖地道逃跑。其中10名顺利逃脱并抵达荷兰。德军记录表明，第一次世界大战中，67 000名协约国战俘（主要是英军和法军战俘）从战俘营中成功脱逃。

对页图：一群被德军看管的俄国战俘。拍摄地点为东线某地，时间未知

上　图：1916年，一队德军战俘正列队前往战俘营

42 泰西封拱门

历经数个世纪，战争的形态虽然已经发生了巨变，但美索不达米亚（即今伊拉克）的泰西封拱门依旧矗立，提醒世人，战争的某些因素从未改变。泰西封是帕提亚王朝和波斯萨珊王朝的首都，在一战之前就已见惯了军队和战事。《圣经·旧约》中提到，它曾五次被罗马人占领。公元198年，罗马皇帝塞普蒂默斯·塞维鲁斯洗劫了这座城市，并将其居民贬为奴隶。泰西封坐落在底格里斯河畔，是进军美索不达米亚的天然通道，具有极其重要的战略地位。一战中，一如罗马时代那般，它成为兵家必争之地。1915年11月，一支奥斯曼军队占据了泰西封，试图阻止英军向巴格达（位于泰西封以北32千米）进军。

大拱门就在土耳其人的防线中央。一名颇具历史素养的土耳其参谋军官就近旁的古迹评论道："世事纷繁复杂，代代矗立于此的雄城在厄运的风暴中化为历史的废墟。"公元6世纪，萨珊王朝的帝王库斯鲁用烧制的泥砖来建造自己的王宫，泰西封拱门就是王宫的一部分。这是一座高达30米、长达43米的筒形穹顶式觐见大厅，令人印象深刻。英王爱德华时代的旅行家格特鲁德·贝尔称其为"世界上最壮观的古迹之一"。

1914年11月，英国人从印度派出一支远征军，目的是保护波斯湾油田的安全。最初的成功催生出了更多雄心勃勃的计划：一个是占领30千米外的巴士拉；另一个则是英印联军向90千米外的两河——幼发拉底河和底格里斯河——交汇处进军。新上任的司令官约翰·尼克松勋爵于1915年春命令，沿着两河发动进攻。1915年9月，查尔斯·汤森德少将的第六印度师占领底格里斯河流域的库特，并追击败军直抵泰西封。他的下一个目标就是巴格达。

但是泰西封战役表明，急于保卫美索不达米亚主要城市安全的英国人因野心过大，结果走向失败。汤森德的计划是进行一次夜间急行军，然后，从侧翼攻击，但这个计划却于11月22日失败了。进攻方打进奥斯曼军环绕拱门的第二道防线后，由于缺乏来自底格里斯河上炮艇的火力支援而寸步难行。在优秀的司令官努尔丁·贝的指挥下，奥斯曼军守住了防线并发动反击。双方均损失惨重，但汤森德最终还是战败了。11月25日，他率军撤回库特。

12月7日，位于库特的英印联军被土耳其人团团围住。生力军试图打破包围圈，与守军会合，但却屡屡失败。1916年4月29日，在经受了长达五个月的库特包围战之后，汤森德率领总数13 000人的部队向敌人投降。库特之战是大英帝国的耻辱，其程度甚至超越了加利波利战役。但这也只是一时的挫折。在新任指挥官的指挥下，英帝国于1917—1918年征服了整个美索不达米亚。那些年代做出的战略决策给现代中东打下了深深的烙印。

対页图：1917年，英军列队通过泰西封拱门。此战英军之所以战败，后勤补给不足和医疗队伍人手不足是重要原因

上　图：泰西封拱门

下页图：1916年，英军在尘埃中向美索不达米亚进军

43 廓尔喀弯刀

英军战斗序列中，廓尔喀人组成的部队声名在外。廓尔喀人的战斗力在1814—1816年的英国-尼泊尔战争中给英国人留下了深刻印象，并因此将他们征召入伍。廓尔喀军在整个19世纪都隶属于印度军队。这是一个被视为天生战士的"尚武种族"。廓尔喀人在1857年的印军哗变中镇压得力，英国殖民者由此对他们青睐有加。

弯刀是廓尔喀人的传统武器。它轻巧便携，弯曲的外形极大地增强了其向下劈砍时的威力。弯刀所具备的象征性意义也许只有流淌的鲜血才能表述：出鞘必见血。刀手在结束训练前须用弯刀割破大拇指或手，方可归鞘。

1914年，一战爆发。英法两国将目光移向他们的帝国领地，以寻找人力资源。英国人拥有一支包括印度军队和部署到西线的印度远征军在内的常备殖民地军队。后者及时抵达欧洲前线，于1914年10月参加了第一次伊普尔战役。

利用印度人来对抗白人的做法激起了德国人的愤怒。在德国人眼里，印度人只是一种类人的野蛮种族。1914年12月，一则德国宣传漫画描绘了一个相貌丑恶的廓尔喀刀手，正准备偷袭一名英俊的雅利安德国战士。标题为"英国人正驱使野蛮种族来为他们战斗"。

不幸的是，印度远征军疲于应对西线的战场环境。由于地理距离限制，很难给印度远征军补充兵员。率领这支部队的军官都是白人。德国狙击手可以毫不费力地认出他们并将其射杀，使得白人军官伤亡甚众。他们的继任者常常缺乏与印度人共事的经验，而且没法用印度土语与士兵交流。这不仅导致指挥不顺畅，也影响了部队的士气。严苛的纪律也妨碍了印度军人与战线后面的那些军官亲如一家，这进一步打击了印度兵的士气。

但印军在作战中的表现依然英勇，例如1915年3月10—13日的新沙佩勒战役、1915年5月9日的奥贝尔岭战斗和1915年9—10月的卢斯战役。尽管如此，困扰这支部队的问题依旧严峻，到1915年底，上级决定让印度远征军退出西线的战斗。除了留在法国的两个印度师以外，其余部队均调往印军曾经战斗过的地方——中东。这个地区的气候对于印军而言更为适合；而且因为靠近印度，补充兵员也更容易。印军在新的战场上表现出色，为击败奥斯曼军发挥了重要作用。

作为印军扩军的组成部分之一，廓尔喀军的数量从1914年的10个营增加到大战结束时的33个营。西线、加利波利、巴勒斯坦以及美索不达米亚，廓尔喀战士在第一次世界大战的大部分战区都留下了他们的身影。包括非战斗人员（比如搬运工）在内，大约有20万廓尔喀人为英国军队服务，其中2万人成了伤员。战争期间，廓尔喀人的英勇行为为他们赢得了超过2 000次嘉奖。他们英勇果断的美誉益增，并一直流传到了今天。

对页图：西线一名手持弯刀的廓尔喀士兵。这一兵器已经成了廓尔喀战士的象征

上 图：由于廓尔喀弯刀的刀刃向下弯曲，使用者在砍杀敌人时无须再修正角度。这使它成为一种易于使用的兵器

44 基希纳的海报女郎

拉斐尔·基希纳（1876—1917），奥地利画家，亦被称为"海报女郎教父"。20世纪初叶，他在巴黎以为时尚杂志绘画为生。很快他就因为对女性美的描绘（特别是捕捉女性诱惑迷人的姿态）而声名大噪。他的作品长销不衰。战争爆发后，他担心在巴黎会因为自己的国籍而受到歧视，于是移居纽约。事实上，他的作品如此流行，根本无须担忧国籍问题。

战争的爆发和驻法英军为基希纳的作品打开了一个新的市场。意识到自己的作品对单身士兵的吸引力后，基希纳的绘画风格变得更为露骨。在人们品位可接受的范围内，他的作品更趋向于色情化。描绘对象常常直勾勾地盯着观赏者。虽然还有其他的法国和意大利画家为军队描画"海报女郎"，但基希纳的作品最受欢迎，即便在1917年8月他去世后，依然如此。

西线的士兵通过裁剪杂志或购买明信片来收集"基希纳女郎"。这在西线是畅销商品。这些图片或被装在袋子里，或被挂在墙上。1916年7月，战地日报《凯默尔时报》上发表了一首诗：

噢，大胡子的鲍勃在哪里？
一名盟军副官说道，
和我知道的大多数人一样，
和他的基希纳女孩在一起，
还有他的十七双靴子。

然而，基希纳的作品并未获得普遍认可。英国上流社会的一些元素曾被他的插画耻笑过。1917年2月，英国杂志《旁观者》（*The Bystander*）发表了一幅题为"购买外国文学"的幽默漫画。图中一群皇家海军军官围在一本叫作*La Vie Parisienne*的杂志边上，表情急切。

而这本杂志是一份尤为色情的杂志，基希纳的插画是它的台柱子。英国出版局从中没有看到什么有趣的地方，并因其对皇家海军军官声誉的诋毁而禁止了这幅漫画。

官方对基希纳作品的不认可态度反映了英国社会对战地色情文化的不适。"卡其热"[①]的影响使许多年轻女孩投入了士兵的臂弯。军官进出法国妓院是众所周知而又不能说的秘密，也是上流社会的禁忌话题。仅仅在近几年，这段一战中隐藏的性史才得到严肃的讨论。

性病发病率居高不下，英国社会对持证上岗的法国妓女争议颇人，给士兵发放顶防性病药品的丑闻不断，相比之下，基希纳的海报女郎不算什么。尽管如此，这些作品在士兵中还是有着巨大市场，海报女郎极易获得，因此在战场上随处可见。每周推出成打新海报女郎的*La Vie Parisienne*及其他色情杂志，是极受欢迎的。一个士兵在写给《旁观者》的信中插科打诨地描述道：在这儿，周刊的插画就像母亲看望儿子时送来的杜松子酒一样。

① 一战时英国军装由卡其布制作，卡其热即指社会对士兵的狂热追捧。——译注

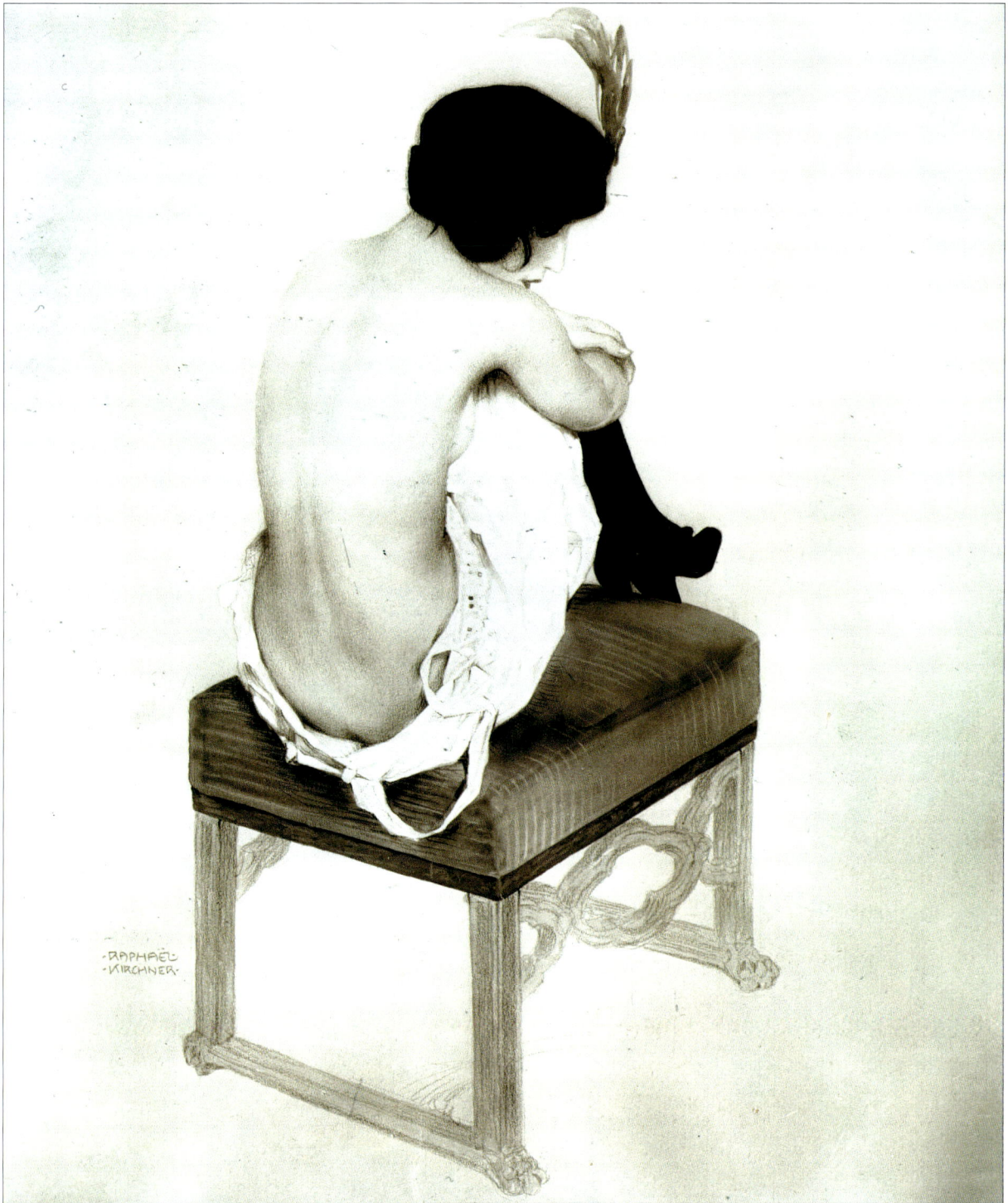

対页图: 1900 年,《贵妇和狗》(*Riquette and her dog*)。基希纳的海报女郎通常有明信片大小, 在交战双方的士兵中都很受欢迎

上 图:《思考》(*Réflexion*)。基希纳的作品激起了阿尔贝托·瓦尔加斯的灵感, 他是二战时期"瓦尔加斯女郎"的作者

西奈铁路

后勤，是一门关于部队机动和补给的科学与艺术。它是军队制定战略战术以及作战的基础。但大多数的军事史著作，却出人意料地忽略了它。大英帝国埃及远征军为东征奥斯曼帝国所做的准备凸显了后勤的重要性。

1915年末，连接埃及首都和苏伊士运河（重要前线）的开罗-伊斯梅利亚铁路正变得越发繁忙。12月，15 000名工人开始动工提高铁路运力。在36天中，铁路线得到延长，单轨铁路的长度增加了一倍。工人们移走了铁路上30万立方米的土方，其间除了正常数量的列车外，还有不少特殊的军列通行。

侦察确认当地没有奥斯曼帝国的军队后，向西奈的进军于1916年2月开始。坎塔拉通往卡提亚的铁路于3月10日开始动工，全长26千米（16英里）的铁路要在大约30天内竣工。然而，工程并非一帆风顺。铁路遭到了奥斯曼军队的突袭，这支由德国陆军上校克雷斯·冯·克雷森施泰因率领的部队包括两个步兵营、一个阿拉伯混编骆驼骑兵团和炮兵部队。4月23日，这支军队在卡提亚给了英国义勇骑兵队狠狠一击。英国官方史学家用一种钦佩的笔调描述了此次突袭所显示出来的"速度、战斗力、勇气和成功"，然而，这次袭击事实上并未击垮人们坚持不懈修建铁路的决心，施工仅仅延期了一小段时间。通往罗马尼前线基地的铁路于5月19日通车，随后的一周，这条铁路运输了1 125吨物资、81.5万公升水和420吨轨道材料。克雷斯对铁路延伸的速度感到忧心忡忡。他于8月4日在罗马尼发动了一次大规模袭击。英国人轻易地挫败了这一攻势。奥斯曼军于此役遭受重创，大约4 000人被俘。尽管令英军指挥官感到尴尬的是，克雷斯当时还能率领部分兵力返回营地，但罗马尼袭击战有力地证明了，土耳其人无论用什么方法，都无法破坏西奈铁路修建的进程。

1916年9月，英国人开始沿着西奈铁路铺设一条直径30厘米的水管，这使得罗马尼储水库在11月中旬满水。至此，无须再通过铁路来进行水补给，这意味着铁路的运力增加，筑路速度由此提高。英国人还在轨道附近铺设了一条临时的铁丝网道路。西奈铁路的稳步推进使得埃及远征军在1917年3月抵达"巴勒斯坦之门"——加沙。虽然这场由默里指挥的进攻（第一次加沙战役）失败了，但却表明了一个不争的事实：如果没有后勤方面的巨大成就——铁路、水管和公路的建成——那么这场战役是无法进行的。

尽管如此，需要做的还有很多。1917年6月末，精力充沛的上将埃德蒙·艾伦比爵士替换了默里，他就铁路和水补给方面的工作做了进一步的规定：除了扩建供水管道外，再补充7 000头骆驼进行水补给。在联系前线和埃及大后方的强大后勤体系的支援下，艾伦比最终赢得了加沙战役（1917年10—11月）。

上　图：1916年，一辆协约国的装甲列车停靠在西奈马扎尔车站

下页图：重新应征入伍的工人。他们在和平年代为新南威尔士国有铁路工作，战时进入铁路供给分队服役

Railway Men on Active Service

(Photos by the courtesy of Mr. E. Milne, Assistant Commissioner)

A WATER TRAIN EN ROUTE TO
FERRY POST SECTION.

10TH D.U.S. SUPPLY AT MOASCAR
Including Miller. Parke, Tough, King, McIntosh, Reed,
Bruce, Egan, Robertson, Lloyd, McCarthy.

N.S. Wales Railway Supply Detachment

SIGHT-SEEING IN EGYPT
A Group of Railway Men in Leisure Hours

Our Soldiers' Snapshots

AFTER A SWIM, SERAPEUM EAST—April, 1916.
Included in the Group are Boydell, Rigney, Dinning,
Newman and Major Milne.

FIRST TRAIN OF AUSTRALIAN SUPPLIES
To leave from Khatatba to Ber-Hooker, Madi.

46 "冯·德·坦恩"号战列巡洋舰

"冯·德·坦恩"号战列巡洋舰是一艘于1910年9月完工的德军战列巡洋舰。它以一名巴伐利亚将军之名来命名，全长171米，宽26米，满载排水量21 000吨。负责舾装的船厂代号910，舰体中部最大装甲（克虏伯装甲）厚度25厘米。装备8门280毫米主炮，若干150毫米副炮和450毫米鱼雷发射管。"冯·德·坦恩"号参与了1914—1915年对英国海岸线的袭击、日德兰海战（1916）和日德兰海战后突袭北海的战役。1918年，它被引渡到英国；1919年6月，在斯卡帕湾"彩虹行动"中自沉。

战列巡洋舰拥有与传统无畏舰（即"全重型火炮"战列舰，见《"布韦"号战列舰》，本书第66页）同等的火力。但其装甲更轻，速度更快。这是海军上将费舍尔爵士的智慧结晶。这位颇具争议的第一海军军务大臣在1904—1910年担任此职位，并于一战前期再度任职。费舍尔相信战列巡洋舰的薄装甲是个致命弱点，但它可以凭借速度和火力在战斗中占据决定性的优势。"冯·德·坦恩"号就是德国人针对皇家海军新型战列巡洋舰做出的回应。英国皇家海军的"无敌"号、"不屈"号和"不挠"号在1908—1909年陆续开始服役。到战争爆发前，德国人拥有5艘现役战列巡洋舰，另有3艘在建。皇家海军则有9艘，另有1艘在建。德国海军的无畏舰数量为15艘，另有5艘在建。皇家海军的数量分别是22和13。

1898年，德国人迅速扩大其舰队规模。在此之前，英国人并没有把它当作海上的威胁。作为一个拥有广阔海外殖民地的岛国，海军对英国人至关重要。提尔皮茨告诉德皇，想要建立能够威胁到英国的军力，就要"拥有制海权，陛下应该实施一个庞大的远洋政策"。这个政策是一场灾难。英国人接受了挑战，于是"海军竞赛"开始。同时英国人放弃了此前的"光荣孤立"政策，并与其殖民竞争对手法国和俄国达成协议。

许多人相信，战争来临时，北海将会爆发一场决定性的海战。但事实上，交战双方行为都很谨慎。英国大舰队司令官海军上将杰里科爵士非常清楚，如果他下令进行一次大战，那么不列颠及其帝国所冒的风险即为：即使胜利，后续的损失也将如德国人所愿，改变海军军力的平衡。德国人追求的是消耗战略，试图通过击败英军的小舰队，最终达到改变力量平衡的目的。1916年5月31日，在日德兰爆发了一场人们期待已久的海战。英国人对战果感到非常失望。在战术上，德国军舰的炮术遥遥领先，而且英国船只的设计缺陷也暴露了出来。英军有三艘战列巡洋舰战沉，其中包括被"冯·德·坦恩"号的280毫米主炮击沉的"不倦"号：其弹药库被"冯·德·坦恩"号击中。但"冯·德·坦恩"号也损失巨大，其装备的重炮全部被英军战列舰击毁。另有一艘德军战列巡洋舰战沉。

看起来，皇家海军获得一场大胜的机会被它胆小的司令官放弃了。但事实上，日德兰海战是英国人获得的一次重要胜利。因为对英国人有利的战略态势依旧不变，而德国人却再也没能在大舰队战斗中获胜。

对页图：1914年拍摄的"冯·德·坦恩"号。这是德国海军的第一艘战列巡洋舰，它在1916年的日德兰海战中击沉了英国皇家海军的"不倦"号

上　图：1909年时的"冯·德·坦恩"号，当时它刚刚下水。十年后，它自沉于斯卡帕湾，时为1919年6月21日

47 复活节起义海报

西方有一句老话："英格兰的困难就是爱尔兰的机会。"1916年4月24日，复活节，星期一，都柏林爆发了一场起义。最吸引人的一部分是帕特里克·皮尔斯在都柏林欧康内街的邮政总局做的演讲。这是爱尔兰历史上最值得称道的文件之一：它宣布了爱尔兰共和国的成立。临时政府以"上帝和先祖的名义"，恳请"爱尔兰的男人和女人"建立"一个主权独立的国家"。

1914年8月的事件①促使英国人空前地团结起来。仅仅一个月之前，爱尔兰还处于内战边缘。约翰·雷蒙德领导的爱尔兰议会党奉行温和民族主义，在他们的支持下，英国自由党政府试图赋予爱尔兰地方自治权。这将把一些权力移交给都柏林的一个执行委员会。但地方自治是一个嘲讽的概念，它激起了阿尔斯特地区②的人们内心的反感。武装的北爱尔兰志愿军（UVF）（异见者）和爱尔兰志愿军（天主教徒）都开始进行武装和训练，在此情况下，各派别之间冲突似乎迫在眉睫。包括许多爱尔兰异见者在内的英军军官团，在是否使用武力胁迫北爱尔兰的观点上产生了分歧。

与德国人的战争给爱尔兰带来了一份并不稳定的停战协议。UVF成为第三十六（北爱尔兰）师的核心，而第十六（爱尔兰）师的核心则是与之对应的天主教徒。地方自治被列入法典，不过在一战期间要推迟执行。尽管如此，以雷蒙德为核心的宪章派民族主义者还是试图为爱尔兰获得类似于大英帝国自治领的地位，并希望他们在大战期间对英国的忠诚有助于实现这个目标。除了

他们，还有更多激进组织，比如爱尔兰共和兄弟会。正是爱尔兰共和兄弟会——在爱尔兰志愿军和爱尔兰市民军的支持下——发动了此次起义。

起义者在复活节星期一获得了令人吃惊的成功，他们占领了邮政总局、圣斯蒂芬绿地和其他一些重要地点。英国人很快开始反击，并动用炮兵镇压起义者。总计大约64名起义者和254名市民死亡，同时还有116名军人和16名警察死亡。普通都柏林人对起义看法不一，但不少抱有敌意。英国当局的反应正如起义者所料，引爆了民愤。5月3—12日，起义领袖们被陆续处死。公众舆论对这般"打太极的政策"——这是地方自治方案的支持者约翰·狄龙爵士对它的称呼——表示愤慨，并对反抗者表示同情。随着时间的流逝，复活节起义以及英国当局的行动使雷蒙德的宪法民族主义得到的支持严重减少。政治解决方案的失败宣告了他们政治生命的终结以及不列颠和爱尔兰的联盟的破裂。1918年12月，英国大选。新芬党获得了73席，雷蒙德的党派只拿到了7席。在北爱尔兰，统一主义者获得了22席。但新芬党拒绝加入英国国会，而是成立了自己的组织——(爱尔兰共和国的)众议院。1919年，英国上下同心，打算重新征服爱尔兰。于是英爱战争（又称爱尔兰独立战争）爆发了。这是一场游击和反游击的较量。冲突双方直至1921年才停火。经协商后，停火为爱尔兰部分地区带来了和平。紧随英爱战争之后的是一场持续11个月的冲突。这次的交战双方是爱尔兰自由邦中相信英国人做出承诺的一派，以及拒绝接受的强硬派。政府军的胜利为以复活节起义为核心的爱尔兰变革年代画上了句号。

---

① 即第一次世界大战爆发。——译注
② 北爱尔兰旧称。——译注

POBLACHT NA H EIREANN.
THE PROVISIONAL GOVERNMENT
OF THE
IRISH REPUBLIC
TO THE PEOPLE OF IRELAND.

IRISHMEN AND IRISHWOMEN: In the name of God and of the dead generations from which she receives her old tradition of nationhood, Ireland, through us, summons her children to her flag and strikes for her freedom.

Having organised and trained her manhood through her secret revolutionary organisation, the Irish Republican Brotherhood, and through her open military organisations, the Irish Volunteers and the Irish Citizen Army, having patiently perfected her discipline, having resolutely waited for the right moment to reveal itself, she now seizes that moment, and, supported by her exiled children in America and by gallant allies in Europe, but relying in the first on her own strength, she strikes in full confidence of victory.

We declare the right of the people of Ireland to the ownership of Ireland, and to the unfettered control of Irish destinies, to be sovereign and indefeasible. The long usurpation of that right by a foreign people and government has not extinguished the right, nor can it ever be extinguished except by the destruction of the Irish people. In every generation the Irish people have asserted their right to national freedom and sovereignty; six times during the past three hundred years they have asserted it in arms. Standing on that fundamental right and again asserting it in arms in the face of the world, we hereby proclaim the Irish Republic as a Sovereign Independent State, and we pledge our lives and the lives of our comrades-in-arms to the cause of its freedom, of its welfare, and of its exaltation among the nations.

The Irish Republic is entitled to, and hereby claims, the allegiance of every Irishman and Irishwoman. The Republic guarantees religious and civil liberty, equal rights and equal opportunities to all its citizens, and declares its resolve to pursue the happiness and prosperity of the whole nation and of all its parts, cherishing all the children of the nation equally, and oblivious of the differences carefully fostered by an alien government, which have divided a minority from the majority in the past.

Until our arms have brought the opportune moment for the establishment of a permanent National Government, representative of the whole people of Ireland and elected by the suffrages of all her men and women, the Provisional Government, hereby constituted, will administer the civil and military affairs of the Republic in trust for the people.

We place the cause of the Irish Republic under the protection of the Most High God, Whose blessing we invoke upon our arms, and we pray that no one who serves that cause will dishonour it by cowardice, inhumanity, or rapine. In this supreme hour the Irish nation must, by its valour and discipline and by the readiness of its children to sacrifice themselves for the common good, prove itself worthy of the august destiny to which it is called.

Signed on Behalf of the Provisional Government,

THOMAS J. CLARKE.
SEAN Mac DIARMADA. THOMAS MacDONAGH.
P. H. PEARSE. EAMONN CEANNT,
JAMES CONNOLLY. JOSEPH PLUNKETT.

对页图：1916 年，爱尔兰起义者隐蔽在屋顶后面准备开火

上　图：共和宣言，即帕特里克·皮尔斯在都柏林欧康内街的邮政总局外面所做的演讲。它在此前就已被秘密打印出来

48 狙击步枪

　　"狙击手"是赋予18世纪70年代那些成功打下沙锥鸟的英国猎手的称号。沙锥鸟是一种行动敏捷，飞行的时候极难击落的鸟类。19世纪，军队用这个词来称呼神枪手。作为真正的战地专家，狙击手在第一次世界大战中初露峥嵘。

　　和其他参战国相反，德国在大战爆发时军中已有一定比例的狙击手。他们装备了安装瞄准镜的步枪。堑壕战中的位置相对固定，在这种战场环境中，狙击手是致命的敌人。1914年9月，英国人首先在埃纳省战场上觉察到了敌军狙击手的存在。一名士兵回忆道："一个德国狙击手开始骚扰我们……哪怕只要露出堑壕超过一英寸，就会招来子弹。许多战友是在穿过横木时被击毙的。"德军认识到这些狙击手的战斗力后，大幅增加了狙击手的数量。到1915年中期，德军狙击手已经成为战场上的重大威胁。

　　为了应对敌人，英国人努力开发出自己的狙击枪。这是由于制式李·恩菲尔德步枪难以安装瞄准镜，且其时军火市场上可获得的猎枪弹药也不足。1915年，英军列装了小批量带瞄准镜的步枪。但英国狙击手并没有接受正规的训练，而且普遍忽视了瞄准的技术性。一战中最成功的狙击手是此前拥有打猎经验并且清楚步枪精妙之处的士兵。来自第一民族[①]的加拿大狙击手约翰·巴兰坦和澳大利亚人比利·辛便

---

　　① 第一民族是数个加拿大境内民族的通称，与印第安人同义，指的是在现今加拿大境内的北美洲原住民及其子孙，但是不包括因努伊特人和梅蒂人。——译注

是例子。

1916年8月，第一陆军SOS（侦察、观测和狙击）学校成立。创建者是经验丰富的前猎人和狙击手赫斯基思·弗农·赫斯基思–里查德少校。这所学校的建成开创了英军狙击手正规化教学的先河。学校的教程实战性强，从这里毕业的战士因精通狙击之道而赢得美誉。

由于敌我狙击手对无人区控制权的争夺极其残酷，所以英军狙击技术的提升显得格外重要。甚至在平静的战线上，狙击手都非常活跃。更不用说在交火地段——比如佛兰德，此地狙击形势尤为紧张。狙击手带来一连串的伤亡，对敌方士气造成严重打击。在这种情况下，必须先消灭敌方狙击手。狙击手之间的决斗被英军称为"那个游戏"。这种游戏是一场死亡游戏，胜利者往往是躲开对手打出的第一枪的人。有鉴于此，狙击手在战场上的隐蔽非常重要。许多伪装上的新点子也被发明出来。还有其他一些伪装手段，比如假树桩，既可以作为狙击手的藏身之处，也可以暗中潜伏在无人区。

人们很快发现，由于狙击手花费了大量的时间对敌方战线进行研究，他们是非常优秀的情报源。狙击手对敌观察的重要性，在英国人眼中几乎与消灭敌人的意义一样。训练有素的狙击手可以给出精确的前线简报和敌方动态详报，这在观测炮击毁伤效果时特别有用。

狙击手是堑壕战中一道独一无二的风景线。当英国人正开始考虑狙击是否"没有道德"之时，战争已经改变了他们的态度。到大战终末，英国在狙击之道上已经超过了德军。

对页图：加利波利堑壕中的澳军和英国皇家海军师士兵。有一人正在使用潜望镜，另一个在用"狙击瞄准镜"

上　图：毛瑟G98狙击枪。该型步枪主要在西线使用，特点是配有一个皮制眼部护垫和一个瞄准镜盖子

49 印度支那劳工的帽子

在西线的某些地段，常常可以看到法属印度支那劳工。他们的帽子别具一格。为了支援作战人员，他们有着做不完的活计。道路的修筑及维护、防御工事的构筑以及物资运输等工作都需要大量劳动力。于是，协约国从海外引入大批劳工来从事此类工作，也有劳工被分配到工厂或农场工作。大战期间，大约有5万名印度支那人、12万名阿尔及利亚人和来自中立国西班牙的82 000名劳工，以及13 000名中国人被输送到这里。

为填补劳动力缺口，军队除了驱使战俘劳作（82 000名战俘为法军效力）之外，还为此组建了专门的军事单位——原本不适合在前线作战的人被编进去（比如英国劳工团），其中也有从帝国海外领地引入的人员。法国就有这样一支从马达加斯加和撒哈拉以南非洲地区招募的军队，而英国远征军中则有一支南非本土劳工营。此外，英国还雇用了大量埃及和中国劳工。虽然这些额外的劳动力为军队补充了宝贵的人力资源，但在休战期间，前线战士也不得不参与苦力劳动。1918年初，在德军进攻间隙，英军步兵就被派去加强防御工事。这不仅剥夺了他们宝贵的训练时间，还使得士兵在战事开始之前就已经疲惫不堪。

法军则充分利用了来自其海外殖民地的劳动力，使之充当战斗人员或承担非战斗性工作。法军序列中除了法国本土军队，还有主要由白种人和"塞内加尔人"（对来自马达加斯加以及撒哈拉以南非洲地区士兵的统称）组成的非洲军队；而那些殖民地军队，则由本土士兵和殖民地白人军队组成，后者主要从法国及其海外领地的白人志愿者中选出。历史学家安东尼·克莱顿曾写道："训练有素的法国非洲军团和殖民地军队，为整场战争做出了极大的贡献。"有些部队战斗力极高。许多战例都可以证明这一点，比如，1915年5月9日，摩洛哥师所属轻步兵和外籍军团成功攻占易守难攻的维米岭。另外，1916年10月，来自非洲的白人和黑人士兵（包括索马里人）夺回了位于凡尔登的杜奥蒙堡垒。没有海外殖民地军团的支持，法军的战斗力可能就相当薄弱。

德国人指责法军让"野蛮人"参与欧洲战事，协约国军队中也流传着关于法国殖民地军队骇人听闻的暴行，比如，收集德国人的耳朵。虽然有些传言的确属实，但这样的观点主要是由于当代的种族观念和文化优越感造成的。1910年，陆军中校（后来成为上将）查尔斯·曼金写了一本颇具争议的书《黑人军队》（*La Force Noir*），主张由非洲军队从事法国本土的军事防御工作，他将大批非洲士兵描述成具备"不发达的智力"和"婴儿般的特性"，不过积极的一面则是他们对法兰西及其军官绝对忠诚。

法军和比利时军队中印度支那和南非劳工，以及"塞内加尔人"和北非步兵的出现，突显了一战的全球性，也彰显了协约国调动全球巨大人力资源储备的能力。毫无疑问，法国海外殖民地的人们为一战协约国的反败为胜做出了巨大的贡献。

对页图：1916 年 1 月 1 日，印度支那农民在战争前线附近挖土豆。印度支那人是法军宝贵的劳力资源

上　图：1916 年 5 月，陆战队步兵（安南土著士兵）在萨洛尼卡附近的一个军营中休息

50 采采蝇

总体来看，第一次世界大战是英国首次战斗伤亡人数超过了疾病死亡人数的大规模战争。这和15年前第二次布尔战争相比恰好相反。其时，病患死亡人数高达14 000人，而战斗死亡人数仅8 000人。如果不考虑与战时形势无关的流感大流行（见《防流感口罩》，本书第226页），大约100万英帝国死亡人数中，有113 000人是死于"伤病"，这个比例还是比较低的。

西线的医疗服务受益于开明的领导阶层——尤其是约翰·弗伦奇爵士和道格拉斯·黑格爵士——主要表现为良好的医疗设施（得益于战争大部分时间是静态的[①]）以及对卫生的重视。但其他战区的情况却并不那么让人满意。1916—1918年，对抗德军上校保罗·冯·列托-佛贝克的游击队的东非战役（见《东非士兵帽》，本书第60页）中，医疗情况就是如此。

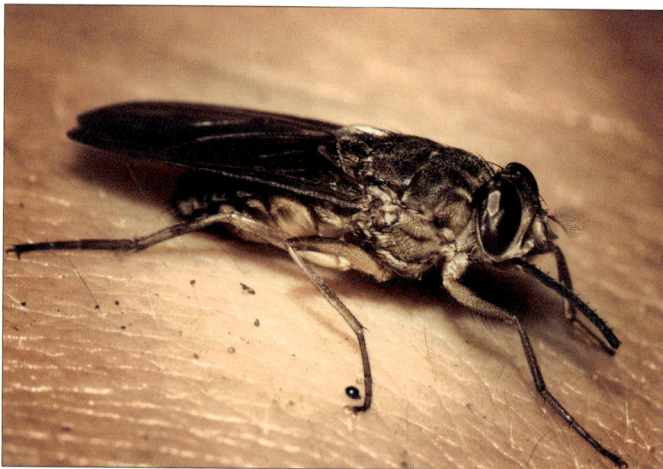

东非战役后期，南非上将扬·克里斯蒂安·史末资在统率大英帝国军队（其中包括印度军队和南非军队）时说，这是一场"违背天意的战争，天气、地理环境和疾病等因素比训练有素的敌军更有战斗力"。事实证明，采采蝇是极其致命的敌人。这种吸血舌蝇是动物和人类间传播锥虫病（昏睡症）的媒介。采采蝇造成了相当大的人员伤亡。1916—1918年，军队战斗伤亡人数对非战斗伤亡人数的比例为1∶31.40，而在"追随者"（土著劳工组成的后勤部队）中，这个比例达到了1∶140.83。1916—1918年，有大约3 650名战士和700名后勤人员在战争中或被杀，或因伤而死，或失踪，或成为俘虏；与之相对的是，"由于伤病死亡"的人数则有6 300名战士和43 200名后勤人员。

罗斯·安德森最近的一项研究指出，疟疾是继痢疾、肺炎之后人类面临的"最严重的瘟疫"。采采蝇对动物的影响是"毁灭性的……家畜在与疾病的残酷斗争中几乎没有存活的可能"。而采采蝇对家畜的毁灭性打击进而会影响到人类自身。在战争情况下要使牲畜处于良好的状态是非常困难的工作，因此对人力搬运的需求十分迫切，许多"追随者"因此受伤。

列托-佛贝克上校的军队并没有被如此严重的疾病影响到。其原因包括大量的医护人员和有效使用治疗疟疾的奎宁。该药的使用方法一为服用常规药片，二为饮用"列托烈酒"。这是一种以保罗·冯·列托-佛贝克上校家族命名的烈酒。它是金鸡纳树皮（奎宁原料）熬煮制成的一种难以下咽的液体。良好的饮食、逐步增强的体质和有效的"热带卫生管理体系"，这些都帮助佛贝克上校的德国和非洲部队最大限度地避免了与对手一样的命运。

大英帝国的军队在其他战线也遭受了疾病的严重打击。超过11 000名印度士兵于1916年下半年在美索不达米亚患上了坏血病。而在1915—1916年的加利波利，万人平均患病住院者为1 240人；而在法国和佛兰德，整个一战期间的数字是567人。不同于西线，加利波利战役中高级军官的忽视和漠不关心是导致这一悲惨事件的重要因素。到一战末期，战地医疗服务吸取了相关教训之后，有了大幅度的进步。

① 此处静态是指一战时期的战争形式几乎均为堑壕战。——译注

对页图：采采蝇，舌蝇属，传播昏睡症

上　图：第一次世界大战期间，士兵套在头部的网罩，用于防止蚊虫叮咬

51 凡尔登的鸽子

第一次世界大战当中，动物在军事活动中扮演了凄美的角色，凡尔登沃克斯堡的城墙提醒着人们要铭记它们。信鸽为陆军少校雷纳尔（即沃克斯堡指挥官）送出了最后的信息，后人于是用牌匾表示对这只鸽子的敬意。德国军队包围了沃克斯堡，切断了其与法军大部队的联系。雷纳尔依靠信鸽保持通信联系。就在情况日益变得让人绝望的时候，雷纳尔于6月4日送出了最后的消息。信中说"我们正在坚持"，但是"毒气和烟雾"使守军处境变得极其危险："我们急需支援……这是我最后一只鸽子了。"

鸽子忍受着毒气的袭击，摇摇晃晃地飞向天空，迷失了方向。但事实上，它还是跟跄地朝着法国人的后方飞去。它带着珍贵的消息抵达凡尔登，然后就气绝身亡了。这只名为"强悍"的鸽子被追授法国荣誉军团勋章。它的遗体被制成标本，安眠在一个博物馆里。

1914年之前，由于军队规模过于庞大分散，将军们难以像过去那样在马背上指挥部队。应对之道就是采用信鸽。糟糕的通信影响了战术和战略：它是导致西线僵局最重要的因素。在突破敌军阵地的过程中，部队战斗力总是不可避免地因伤亡而减弱，而且还需要分兵把守阵地或者攻击战略要地。新上来的部队则需要和突击部队交替，保持攻击势头。由于没有无线电，军队通信只能依赖通信兵、目视信号和鸽子。大多情况下这些通信方式都十分缓慢，军队因此没办法及时在正确的地点投入预备队，或者在攻势停滞时加强进攻力量。

自古以来，鸽子的返巢本能就被用于军事目的。1871年巴黎围城战中，人们就用鸽子保持通信。也许是受此经历的影响，在第一次世界大战之初，法军配备有特别精良的信鸽部队。"我们可以想象，"始创于1913年的《科学美国人》（*Scientific American*）杂志上有文章这么写道，"在这个拥有飞机和无线电报的时代，那些在普法战争和其他战争中提供了很有价值服务的迅捷而忠诚的飞翼信使已无用武之地……这样的观点是非常错误的。"法国军队装备有28个"鸽房"，这是一些得到工程兵保护的特殊单位。鸽子在那儿接受训练。信息被装在鹅毛制成的容器里。这些容器或被系在鸽子的尾部羽毛上，或装在鸽子脚上的铝质箱子里。

6月1日，德军对凡尔登防线展开新一轮进攻，沃克斯堡遭受的攻击只是其中一部分。德国人在1916年2月21日发动的进攻拉开了凡尔登战役的序幕。法尔肯海因打算通过一次审慎的消耗战，迫使法国人回到谈判桌。得益于重炮的密集火力，德军成功于6月2日踏上了沃克斯堡垒顶端。紧随着的便是发生在堡垒走廊和室内的战斗，这是战役中最残酷的战斗。这个拥有600名守军的要塞又坚持了5天。但是，尽管雷纳尔发出了消息，他还是不得不在6月7日投降。在索姆河协约国联军发动的攻势的压力下，德国人被迫在7月转为防守态势。1916年10月法国人开始在凡尔登发起攻击。11月，沃克斯堡光复。

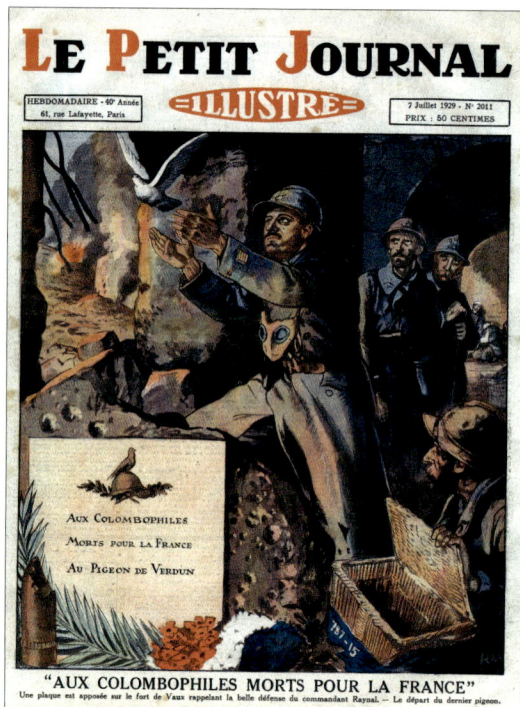

LE PETIT JOURNAL ILLUSTRÉ
HEBDOMADAIRE · 40ᵉ Année
61, rue Lafayette, Paris
7 Juillet 1929 · Nᵒ 2011
PRIX : 50 CENTIMES

AUX COLOMBOPHILES
MORTS POUR LA FRANCE
AU PIGEON DE VERDUN

"AUX COLOMBOPHILES MORTS POUR LA FRANCE"
Une plaque est apposée sur le fort de Vaux rappelant la belle défense du commandant Raynal. — Le départ du dernier pigeon.

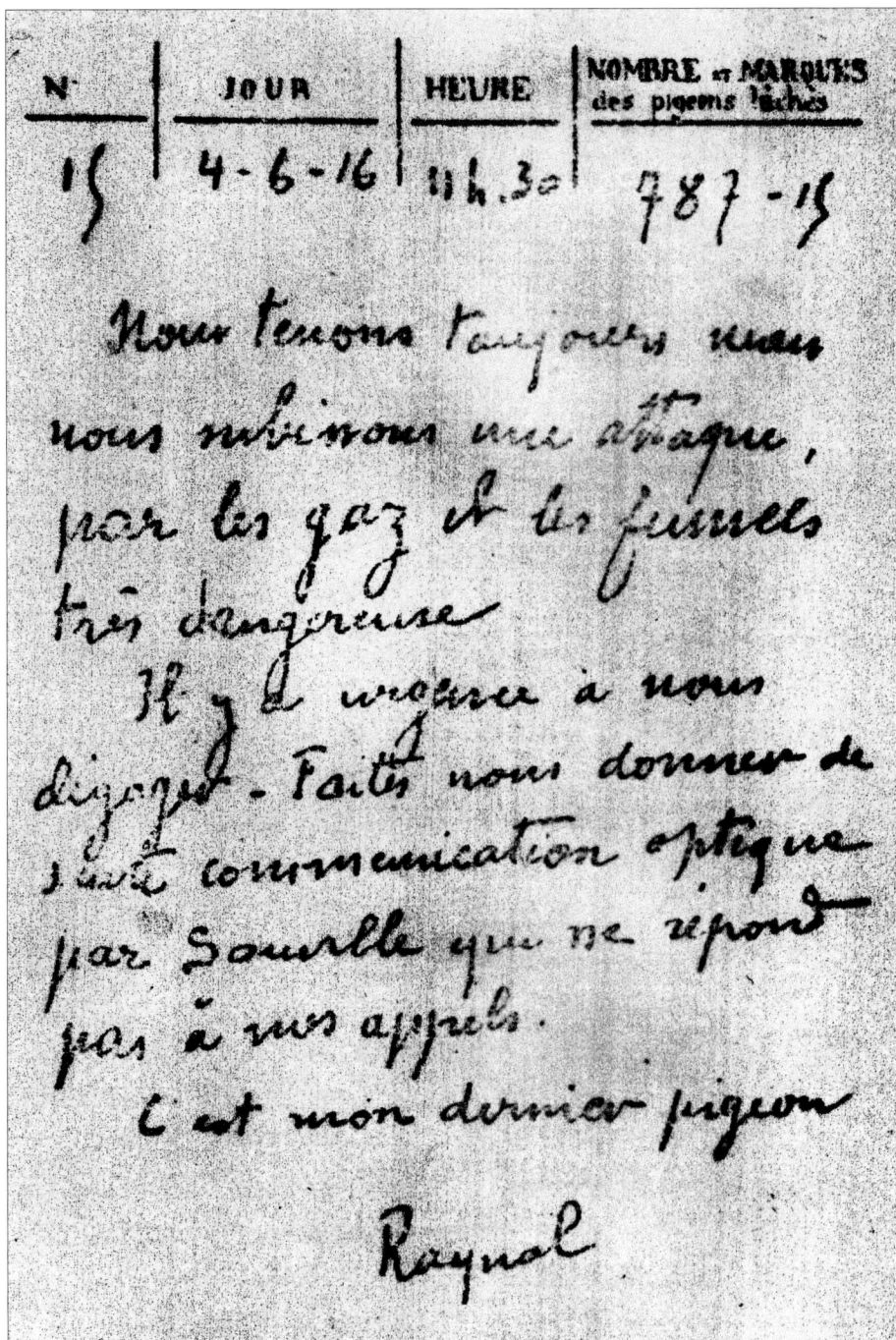

N°	JOUR	HEURE	NOMBRE et MARQUES des pigeons lâches
15	4-6-16	11h.30	787-15

Nous tenons toujours nous
nous subissons une attaque,
par les gaz et les fumées
très dangereuse

Il y a urgence à nous
dégager. Faites nous donner de
suite communication optique
par Souville qui ne répond
pas à nos appels.

C'est mon dernier pigeon

Raynal

对页图："献给所有为法国牺牲的鸽子饲养员"：1916 年 6 月 4 日，陆军少校西尔万·尤金·雷纳尔在凡尔登战役中放飞了最后一只信鸽。图片来自 *Le Petit Journal Illustré* 杂志，1929 年 7 月 7 日

上　图：陆军少校雷纳尔于 1916 年 6 月 4 日放出的鸽子上携带的最后一份电报。几天之后沃克斯堡落入德国人之手

下页图：1917 年 3 月，德国士兵正在准备消息以及发出消息的信鸽

52 堑壕地图

1914年，大部分军用地图和民用地图没什么区别。某些情况下，二者完全一致，比如英军在参战时配发的法国和比利时的米其林地图。英军从蒙斯撤退后，其位置已经超过配发地图所标注的发起战役时的最南端，军官们不得不临时从法国商店里购买地图。

1914年底，交战双方已发展出复杂的堑壕系统，这意味着地图必须有所变化。早先战争的地图以自然地貌，例如山川、森林和河流等来作为标志物。堑壕改变了这一切。同时，一战时的人工地貌成为西线地图的主要特点。早期的堑壕地图很粗糙，但它们慢慢地变得越来越复杂，也越发精准。1915年夏天之前，英军已采用了一种持续至大战结束的标准地图——尽管有一些与标准模板不同的野战制印图仍在使用。

采用堑壕地图有两个目的。首先，它们为使用者在前线的堑壕网中指明了方向。大部分西线前沿阵地都包含有两条或两条以上的与敌方战线平行的主堑壕。这些构成复杂的堑壕包括防空壕、机枪阵地和观察哨。所有这些都由密如蛛网的更小的交通壕连通，并使其与侧翼和后方相连。英国人把堑壕视为事实上的街道，还加上了木质标签，以便士兵在其中行走时可以在堑壕地图上找到自己的位置。

采用堑壕地图的第二个目的，是提供敌人的精确位置。航空侦察为绘制出敌军堑壕提供了足够的细节照片。虽然这些能提供敌军系统的布置情况，但地面观测和侦察也是必要的。它们能够为地图增加重要的前线细节，例如铁丝网地带和敌人在无人区设置的前哨。人们花费了巨大的精力和时间来使敌方堑壕地图尽可能准确。知晓敌军堑壕布置，是发起任何进攻的先决条件。一旦战役开始，地图上的任何失误或者遗漏都有可能造成致命的后果。

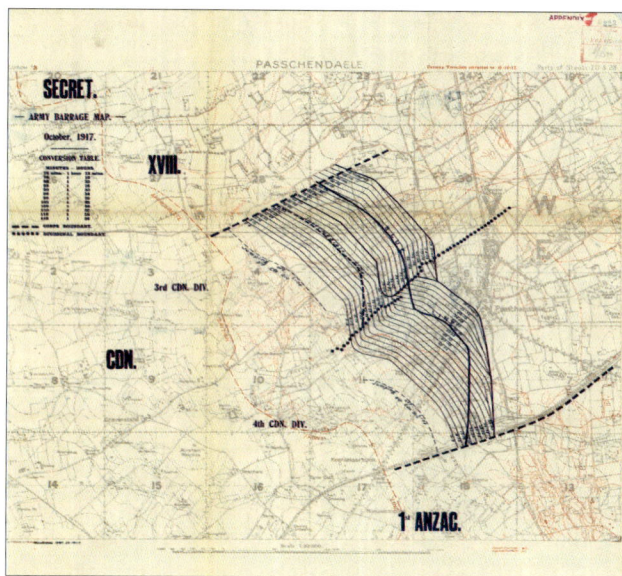

堑壕地图有许多种。从大比例的测绘地图到只包括特定区域的具体战术地图。这些地图中最精细的是炮兵所使用的堑壕地图。这种地图采用的是字母数字混合编制的网格地图，它可以让炮兵对特定区域的敌人进行直接瞄准或者间接瞄准。虽然敌人堑壕的位置可能发生变化，但网格本身不会改变。随着战事的推进，炮兵通过瞄准网格上的不同区域，调整炮火的位置。这样就保证了即使在战役进行的过程中，炮火精度也始终不变。

英军的制图工作委托给皇家工兵战地调查连，地图的印刷由军队印刷部门完成。战争期间，战地调查连的规模不断扩大。1918年5月之前，每支在西线的英军部队都拥有自己的战地调查连，这些连队配备有自己的印刷部门。至战争结束，英军印刷了3 200万份堑壕地图，这充分证明了它们的重要性和价值。

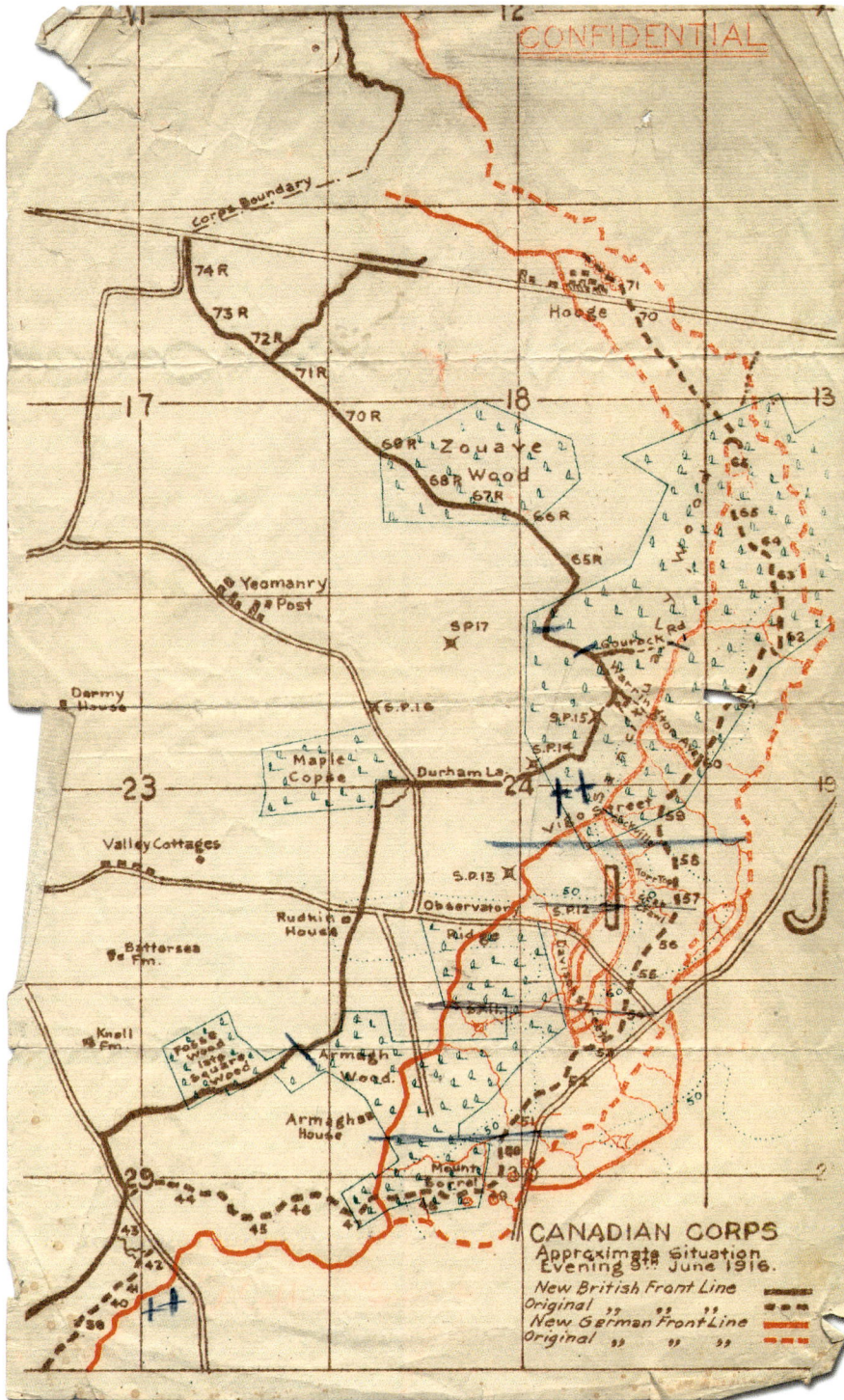

上面地图内标注文字（英文原图）：

CONFIDENTIAL

Corps Boundary

Zouave Wood

Yeomanry Post

Darmy House

Maple Copse

Durham La.

Valley Cottages

Rudkin House

Battersea Fm.

Knoll Fm.

Armagh Wood

Armagh House

Mount Sorrel

Observatory

CANADIAN CORPS
Approximate Situation
Evening 9th June 1916.
New British Front Line
Original " " "
New German Front Line
Original " " "

对页图：图示地图是为第二次帕斯尚代尔战役准备的。红色的是德军堑壕。修正于1917年10月16日

上　图：这幅地图属于爱德华·惠普尔·班克罗夫特·莫里森少将。地图上用棕色来表示英国和加拿大军队，用红色来表示德国军队。时间是1916年6月9日，芒特索勒尔战役期间

53 家庭照片

战中，许多士兵随身携带妻儿的黑白照片，照片代表着他们或自愿或被迫应征入伍后就失去了的平民生活和私人的内心生活。19世纪时，照相是一门"前沿技术"，很受人欢迎，但价格非常昂贵。然而，1871年"干片"（又称胶片照相法）诞生，并于1914年得到极大的改善；同年，柯达3号自动相机诞生，这一切都极大地提高了照片的质量，且大大降低了照相的费用。在英国、法国、美国、德国、奥匈帝国甚至沙俄帝国等国家，各阶层的家庭当时已经能够负担得起照相的费用，并乐于将婚礼或其他家庭聚会等重要活动，以照片的形式记录下来。1900年，大受欢迎的柯达布朗尼盒式相机的引进，使得"抓拍"技术成为可能，但照相馆的市场依然非常大。

一战爆发时，有孩子的已婚男人都希望拥有他们爱人的照片，这使照相馆的生意异常火爆。在英国，拍照通常以大街为背景，许多照相馆还会给那些穿着制服和家人来拍照的男人打折，家人也总是穿着最漂亮的衣服来拍照。这些照片一般都是摆拍的，人物也没什么表情。不管怎么样，当时的摄影技术要求人们在照相时保持一动不动的姿势，不像现在这么方便，因此，微笑着拍照会让人感觉很"可笑"。对士兵来说，这些照片（一般一到两张照片，将会成为他们个人遗产中的一部分）充满了自豪感以及对家庭生活的美好回忆。对有些人来说，它们是护身符，时刻提醒他们为何而战。士兵们都小心保护着照片，把它们放在钱包里，夹在《圣经》中，或藏在家书内。战友们会互相分享照片中家人珍贵的脸庞。上战场前确认照片是否被安全保护，是每个士兵的惯例，他们通常会在上战场前将照片交予后方的战友或上级军官保管，直到他们从前线回来。如果有士兵没能从战场回来（牺牲或被俘），战友们也会费尽周折地将照片送到他们的家人手中。最理想的交托情况是有人休假从前线回家，这样照片就能直接交到他们的家人手中；负责交托照片的人还会告诉家属该士兵在世的最后时刻（有时如实告知，有时适当撒些小谎）。

士兵被俘时，他所有的私人物品都会被收缴（因为工资簿及其他类似物品，有可能成为敌方情报收集的目标），但是家人的照片几乎都会归还。的确，士兵向俘虏者展示家人的照片也很常见，以期对方将他们当成人来对待，而不仅仅是穿着外军制服的敌人。销毁照片是一种禁忌。值得注意的是，他们的很多照片现在被保存在当地的档案馆或博物馆，但他们妻儿的名字及家庭关系都已经湮灭在时光中。即便跨越了数十年的时间长河，这些照片传递的安慰和希望依然令人动容。

54 士兵家电

在英国，一战的文化遗产之一便是：人们普遍相信，电报会带来不幸的消息。士兵死亡的官方通知，就是通过电报（军官使用）或军用公文纸B104-82（其他军衔人员使用）发出，再让邮局的小信差送达的。这些与士兵相关的信息，对许多士兵家属来说，既令人感伤又弥足珍贵。

即便家属收到他们的亲人为"以防不测"提前写好的"最后一封信"，甚至同时收到了战友和长官的慰问信，以及亲人的私人物品，许多人仍然会拒绝接受亲人死亡的事实。对家属来说，更加悲痛的事莫过于亲人的名字出现在"失踪后被推测死亡"的名单中，他们连一座为人知晓的坟墓都没有，只能在战争烈士墓上留下自己的名字。家属们不断地要求战争部提供更多有关已故亲人的详尽信息，甚至到丈夫或儿子所属的部队中询问情况。约翰在1915年的卢斯战役中阵亡，他的父亲鲁迪亚德·吉卜林就不辞辛劳地搜寻儿子死前的最后消息，不同寻常的是，他这样做的目的只是为了儿子的名声。但这样的搜寻常常是徒劳的，因为很多人几乎是在战争的硝烟中蒸发了。要找到参军的亲人在战争中幸存的战友也十分不易，就算找到，但为了安抚家属的情绪，战友们也很少会如实告知家属亲人死亡的详情。在这样的情况下，发电报给死者家属，就可以让他们留有念想，因为家属们可以寄希望于军队出了差错，父亲、兄弟、

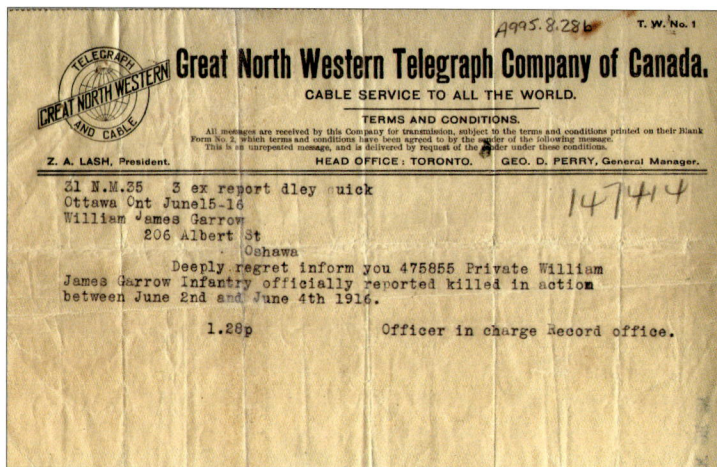

儿子总有一天还会回来。有些家属就抱着这种幻想，度过了数十载。

丧亲者一般会为死者举办追悼会，当时的追悼会有一整套与宗教信仰和社会风俗相关的固定仪式。但如果士兵在国外牺牲，这些仪式就很难举行了。因为遗体转运回国是被禁止的。死者要被安葬在战场的军人公墓中，或者被埋在平民墓地里。许多家属非常憎恨这种政策，但他们只能在教区教堂中为死者举办葬礼，没有灵柩，也无法进行遗体告别。

士兵死亡的确切日期，成为家属每年悼念家人的固定日期。著名作家薇拉·布里顿（1893—1970）曾经是战时英国志愿援助支队的一名护士，她在马耳他和法国服役期间，四次痛丧亲友。1915年，她的未婚夫罗兰·莱顿在法国受伤死亡。1917年4月，她的朋友杰弗里·瑟洛在法国的阿拉斯之战中身亡，死后不知葬身何处；1917年6月，她的另外一个朋友士官长维克多·理查森因伤死亡，葬于英格兰。1918年6月，薇拉的兄弟士官长爱德华·布里顿在战斗中遇害，葬于意大利的阿夏戈高原。过去的岁月及那些带来噩耗的电报，都在她的作品和余生中留下了影子。1970年3月逝世前，她留下遗嘱，希望自己的骨灰能够分出一部分，与她的兄弟一起葬在意大利。不止薇拉，很多人也曾像她一样，寻求一个能够继续与死者对话的方式。

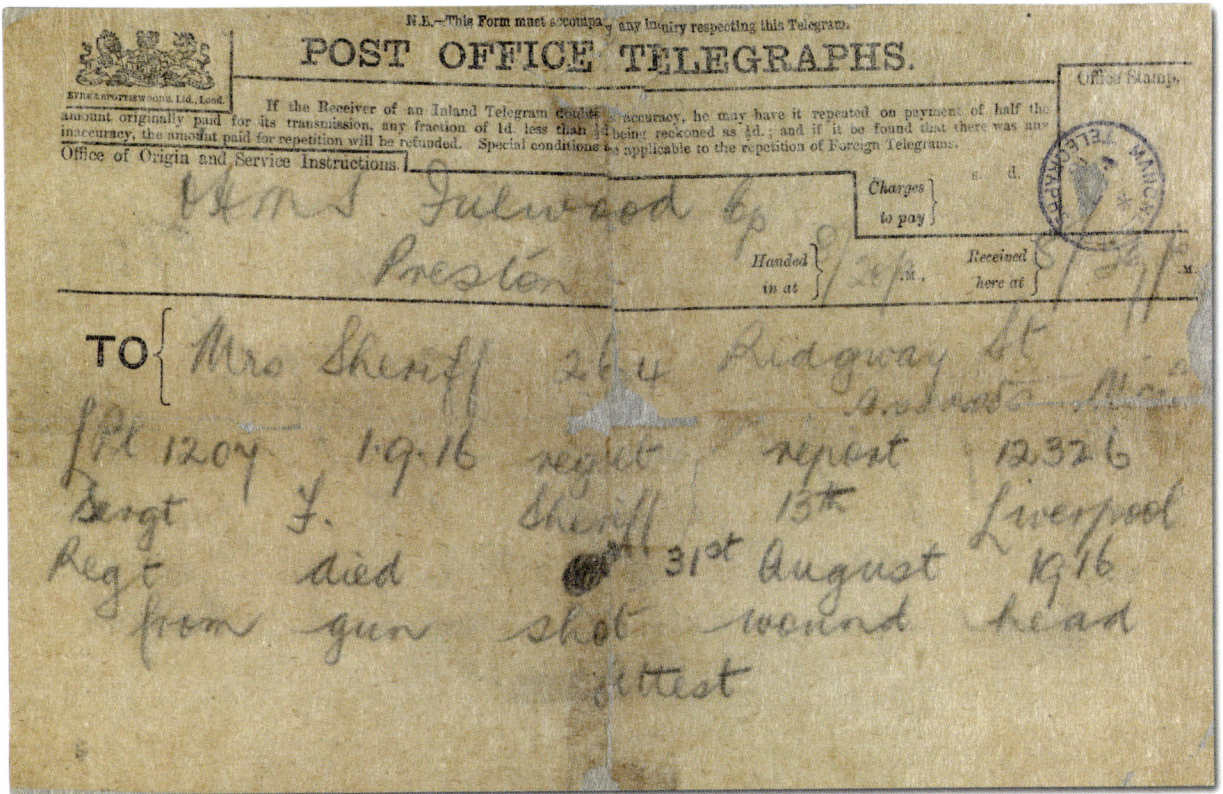

对页图：宣布爱人死亡的电报被送往大英帝国的各个角落，这位加拿大二等兵威廉·加罗于1916年丧生

上　图：1916年8月31日，宣布皇家军团（利物浦）第十三营 F.F. 谢里夫中士死于阿布维尔的电报。死因是头部受伤

55 假肢

第 一次世界大战夺走了数以百万计的生命，并令更多人致残。据估计，大约有800万军人终身残疾。其中超过75万的伤残老兵来自英国，而德军的伤残人数是英国的两倍。德国前银行职员埃利希·瑞赫斯就是一个非常典型的例子。他在战争中失去了双手和一只眼睛，因此丧失了自理能力。20世纪20年代，成群结队的重伤员是欧洲、澳大利亚、新西兰、美国以及更遥远的战区的街道上随处可见的风景。空前数量的残疾人给假肢行业带来了巨大的压力。在英国，约41 000名军人有肢体伤残，其中大约30 000人失去了双腿。1918年6月，等待假肢移植手术的名单上一共有4 321人。直到20世纪20年代初期，这些病人才被安排了手术，而在那时，战争前期截肢的伤员也正要回到医院，将自己破旧不堪的假肢替换成新型产品。

英国战时假肢行业的中心是伦敦的罗汉普顿医院。这家医院于1915年由私人投资建立，重点研究截肢患者的治疗服务。假肢制造商受邀在医院展示他们的成果，而其中最优秀的设计则会被投入生产，供伤员使用。由于医院与厂家合作，所以产品可在医院直接生产。

假肢行业随着战争的继续而急剧扩张。由于制造商数量众多，且士兵截断伤各有不同，假肢产品的标准化进程受到了限制。制造商以自己的设计特色为荣，每一条假肢都精心设计，以符合个体差异。直到1921年，英国官方批准了通用的假腿设计，所有集中签约的厂商都被要求生产该产品。

尽管如此，马头兄弟公司（Deserter Brothers）当时还是推出了第一款轻型金属假肢，就重量、功能和外观来说，金属假肢比传统的木质假肢更为贴合。在公众和残疾人群的巨大压力下，英国政府授权给马头兄弟一份承包合约，并允许他们主要生产新型金属假肢，而非标准的木质假肢。这种新型假肢非常受欢迎，到20世纪20年代中期，一半以上的退伍军人的假肢都是金属的。

一战时期，假肢业的创新引人注目。许多私人个体和小公司申请了大量假肢设计和器械专利，这其中包括假肢替换（有些假肢用混凝纸制作，因为很轻）。除此之外，公司同样为截肢者设计服装及家用品，包括适合截肢患者的大衣及礼服，还有一些精巧的设备用品，比如给失去双臂的人使用的可移动书桌。一位假肢制造厂商说过，假肢业"令人兴奋的进程完全归因于从1914年开始的第一次世界大战"。这些由一战促成的设计标准，直到20世纪50年代塑料假肢发明后才被打破。

与德国不同，英国伤残老兵几乎没有得到政府的援助。1922年，10万名伤残军人正处于失业状态，而政府却取消了一个针对伤残老兵的培训计划。用历史学家德博拉·科恩的话来说，"英国伤残士兵的康复任务很大一部分留给了志愿者团体"，而在新生的德国魏玛共和国，解决伤兵问题是"新民主制度的基石"。1920年的德国《伤残法》便给予伤残退伍军人更多的就业优先权。令人唏嘘的是，英国退伍军人成为两次大战期间社会发展的核心力量，而与他们境遇相反的德军老兵却与政府心生罅隙，最终还为其倒台推波助澜。

对页图：1915 年，一名安装了骨科假肢的士兵

上　图：法国士兵使用的假肢（胳膊与腿）

56 第八东萨里团的足球

19世纪末期，英式足球（association football）[1]——上层阶级和美国人称其为"足球"（Soccer），成为英国劳动阶级中最流行的体育活动（英式足球有些地区性的变种：业余英式橄榄球在南威尔士流行，在英格兰北部流行的是联盟制橄榄球）。虽然英式足球的规则于19世纪60年代才确定下来，但这项运动很快就从诞生它的公立学校风靡至社会底层，从业余运动演变为专业运动。在世纪之交到来之前，足球已经从英格兰南部扩展到北部。此时伦敦的俱乐部已经包括了伍尔维奇·阿森纳队和托特纳姆·热刺队——1909年，沃尔特·塔尔已经是热刺队的一员，他也是牺牲后被追授为军官的首批黑人士兵之一。伍尔维奇·阿森纳队在结束了其与大型兵工厂的联系后，于1913年搬到了北伦敦。此后球队改名为阿森纳队，并在两次大战间隔中横扫英国足坛。足球在苏格兰也很受欢迎。起初，女皇公园是最著名的苏格兰球队。但1914年前，这家老牌球队遭到了来自格拉斯哥的球队的挑战。格拉斯哥流浪和凯尔特人队正式成立。二者成立的部分原因在于天主教徒和新教徒的竞争。

一战有许多例子说明足球已经抓住了劳动阶层的心——至少下面要说的这场比赛是这样的。1914年圣诞停战期间，德国人和英国人在前线无人区踢了一场简陋的足球赛。此外，中洛锡安之心足球队整队参加了皇家苏格兰团第十六营，率领他们的是爱丁堡国会议员乔治·麦克雷爵士。1915年4月，第二次伊普尔战役正处于高潮，一名战士急匆匆地跑向他的长官汇报，切尔西队赢得了足总杯。有军官评价道，不管人们看上去有多么疲劳，他们总是能够有足够的精力去踢球——这样的例子不胜枚举。

足球在维持士气方面发挥着重要的作用。第八东萨里团的一名连长W.P.内维尔上尉意识到了这一点。他在1916年7月1日，部队进入索姆河地区参战的第一天，就为士兵们提供了两个足球（可能是两个，具体数目未知）。其中一个足球上写着"大欧洲优胜杯决赛。东萨里队VS巴伐利亚队。以零开球（kick off at zero）"。现在看来内维尔的做法有些学生似的虚张声势，但在心理上这一行为却很鼓舞人心——用一个熟悉的环境使他的士兵们从恐惧中走出来。这是公立学校体育伦理影响英国军官群体的表现之一。

第十八（东部）师作为第十三集团军的一部从英军战线右侧发动攻击，隶属于它的第八东萨里团于1916年7月1日在蒙托邦战线占领了所有既定目标。第十八师的指挥官是令人畏惧的艾弗·马克西中将。敌人脆弱的防御、良好的训练、战力强悍的炮兵和来自第十三集团军侧翼法军的完美支援，这些都让该师从中获益良多。尽管如此，这次胜利也带来了巨大伤亡。内维尔上尉就在牺牲者名单当中。通过著名军旅作家R.卡顿·伍德维尔所作的诗、新闻稿以及一幅充满想象情景的画，这起事件很快就流传开来。上尉的足球有一个从战争中幸存下来，被陈列在团史馆中。第八东萨里团并非唯一在战场上踢足球的部队，伦敦爱尔兰来复枪团在1915年的卢斯战役中便踢过足球。但内维尔的例子成为一战英国文化中足球凝聚力的确凿证据。

---

[1] 因为其规则由英格兰足球总会（The Football Association）订立，故称之为association football。——译注

对页图：踢足球使得第八东萨里团在索姆河战役第一天里的攻击为人所铭记

上　图：第八东萨里团 W.P. 内维尔上尉在离开不列颠时，为部队带上了几个足球

下页图：《萨里人在踢球》，作者 R. 卡顿·伍德维尔，发表于 1916 年 7 月 27 日的《伦敦新闻画报》

EAST SURREY REGIMENT.

Football on the Battlefield at Contalmaison.

57 纸牌游戏

纸牌游戏不论国籍，对于大部分士兵来说，是生活中一个必备的组成部分。纸牌小巧，便于携带在口袋或背包里。它为士兵们提供多种随时随地能进行娱乐和一些私下赌博的机会。"双头"（Doppelkopf）和"斯卡特"（Skat）是在德国士兵中很受欢迎的三人纸牌游戏。它受欢迎的程度在一幅1920年的达达主义的画作《纸牌玩家》（The Skat Players）中就有所展示，该画的作者是伟大的艺术家兼战争老兵奥托·迪克斯。画面描述了1918年德国战败之后，三名肢体残疾或毁容的退伍士兵在玩牌的场景。在《西线无战事》这本小说中，埃里希·玛利亚·雷马克也有对士兵玩牌的描写。

其他的军队也有自己的纸牌游戏。法国士兵喜欢玩"马尼拉"（Manille）、"皮客牌"（Piquet）和"混搭"（Mariage），而美军则常常玩扑克游戏。英国士兵们钟情于"布拉格"（Brag），这是一种可能由扑克、拿破仑牌戏（Nap）和英式21点演变而来的以唬人方式娱乐的游戏。军官们以桥牌为乐，是现代定约桥牌的初期形式。

此外，还有其他不同的赌博方式。澳洲士兵以"赌双"（two-up）游戏为主，这个游戏的规则是旋转硬币后，猜先落地的那一面是正面还是反面。美国士兵的娱乐方式叫"双骰子"（Craps），是一种掷骰子的游戏。而对于英国士兵来说，最受欢迎的是"房子"（house）——就是今天的"宾戈"（bingo）。而赌博游戏中最著名的要数"王冠与锚"（Crown and Anchor）（一种骰子游戏）。这种游戏被军方明文禁止，但士兵还是会私下偷偷进行。这是一种在特殊的布面上投掷骰子的游戏。庄家的特有开场话为：把钱押这儿，我交好运的兄弟；你投得越多，赚回的就越多。你骑着自行车来，开着劳斯莱斯走……看啊，好运来了，两个果酱派和一个走好运的老军士长（象征纸牌游戏里的红心和皇冠标志，也是得胜的标志）。

赌博是英国工人阶级文化中不可缺少的一部分，尤以赛马比赛为主。军人们一直玩着王冠与锚、布拉格等游戏，这恰恰代表着他们对家乡的思念，同时也是让在战争时期那些"穿着军装的平民"提高士气的好方法。除此之外，唱歌也是另一种形式的娱乐。歌曲多是不搭调的反唱，有时候还会有些不正经的打油诗。其中一首比较温和的歌是《约翰·布朗的老二》，配以《共和国战歌》[1]（The Battle Hymn of the Republic）的曲调来唱：

约翰的老二长疹子了——嘘！小声点。
约翰的老二长疹子了——嘘！小声点。
约翰的老二长疹子了——嘘！小声点。
这可怜的基佬不能坐下！

酒精饮料在战前的工人阶级中扮演着重要的角色。而在战线后方的小餐馆及咖啡酒馆里，它们也同样不可缺少。下了战场的士兵可以喝啤酒（口味远远不如家乡的啤酒）、红葡萄酒和布兰地（来自单词plonk，一种廉价的酒，被说成是腐败）。餐馆里同样也提供咖啡和煎蛋、薯条类的简餐。两名战时步兵——约翰·布洛菲和艾瑞克·帕特里奇，把这些酒馆餐馆里的语言汇编成了一本地位难以取代的士兵俚语词典，他们俩的名字在1914—1918年的士兵中拥有极高的地位，现今依然。廉价的美酒、粗鄙的民谣，以及歌酒声中从未停止的各类牌局，使士兵们在战争间隙得享一丝安逸。

---

① 这是一首美国爱国歌曲，由茱丽雅·沃尔德·何奥作词，为南北战争期间十分流行的歌曲，原版词曲是由南卡罗莱纳州人威廉·史蒂夫创作。——译注

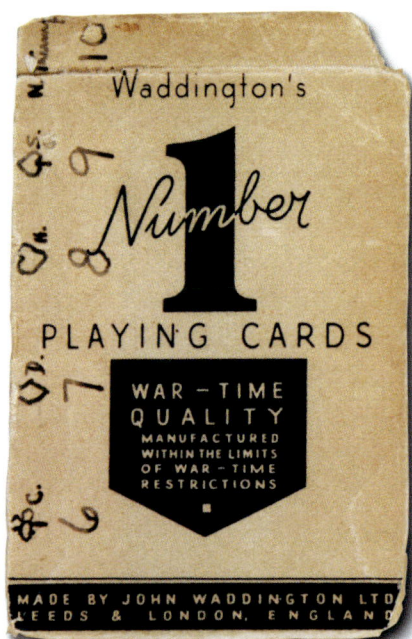

对页图：1917 年，正在玩牌的法国七兵

上 图：一副完整的沃丁顿一号纸牌，它的包装盒已经坏了。所有者是皇家飞行队的赫伯特·科普斯泰克

58 急救包

战中令人印象最深刻的要数战争武器的革新。然而战争同样促进了医疗技术与设备的大幅提升。一战中使用的急救术和其他先进的医疗技术仍沿用至今。

每个英国士兵都配备了一个急救包，里面备有两套纱布。士兵们训练过怎样给受伤的战友包扎以阻止失血过多，确保伤员可以坚持到被正规军医治疗的阶段。从理论上说，伤员会被担架员运送到团救护站。担架员通常都会配备一个"中型急救包"，里面装有额外的不同大小的纱布。他们通常都接受过一些基础的医疗训练，并能够在前线实施急救。一旦伤员被送到团救护站，他就能得到营军医官的医治。这些军医配备有种类更为丰富的医疗装置，包括纱布、注射器、夹板和吗啡。伤员在团救护站接受治疗后，除非伤势很轻，否则他将会被送往致命伤急救站，从此撤离前线。

急救常常伴有很多并发症。受伤的情况多种多样，这其中包括子弹、手榴弹以及弹片造成的伤口，铁丝网造成的割伤，高爆炸药造成的冲击性损伤，以及毒气造成的眼睛和肺部损害。前线恶劣的医疗环境提高了感染的风险。很多情况是需要在炮火中完成急救任务，这让担架员的工作异常危险。最能证明这份危险的就是下面

这个例子。英国军队中获得荣誉最多的士兵是担架员威廉·哈罗德·科尔特曼，他在1917—1918年没开一枪，却获得一枚维多利亚十字勋章、两枚军功勋章和两枚特等军功章。

战争促进了许多急救技术的革新。1916年，英国人发明了托马斯夹板，这个牵引夹板被用来固定骨折的四肢。在这项发明前，80%的战场骨折伤员在担架上会因为剧烈的摇动而加重病情，并给伤员带来极大的痛苦。来回晃动可能会导致伤口感染，甚至死亡。夹板通过固定四肢解决了这个问题，并将死亡率下降至不足10%。

1915年期间，法国军队开始实行伤员验伤分类制度，这一概念来源于法语"trier"（意为：选择或分离）。这一制度是根据病患伤势的严重性和幸存概率来决定其治疗的先后顺序。医疗资源被用在更有可能活下来的士兵身上，这也使治疗过程更快更有效。法国人还意识到了治疗伤员的"黄金时段"的重要性，即如果伤员能在受伤后的关键窗口时间内得到救治，则存活率最高。这两个相关的概念最终成为一战时英法两国军队急救的关键。

急救夹板、伤员验伤分类，还有救治的"黄金时段"，这些革新成果奠定了急救的基石，并沿用至今。

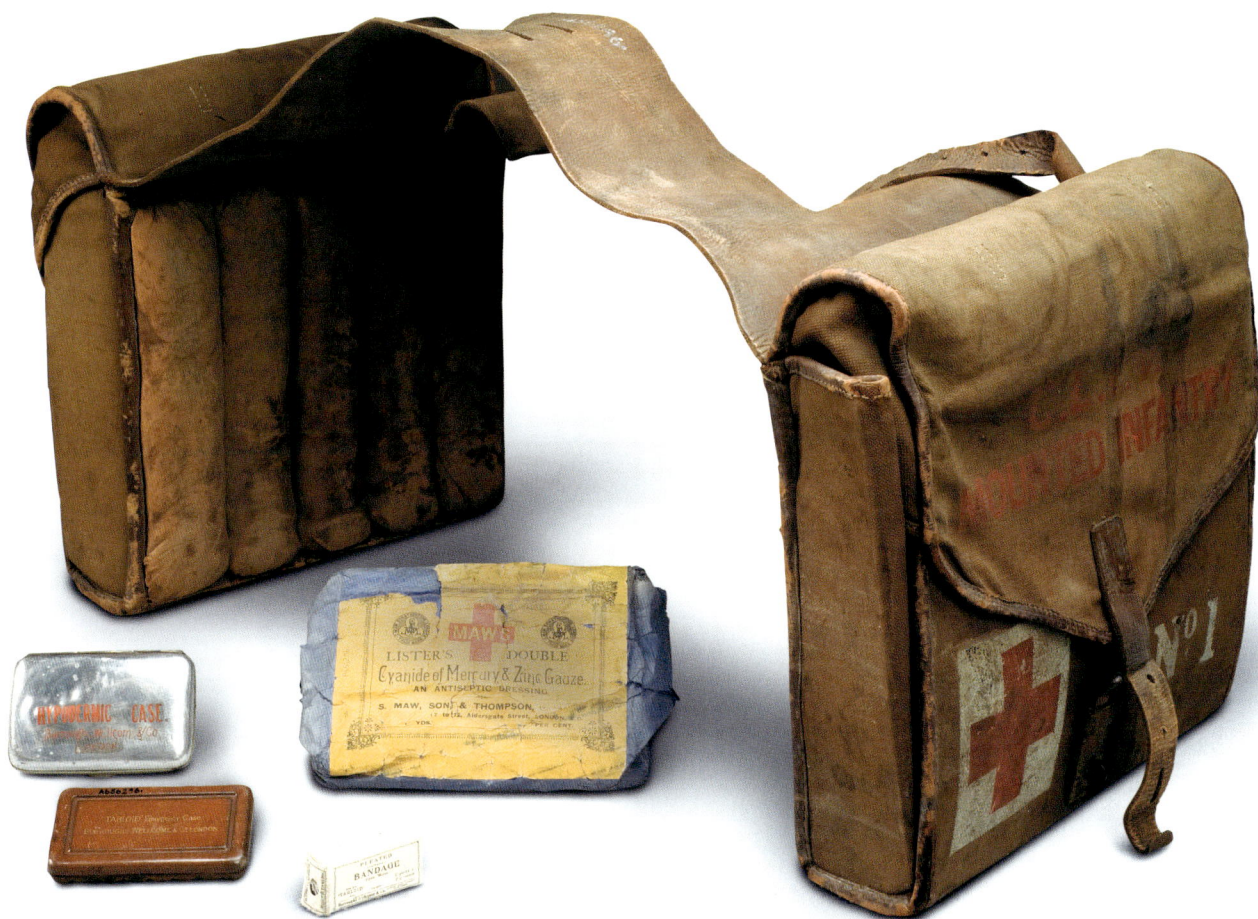

対页图：法国蒙希（Monchy）的一座急救站。英国皇家军医部队在此救治从阿拉斯前线下来的伤兵

上 图：这种急救包可以由马携行，马身两侧各挂一个。里面装有绷带、纱布、皮下注射器和治疗烧伤用的卡伦油

59 波济耶尔磨坊

距索姆省波济耶尔村几百码之外有一座风车的残骸。今天看来，它不过是一堆长满杂草的不规则物体，仅在上面露出来一些石块。但1914年时，这是一座正常运作的磨坊，是临水乡村风光的一部分。当战争降临至此地，这座磨坊被日渐损毁。当时，波济耶尔村位于德军第二道防线上。1916年7—8月，它成为残酷的索姆河战役战场的一部分。现存于波济耶尔的澳大利亚国旗和一块纪念碑有力地证明了当年澳大利亚军队打下这座村庄的功绩。8月7日，一支德国突击队重新占领了磨坊，但阿尔伯特·杰卡中尉——他在加利波利战役中成为第一个荣获维多利亚十字勋章的澳大利亚人——组织了一次反击。他个人领导的这次惊人行动足以让他获得第二枚维多利亚勋章（但没有）。杰卡指挥一支澳大利亚特攻小组，成功地击败了德军突击队，重新夺回了磨坊并恢复了战线。

围绕波济耶尔的战斗是索姆河战役消耗战的一个缩影。事实上，一战许多其他战场也是如此。从战斗力方面考虑，西线交战双方基本相当。防御端暂时获得的优势导致了堑壕战的诞生。由于堑壕战不存在侧翼可供迂回，而且为了赢得这次总体战，交战各国都将现代工业经济全力动员起来支持前线军队，所以当时无法通过大规模运动战获得胜利。消耗战略因此不可避免。但并不是说消耗战只在西线战场发生。东线完全不同于西线的战术背景意味着机动作战的可能性，尽管如此，奥匈帝国军仍在一系列的进攻和防御中消耗殆尽。

消耗战是指消磨掉敌人的生理和心理力量，这是几乎所有战争都固有的。军队在大规模机动中被彻底歼灭是非常罕见的情况。拿破仑是一名身经百战的运动战大师，但也败给了消耗战略：博罗季诺和滑铁卢就是明证。甚至1991年的海湾战争也是一场消耗战——虽然只是美国人单向消耗伊拉克，伊拉克军队在战争的机动阶段开始前即损失惨重，实际上无法对多国部队造成严重杀伤。

人们普遍认为第一次世界大战与第二次世界大战完全不同。这是错误的。虽然技术的进步使得1939—1945年的战争机动性更强，但消耗战扮演的角色依然重要。约翰·埃里克松为他的权威历史著作《第二次世界大战中的红军》（*Red Army in the Second World War*）中的章节起名为《粉碎德国国防军主力》（*Break the Back of Wehrmacht*）是有原因的。1944年的诺曼底战役消耗非常大，此外还包括卡西诺的四次战役，均为消耗性，而且主要是静态的。我们可以从二战中的太平洋岛屿争夺战、苏德城市战、北非沙漠战、意大利山地战以及再次在法国乡下爆发的战斗中看到波济耶尔的影子。

対页图：重新夺回磨坊后，一名不知姓名的战士站在那里。照片由一名澳大利亚军官摄于1918年8月28日

上　图：1916年夏，第四十八师的英国本地士兵奋战在波济耶尔。图中显示他们正在跨越一条德军战壕

60 钢丝钳

带刺铁丝网发明于19世纪60年代晚期，在19世纪70年代广泛使用。铁丝网的设计初衷是用于农业生产，便宜、耐用且易于设置都是它的优点。很快，人们就发现了它的军事价值：作为阻碍进攻部队的障碍物。不带刺的铁丝网在美国南北战争（1851—1856）中被用于加强防线；第二次布尔战争（1899—1902）中，带刺铁丝网则成为英军碉堡防御体系里不可或缺的装备。在这两场战争中，都布置了大约齐膝高的单股铁丝网，以困住敌人。英国人改进了铁丝网的使用方法，他们在罐子里装上石头，再挂到铁丝网上，这样一来，进攻方一旦试图剪断铁丝或者发动进攻都会被察觉。防御型铁丝网也被用在美西战争（1898）和日俄战争（1904—1905）中。

英国军方意识到，未来的战争冲突中将会经常出现铁丝网，于是他们在第一次世界大战之前设计了便携式钢丝钳的标准样式。这种钢丝钳是一种剪铁丝的高效工具，折叠式的设计便于携带。它是侦察兵、军官、炮兵和皇家工兵部队的标准配备。在一战开始的头几周，这种钢丝钳主要被用来清除农场的篱笆。1914年9月的第一次马恩河战役中，英国军官安德鲁·特罗恩上尉写信给他夫人，让她赶紧寄来一把备用的钢丝钳，因为行军途中经常为农场的篱笆所阻碍。

不论如何，1914年10—11月的第一次伊普尔战役中，交战双方都在战壕前设置了铁丝网。最初只是一些简单粗糙的单股铁丝网，接着它们被布设得越来越密，样式也越来越复杂。钢丝钳对这种更复杂的铁丝网效果甚微。进攻方不得不依赖火炮，以密集火力破坏这些障碍。不论如何，即使是最猛烈的炮火轰击仍然只能摧毁部分铁丝网。攻方只能在火炮轰击后跟进，用钢丝钳剪开残余的铁丝网。

人们常常误以为，整个西线都被难缠的铁丝网覆盖。实际上，仅有重点防区才设置了复杂的铁丝网防御工事，而战线的其他部分只有一些更小的缠绕物。在这些地方，不管是对无人区进行侦察还是对战壕发起突袭，钢丝钳都是必备物品。熟手能快速且安静地剪开细小的铁丝，这使得突击队能迅速穿过敌人的战壕。意识到剪断铁丝后这种突进战术带来的危机，双方都经常在铁丝网上附加一些简易陷阱，最常见的是用一种"嘎嘎作响的盒子"，提醒守军有攻击者入侵防线。此前，英国军队曾在南非使用过这类小玩意儿。

尽管钢丝钳并不是一件引人注目的或者制胜性的武器，但它却是前线的基本装备。英国军方多次改进此物，以减轻它的重量、降低造价，并提高其战斗力。其中包括一些专门的设计，如使钢丝钳能加装在步枪的尾端。到1916年，钢丝钳成为所有士兵的制式装备。由于其基础设计就很有效，它直到20世纪90年代依然在役——其间只有一些很小的改进。

对页图：在法国奥皮，在用火炮进行密集轰炸后，士兵剪断了残余的铁丝网，穿过阵地。这是西线阿拉斯地区附近一个重重布防的阵地

上　图：法制钢丝钳，1916年标致公司生产。它能很容易地加装在步枪上

61 戴着阿拉伯头巾的劳伦斯

"阿拉伯的劳伦斯"是一战中涌现出的最有魅力的人物之一。在美国记者洛厄尔·托马斯的大力宣扬之下，劳伦斯的故事满溢着浪漫色彩，颇有《天方夜谭》的韵致，与堑壕战残酷的现实形成了鲜明的对比。他写过自传《智慧七柱》（ *Seven Pillars of Wisdom* ），后来又出版了精简版的《沙漠革命记》（ *Revolt in the Desert* ），其战后生涯富有神秘色彩（匿名加入英国皇家空军和陆军，最后却死于一场摩托车事故），所有这些都增加了劳伦斯的传奇度。大卫·里恩在1962年拍摄了电影《阿拉伯的劳伦斯》（ *Lawrence of Arabia* ）（虽然并不很符合史实），在这部电影的帮助下，劳伦斯的传奇形象经久不衰，延续至今。

T.E.劳伦斯生于1888年，由于母亲未婚生子，他一直羞于自己的私生子身份，这也许造就了他的性格。战前他以一名考古学家的身份在中东活动，因此十分了解那里的情况。1914年加入军队后，他作为情报官员被派往开罗工作。1916年10月在希贾兹地区，他开始了在反对奥斯曼帝国的哈希姆家族的军中服役的岁月。

劳伦斯是众多热爱阿拉伯文化的英国人之一，他为了融入阿拉伯还换上了阿拉伯披风和头巾。他在军事上大获胜利的同时，想要在政治上成立一个属于大英帝国的独立阿拉伯国家，但这一努力却完全失败了。劳伦斯在作战时身着阿拉伯长袍，部分是出于实际需要，但也很可能是因为他讨厌正式制服及其所代表的东西。他讲过一个故事，一位将军为他穿得不三不四而大发雷霆。作为顾问和翻译出席巴黎和会时，

劳伦斯身穿英军制服，头戴阿拉伯头巾，这一着装表明了他深思熟虑的政治观点。1916年，英法为了秘密瓜分中东签署了《赛克斯-皮科协定》，劳伦斯对此深感愤怒。协定中，英国将得到美索不达米亚和巴勒斯坦，法国则占领叙利亚和黎巴嫩。这个安排使得阿拉伯的独立事业彻底泡汤。

虽然在中东击败奥斯曼军队主要是英国正规军的功劳，但是阿拉伯游击队也有着重要职责：扰乱和牵制敌人，而劳伦斯在阿拉伯革命中所扮演的角色却富有争议。从一个联络官的角度出发，对于阿拉伯反抗军而言，他是不是一个卓有成效的指挥者？在两次世界大战之间，军事作家B. H.利德尔·哈特将他的朋友劳伦斯写得十分正面："第一个非常规战争的科学理论"的开创者。不论如何，游击队一位重要而有影响力的领导者——麦加的谢里夫之子，侯赛因·伊本·费萨尔王子，声称自己起到的作用比劳伦斯大得多。费萨尔在说服各部落为一个共同的目标而团结起来的过程中，发挥了重要作用。劳伦斯的说法，毫无疑问阐述了部分、甚至许多的事实，但早有人指责他夸大了自己的作用。

第一次世界大战有无数意料之外的产物，其中之一就是从奥斯曼帝国的废墟之中诞生的现代中东，但毫无疑问，它意义非凡。英法两国阻挠劳伦斯和费萨尔为之奋斗的阿拉伯各国独立，这无意中创造了一个20世纪下半叶主要的混乱之地，并将在21世纪继续混乱下去。

对页图：1916 年，阿拉伯的劳伦斯骑在骆驼上。他战后的作品、神秘的生活和早逝都使得他直到今天为人所铭记

上　图：1917 年，美国记者在中东拍摄的 T. E. 劳伦斯的照片。这张照片成为劳伦斯的魅力象征

62 苏格兰裙

苏格兰裙也许是前线的英国步兵穿过的最有特色的制服了，身着苏格兰裙的苏格兰士兵已经成了维多利亚时代的标志，象征着帝国的百战雄师。苏格兰裙直到一战时依然盛名在外，德国人的宣传中经常采用身着苏格兰裙的战士形象。现代苏格兰裙是18世纪镇压詹姆斯二世党人叛乱中，高地人文化遭受攻击的产物。英格兰人托马斯·罗林森曾在18世纪20年代，设计了一款更简单的传统苏格兰裙，但此种款式现已被禁。虽然格子呢样式的苏格兰裙至少在16世纪就已出现，但将花格图案与家族配对起来，也是18世纪才有的现象。

18世纪后期，苏格兰高地人的形象从野蛮的造反者转变为皇家军人。他们组成了苏格兰高地军团，第四十二步兵团就是一个例子，他们也被称为黑卫士团，他们的足迹遍及北美、印度、西班牙和低地国家。他们拥护统一主义(Unionism)，并使之成为苏格兰的主导理念。虽然苏格兰裙在两次詹姆斯二世之战中，意味着被鄙视的、吓破胆的反叛者和失败者——与之相反，1746年的卡洛登战役中，低地苏格兰军明显站在了政府一边——但是一段时间后它适时地成为苏格兰加入英国的象征。1854年的克里米亚战争中，苏格兰高地第九十三团在巴拉克拉瓦的抵抗被称为"细红线"，为后人所深刻铭记。维多利亚女王喜欢高地人的事情被沃尔特·司各特爵士写到了小说里，从此广为流传。颇为巧合的是，女王每年都要在巴尔莫勒堡①住上一段时间，而皇室成员也身穿高地人的服装。

到1914年，英军拥有五个苏格兰高地步兵团（阿盖尔团、黑卫士、卡梅伦团、戈登团和锡福斯团）。另外，在其他一些英军单位中，也有部分"流亡在外"的苏格兰营，如伦敦团（伦敦苏格兰人团）第十四营。英帝国内部分布着大量苏格兰移民，并由此产生了苏格兰兵团，如加拿大远征军中的加拿大卡梅伦高地兵团第四十三营等。一战期间，高地人的部队通常在苏格兰裙外罩着一件卡其布"围裙"。

一战期间，苏格兰的征兵工作非常顺利：320 589名苏格兰人应征入伍——在大英帝国的士兵中占了最大的比例。战时最著名的苏格兰部队是一支地方自卫队：第五十一（高地人）师。在1914年底贝德福德的集训中，身着苏格兰裙的部队引起了轰动，一些本地人认为他们是原始的野蛮人，中产阶级对他们嗤之以鼻，厌恶不已。

第五十一高地师在两次世界大战中赢得了令人敬畏的名声，德国人给他们起了个绰号，叫作"来自地狱的女士们"（或许，第五十一高地师在他们心中的确是如此形象）。像其他新组建的师一样，五十一师需要时间来成长。尽管如此，它在1916年11月的博蒙阿梅尔表现得很优秀。在留存至今的战地公园里，该师有一座知名的纪念碑：站在石堆上的一名苏格兰士兵。它被风趣地称为"石堆上的乔克"②。陆军少将乔治·蒙塔古·哈珀当上五十一师的指挥官以后，这个师名字的首字母缩写HD（Highland Division）被敌军士兵叫成"哈珀的哑炮"（缩写也是HD）。两位一战退伍老兵写了一本历史讽刺小说，《1066年的那些事儿》（*1066 and All That*）。书中讽刺了一些部队得到过多不应得的荣誉，包括美国人、澳大利亚人、加拿大人和"第五十一师高地人"。这种反讽反映了这支部队始自18世纪，一直延续到一战的标志性形象。

---

① 巴尔莫勒堡位于苏格兰东部的阿伯丁郡。——译注

② 原文是the Jock on the Rock。Jock为男子教名乔克，是英语John和Jack的苏格兰语变体，与石堆Rock是谐音。——译注

对页图：1915 年 3—6 月，位于布瓦格勒涅地带的士兵。他们分别来自阿盖尔郡第二营及萨瑟兰郡高地人团、第十九旅、第六师和第七师

上　图：一张 1914 年的法国明信片："苏格兰士兵抵达法国，与我们的战士并肩作战。" 在堑壕阵地中，苏格兰人把卡其布裙罩在苏格兰褶裥短裙外面

下页图：1916 年 10 月，维多利亚十字勋章获得者肯尼指挥军士，带领戈登高地团第二营的士兵向战壕前进

63 配给证

1915年，英国的宣传机构开始使用"大后方"这个词。该说法是为了表达一个事实：人民的努力是军队胜利的基石。在"成为大后方一部分"的标语下，平民百姓被要求支持国家事业；要更努力地在军工厂工作；要对胜利充满信念；还要节约粮食。储存粮食的重要性成为战争中反复宣传的主题。

作为一个岛国，容易被封锁是英国的一大弱点。政府敏锐地意识到，对本国生死攸关的海上贸易航线若被切断，帝国将面临极大危险。德国人试图用U艇部队来掐断英国的贸易航线，虽然这在战争初期收效甚微，但到1917年，德国拥有了足够数量的潜艇和经验后，潜艇战就对英国的战事构成了巨大的威胁。

战争的压力、国际市场上粮价的大幅上扬以及粮食进口突破U艇封锁线越发困难，这都对英国的食物供给造成了巨大的压力。政府通过宣传运动来鼓励人们节约粮食，只吃必需的食物，以及在自家花园里种菜。皇室树立起省吃俭用的形象，并被引为大众学习的模范。但这一自愿的定量配给运动还是有缺陷。富人能购买到他们想要的食品，而穷人只能买财力所及的东西。这些因素使得来自穷人的怒火愈燃愈烈。

面对U艇的封锁线，英国人在经济上的第一反应就是增加自产量。政府接管了大约100万公顷（250万英亩）的耕地。1917年，小麦产量达到了英国历史最高纪录。尽管如此，政府很清楚未来很难保证这样的产量。

与此同时，1917年底，恐慌的群众进行的抢购也警醒了当局，这些因素最终导致政府实行食物配给制。被管制的食物包括：糖（1917年12月31日开始）、鲜肉（1918年4月7日开始）、黄油、人造黄油、猪油（1918年7月14日开始）、果酱（1918年11月2日开始）、茶（并非全国性配给，但是从1918年7月14日开始每人限额2盎司，约57克）。其中糖和黄油的官方配给持续到1920年才结束。

虽然还存在一些局部问题，包括配给不足导致的公众骚乱，但配给制对英国而言，整体上的影响还是相对轻微的。首相大卫·劳合·乔治承认，对普罗大众而言，配给制是一件麻烦事，但是这项政策起码保证了物资短缺的问题不会恶化，就这一方面而言，配给制还算成功。官方数据显示，人们的卡路里摄入量达到了战前标准，在某些情况下还超过了这一数值。由于战时实际收入的增加，人们能购买比以前质量更好、品种更多的食物。

英国的配给制比同盟国实施得更顺利。皇家海军在战争爆发的时候曾对德国实施过一次封锁，这迫使德国在1915年1月实行配给制。1915年德国人的进口量暴跌了55%，到1916年，德国出现大面积食物短缺。到1917年末期，人均日卡路里摄入量仅有1 000卡，有时甚至连这一低限标准都难以达到。德国出现了大面积营养不良和饥荒的情况，催促当局分发食物的暴动在德国和奥匈帝国的城市中时有发生。战后，英国实行的严酷封锁被认为是协约国赢得胜利的关键要素。

Brotkarte
Berlin und Nachbarorte

Nicht übertragbar — Nicht übertragbar

Gilt nur für die 25. Woche vom 9. August bis 15. August 1915

Rückseite beachten!

XXVIII   71581

对页图：1917年，英国食品管制办事处的工作人员正在分发糖配给证。所有的工作人员都是女性

上　图：一张德国的面包配给票，1915年起有效。面包是德国实行配给的第一种食物；随着战事的推进，面包一直在变小

64 皇帝弗朗茨·约瑟夫一世之墓

弗朗茨·约瑟夫一世，奥地利皇帝兼匈牙利国王，生于1830年，死于1916年11月21日（一战中期）。1848年欧洲革命时，年仅18岁的他继承了哈布斯堡王朝的王位。这般境遇只是强化了他保守的性格。他经历了一系列家庭伤痛，包括他儿子的死和他妻子被暗杀。他的政治生涯遭遇了一系列挫败，包括1866年普奥战争中被普鲁士击败，他于1867年加冕为匈牙利国王——它与奥地利皇帝有着平等的地位[①]。

弗朗茨·约瑟夫和哈布斯堡王朝的历代先皇一样，被葬在维也纳霍夫堡皇宫附近的卡普齐纳教堂的帝国陵墓里：一个简单、朴素但又精美的石墓。他的两边分别是遇刺的妻子伊丽莎白，即茜茜公主（1837—1898），以及儿子皇太子鲁道夫（生于1858年，于1889年神秘死亡，或许死因是自杀）。弗朗茨·约瑟夫的葬礼是哈布斯堡帝国的最后一次大典，欧洲各国皇室均来参加（不过没有敌对势力的皇室），另外还有50多万百姓在葬礼沿线送行。

弗朗茨·约瑟夫逝世不过两年，奥匈帝国也随之消逝。他的死是一个时代结束的标志，事实上，他的王国的命运早已注定。在民族、人种和语言都完全不同的情况下，奥匈帝国不论在内部还是外部都承受着巨大的分裂压力。它在事实上已经成为弗朗茨·约瑟夫的德国盟友的卫星国，接管奥匈帝国就成为德国的一个战争目标。由于奥地利军屡次在战斗中表现欠佳，奥匈帝国军的独立性早就饱受质疑。德国人早已开始控制这支军队，他们让德国指挥官直接进驻团级部队。还有一些破坏，是奥地利军队自己造成的。1915年初，在喀尔巴阡山脉区域，参谋长康纳德·冯·霍泽德洛夫带着他装备残缺不全的军队对俄军发起了一系列进攻。结果是灾难性的。部队斩获甚少，伤亡极大。伤亡不仅是由于作战造成的，令人恐惧的气候条件才是主要原因。许多伤亡的士兵都是有经验的老兵。这种程度的损失是奥匈帝国军队无法承受的。俄国人随后在1916年6月发起了"勃鲁西洛夫攻势"，重创奥匈帝国军。

弗朗茨·约瑟夫的继任者，他的侄孙卡尔一世与协约国密议想退出战争，但是算盘落空。从各方面来看，弗朗茨·约瑟夫活到84岁都是一个悲剧。作为一个极端保守主义者，他并不适合坐在哈布斯堡的王位上；与之相比，卡尔是一位开明而又实际的君主。如果他能在和平年代登上王位，他在民事和军事方面的改革，是有可能延长这个国家的国运的。但是在1917—1918年，这样的时机已经不再。帝国内的少数民族渐渐失去耐心，而卡尔与德国的协商未能达成一致。1918年5月，卡尔被迫同意德国进一步加强对奥地利的经济和军队的控制。此时距奥匈帝国的终结仅有6个月。

[①] 1867年，弗朗茨·约瑟夫向匈牙利人妥协，结果就是形成了一个"奥地利帝国和匈牙利王国的二元君主国"。在这个国家里，二者为平等关系。——译注

FRANZ JOSEPH
1830-1916

对页图：奥地利皇帝弗朗茨·约瑟夫一世，照片摄于1914年。奥匈帝国吞并波斯尼亚和黑塞哥维那的行为促使1908年波斯尼亚危机发生，并给6年后的战争爆发埋下了导火索

上　图：奥地利维也纳的皇家陵墓中的皇帝弗朗茨·约瑟夫一世陵墓（中）。左为皇后伊丽莎白，右为皇储鲁道夫

65 齐默尔曼电报

1914年，美国仍然保持中立。自从成立以来，美国就力争置身海外战事之外，但并未完全成功。也许它曾是中立的，但是美国最终无法做到对欧洲诸强挑起的冲突视而不见。一些美国人强烈支持协约国，甚至应征加入了协约国军队。最著名的例子是拉法叶中队，为法国空军而战的美国飞行员，但更多的是单独越境去加拿大参军，还有一些人找到门路加入了英军或法军。另一些美国人——大都是德国裔和爱尔兰裔，或者是单纯反对掺和到与己无关的战争中的人——则决定让美国远离一战的旋涡。

所有这些大大降低了伍德罗·威尔逊总统的回旋余地。作为一个亲英派，他对同盟国的专制没有好感，并决定为了捍卫国家利益不惜用任何方法缩短战争。美国有许多理由站在协约国一边。英国、法国和美国的北方邻国加拿大都是民主制。在经济上，英国的海上力量有效阻止了德美之间的交易，而美国公司则乐于接受协约国的军需订单。

虽然英国的封锁战术导致其与华盛顿之间的关系有些许紧张，不过这与德国潜艇击沉美国轮船相比，都是小事。但是德国在1915年放弃无限制潜艇战后，危机缓和了下来。索姆河战役之后，为了击败英国，柏林再次放开了潜艇部队的手脚，这一决定导致了德美之间不可避免的战争。问题是，在威尔逊的领导下，合众国要以什么样的形式参战？

令人难以置信的是，帮助美国人统一参战意见的，竟然是两个几乎不可能合作的组织的联手，一个是德国外交部，另一个是英国情报机关。美英政府部门截获了一封德国外交部长阿瑟·齐默尔曼发给德国驻墨西哥大使海因里希·冯·厄卡德特的电报，电文指示厄卡德特向墨西哥提议结成同盟。作为墨西哥与美国交战的回报，墨西哥能得到它在1848年美墨战争中失去的领土，正与德国处于交战状态的日本也将被邀请加入这个联盟。1月16日，英国情报部门获得了这份用海底电缆传输的电文。经破译后，他们于2月24日把电文送到了总统伍德罗·威尔逊手里，给了他出乎意料的一击。美国的报纸于3月1日将这份"齐默尔曼电报"公之于众后，激起了美国民众的愤怒。美国公众对于德国人赤裸裸的攻击深感震怒。两天后怒火愈演愈烈，因为齐默尔曼竟坦然承认电报的真实性。

此时墨西哥城和华盛顿之间的关系很差。仅仅几个月前，美国陆军将军约翰·约瑟夫·潘兴为了追击庞丘·维拉领导的起义军，（惩罚性地）攻入了墨西哥领土。他后来成为美国在法远征军司令，并因此声名远扬。即使齐默尔曼告诉墨西哥人德国就要赢了，并且无限制潜艇战很快就将击败英国，墨西哥政府仍不想和北方强邻开战。1917年4月6日，美国向德国宣战，这将德国U艇的作战行动推向了悬崖。齐默尔曼电报在英国情报机构的推动下，帮助美国在加入战争过程中团结起来。这是其他东西不能做到的。

3.

11269 = zu
18276 erhalten
18101 ⊙
0317 Für den Fall
0228 daß dies
17694 nicht
4473 gelingen
22284 sollte
22200 ⊙
19452 Schlag-en
21589 wir
67893 Mexico.
5569 auf
13918 folgend
8958 grundlage
12137 Bündnis
1333 vor
4725 ⊙
4458 gemeinsam
5905 Krieg
17166 führen
13851 ⊙

WESTERN UNION
TELEGRAM
NEWCOMB CARLTON, PRESIDENT

via Galveston

JAN 19 1917

GERMAN LEGATION

MEXICO CITY

130 13042 13401 8501 115 3528 416 17214 6491 11310
18147 18222 21560 10247 11518 23677 13605 3494 14936
98092 5905 11311 10392 10371 0302 21290 5161 39695
23571 17504 11269 18276 18101 0317 0228 17694 4473
22284 22200 19452 21589 67893 5569 13918 8958 12137
1333 4725 4458 5905 17166 13851 4458 17149 14471 6706
13850 12224 6929 14991 7382 15857 67893 14218 36477
5870 17553 67893 5870 5454 16102 15217 22801 17138
21001 17388 7446 23638 18222 6719 14331 15021 23845
3156 23552 22096 21604 4797 9497 22464 20855 4377
23610 18140 22260 5905 13347 20420 39689 13732 20667
6929 5275 18507 52262 1340 22049 13339 11265 22295
10439 14814 4178 6992 8784 7632 7357 6926 52262 11267
21100 21272 9346 9559 22464 15874 18502 18500 15857
2188 5376 7381 98092 16127 13486 9350 9220 76036 14219
5144 2831 17920 11347 17142 11264 7667 7762 15099 9110
10482 97556 3569 3670

BERNSTORFF.

Charge German Embassy.

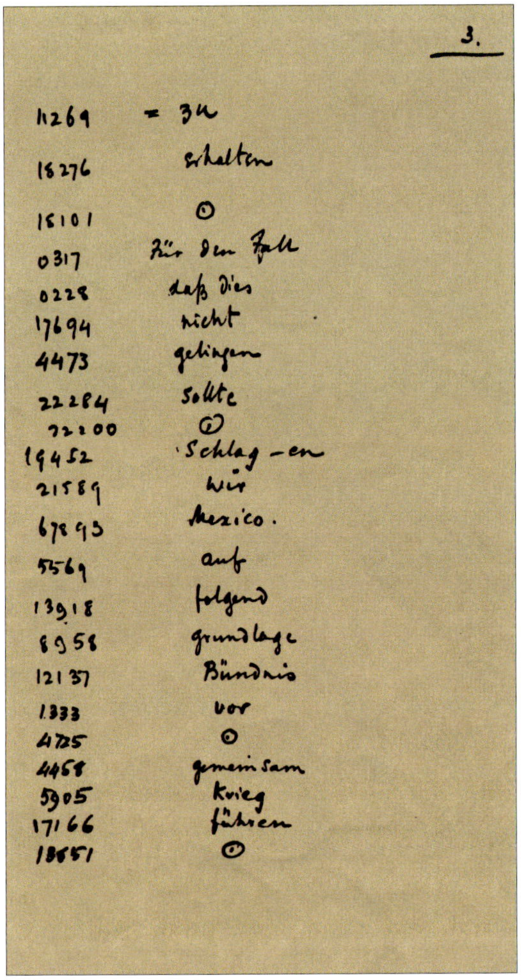

对页图：1917 年，德国外交部长阿瑟 · 齐默尔曼辞职

左上图：英国解密的齐默尔曼电报第三页，由美国驻伦敦外交人员爱德华 · 贝尔拷贝并于 1917 年 3 月 2 日发到美国相关部门

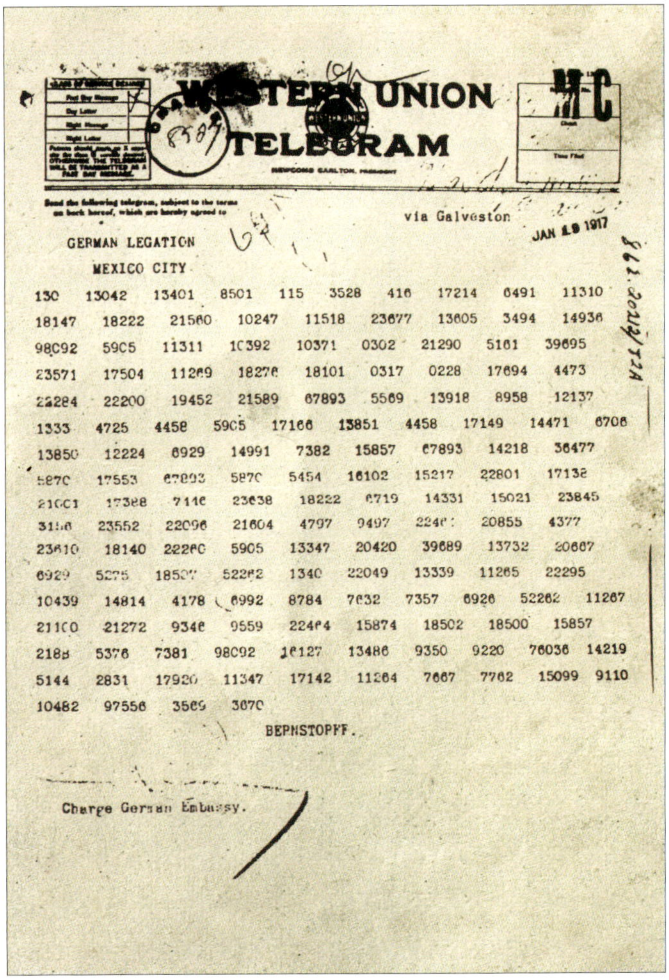

右上图：一份西联公司的齐默尔曼电报的拷贝，在 1917 年 1 月 19 日由德国驻美大使在华盛顿发给在墨西哥城的德国大使

66 《笨拙》漫画

《笨拙》(*Punch*)漫画是一家温和自由派倾向的英国幽默杂志,通过诙谐的讽刺手法描述社会时事问题。杂志创刊于1841年,几年后成为中产阶级的主要读物。《笨拙》以刊登政治漫画闻名遐迩,当然这也是因为它拥有一批优秀的漫画家,包括在一战时期为其工作的伯纳德·帕特里奇和谢泼德(也是米尔恩的小说《小熊维尼》的插画作者)。其战前的漫画作品主要以鹰钩鼻的驼背人物形象为主,滑稽幽默却又对国际时事具备敏锐的洞察力。《再见》(*Au Revoir*)是一幅创作于1873年的漫画作品,漫画中将德国拟人化为一名女性,对法国说:"别了,夫人!如果……"法国答道:"哈!我们还会再见面的。"德皇威廉二世是漫画家经常乐于描述的对象:早在1896年,他就被描述为一个爱捣蛋的孩子——"暴躁威廉";1905年,米莱斯的绘画盛行之后,帕特里奇又将德皇描述为"稗草播种者",他在漫画中俨然变成了一个麻烦制造者和欧洲和平的破坏者。

《笨拙》上的漫画反映了战争的进程。把德国妖魔化是该杂志的一大特色。1914年8月,比利时被拟人化为一个勇敢的农村男孩,阻断了手持棍棒、背负香肠的德国恶霸的前路。最惊悚的一幕来自1917年的《死者之舞》,漫画中描绘了德皇和一个正在拉小提琴的骷髅。德皇说:"停!停!我都听烦了。"死神回答道:"在你下注时我就开始拉琴了;我想什么时候停就什么时候停。"在《笨拙》的许多战时漫画中,1918年的两幅尤其突出,巧妙地捕捉了英国快要精疲力竭的状态,但随后便迎来了德国战败的消息。第一幅漫画的标题为:"为了祖国。"漫画中一个士兵和水手正举起一个贴有

"1918"标签的婴儿,在围墙上传递了这样一条信息:"坚持住!"第二幅漫画里,一名身着盔甲的骑士骑在马上,骑士背后有象征和平的翅膀,被协约国的徽章围绕着。上面写着简明的标题:"胜利。"

在德国,有一本与《笨拙》讽刺程度相当的杂志——《简单》,但它比英国的杂志激进得多。杂志以其"反军国主义、反国家主义"的内容而闻名,这是对战前德皇威廉二世的大胆讽刺,投稿人时常也会因此被捕。然而,战争爆发后,《简单》杂志却失去了这一优点。历史学家莱昂纳德·弗里德曼曾写道:"员工唯一要决定的就是,杂志是否须因战时不宜出版讽刺作品而停刊",还是要用它来激励国民的爱国心气。编辑最后决定"没有一个德国人能在一场'自卫战'中置身事外"。

1870年《教育法》颁布后,大众教育轰轰烈烈地开展起来,对印刷品的需求量因此大幅上升。除了战壕和战舰内的日常工作之外,士兵拥有较多的空闲时间,于是,大量的书籍、报纸和杂志便被送进了军队。它们当中的许多都不如《笨拙》杂志那样引人入胜、振奋精神。《笨拙》杂志的大部分读者是军官,但也不局限于军官,还有许多当兵的中产阶级也在阅读这本杂志。来自工人阶级的士兵也是它的拥趸。和三流小报以及类似如纳特·古尔德所写的低俗惊险小说一样,军中还很流行一本名为《约翰牛》(*John Bull*)的三俗杂志。

当时的杂志和报纸使用得当的话,是了解战争历史的重要来源,从中可以了解人们在战时的态度及其大环境;但要记住的是,不是每一个人都相信他们读到的内容。

A WALK-OVER?

The Kaiser. "THIS IS THE DOORMAT OF OUR NEW PREMISES."
Emperor Karl. "ARE YOU QUITE SURE IT'S DEAD?"

对页图：《简单》杂志激进的基调在一战时被爱国立场所取代。1919 年的这一封面暗示了杂志重返讽刺基调

上　图：《笨拙》漫画从 1918 年 3 月 27 日开始批评近期签署的《布列斯特－立托夫斯克条约》，此条约使俄国得以退出一战

67 U艇[1]

英德关系交恶的一个重要原因就是一战爆发前十年，德皇创建了一支强大的战列舰队，英国人视之为对本国国防的直接威胁。战争来临，双方海军都采取了谨慎的策略，大部分情况下都只是互相试探。这种情况下，被实战证明为最有效的武器就是潜艇，而不是德国海军中标志性的战列舰或战列巡洋舰。

U艇（德语"水下舰艇"Unterseeboat的缩写）是一种造价便宜、适于量产的武器。但是，它所装备的鱼雷能击沉造价昂贵的装甲战列舰。在1914年9月22日的战斗中，德军U-9号潜艇击沉了三艘老旧的装甲巡洋舰，它们分别是："阿布基尔"号、"霍格"号和"克雷西"号。海军上将约翰·拉什沃思·杰利科爵士在1916年5月31日的日德兰海战中下令停止追击正在撤退的德国战列舰队。担心己方舰队进入U艇的攻击范围，这一考虑是影响他做出如此决定的主要因素。这一命令不仅在当时引起了争议，即使在一个世纪后，海军史学家仍在争论。水雷同样是毁灭性的武器，比如现代化的战列舰"大胆"号在战争初期就被击沉。而这并不是潜艇干的，它只是触发了水面舰艇布下的水雷。此外，潜艇中也有布雷潜艇。1915年9月21日，U-5号潜艇驶入重兵把守的英吉利海峡，并布下了一连串水雷。蒸汽船"威廉·道森"号碰上了其中一颗水雷后当天就沉没了。一旦商船被U艇拦截下来，船员可以弃船。接着U艇将用其装备的火炮击沉商船。

U艇有多种型号，共有33个级别，大致分为7种。

U-35和U-31是同一类型：长64.7米，水上最高时速为16.4节（30.4千米/小时），水下为9.7节（18千米/小时），船员35人，最大载弹量为6枚鱼雷，最大下潜深度50米，有375艘在战争中服役。潜艇艇长洛塔尔·冯·阿诺德·德·拉·佩里耶以击沉194艘船的战绩成为王牌中的王牌。他在1915年底到1918年3月之间，指挥U-35号潜艇。该型潜艇是一战中最成功的潜艇，总共击沉总排水量为538 498吨的226艘船。

1915年2月4日，为了回击协约国的封锁，德国宣布任何在不列颠群岛附近的商船，包括中立国商船（实际上就是指美国商船）都将被攻击。著名的英国豪华客轮"卢西塔尼亚"号在5月被击沉，128名美国人丧生，这导致美国国内抗议无限制潜艇战的呼声更强了。德国因此被迫于1915年9月1日暂缓潜艇战。1917年初，此事又被重新拿出来宣传，人们充分认识到，这很有可能成为促使美国参战的重要因素。德国赌的是可以通过切断"大西洋生命线"逼迫英国投降。采取的战略是：在美国派出足够兵力、改变西线战争平衡前饿死大批英国人。最终还是功亏一篑。1917年1月，在不列颠水域被击沉的船只合计吨位大约有30万，而到了4月，上升到了87万。而最终，U艇被不断加强的反潜战法——尤其是护航制度的出现——所击败。尽管如此，获得第一次大西洋之战中的胜利是协约国最终获胜的关键因素。作为经济战的一部分，U艇被用来阻断英国的运输通道，这使其成为总体战最强有力的象征之一。

---

① U型潜艇，即U-boat，国内常翻译为U艇。——译注

对页图：德国 U 艇的引擎室。潜艇成为德皇海军在一战中最有战斗力的武器

上　图：在海中航行的一艘德军潜艇，照片摄于 1917 年。这一年德国的无限制潜艇战导致美国参战

下页图：1916 年，一艘被英国俘获的德国 U 艇

68 罗尔斯·罗伊斯装甲车

第一次世界大战波澜壮阔，但其间也发生着大量小规模的战事。英国在北非与塞努西教团的战役就是其中之一。塞努西教团是利比亚的一个部落，1914年底，奥斯曼帝国苏丹曾宣布圣战，号召进攻英属埃及。1915年，塞努西教团被德国和奥斯曼官员煽动起来，以呼应护教战争（"圣战"）。这正击中了协约国潜在的要害之处：英法两国治下都拥有大量的穆斯林。随着奥斯曼帝国加入同盟国，埃及苏丹——这一领导着百万穆斯林的宗教领袖成为英法之敌。可以想象，埃及将会爆发叛乱。这将危及苏伊士运河——一条对大英帝国至关重要的大动脉。所以塞努西教团的突袭不可视之为癣疥之疾，而他们的威胁直到1916年2月26日的阿恰齐尔之战后方才解除。

与塞努西教团战斗的部队中，有一支是由陆军中校威斯敏斯特公爵带领的柴郡义勇兵团。他们装备了罗尔斯·罗伊斯装甲车。在阿恰齐尔之战后，义勇兵在与塞努西教团的战斗中明显占据了上风。他们的军史中是这样记载的："虽然塞努西教团的教徒通常都非常勇敢，但是陌生的机器跑得那么快，速度前所未见，并且数量众多。"鼓起勇气应战的教团战士发现他们的子弹被敌人的装甲弹开了，士气一落千丈。

装甲车在战争伊始便显示出了自己的价值。在法国北部参战的英国皇家海军航空队，为自己的私人车辆加装了武器和用锅炉钢板临时改装的装甲后，从敦刻尔克基地出发执行侦察和巡逻任务。参与此事的人员包括威斯敏斯特公爵和海军中尉安格尔西勋爵，后者是威灵顿在滑铁卢之战时的骑兵指挥官的后裔。基钦纳勋爵对此不屑一顾："这些奇形怪状的东西只能证明某些官员和绅士完全没有从军经验，没有受过参战训练，因而无法参与到战争当中。"温斯顿·丘吉尔的海军部经常使用装甲车，他们订购了基于民用版罗尔斯·罗伊斯银魅汽车改装的装甲车，该车重4.6吨，配备有0.303英寸口径的维克斯机枪炮塔以及9毫米厚的装甲。

罗尔斯·罗伊斯装甲车在希贾兹也发挥了巨大的作用。侯赛因·伊本·费萨尔自1916年起，就在那里起义，反抗奥斯曼帝国的统治。他得到了一个中队的装甲车，T.E.劳伦斯（阿拉伯的劳伦斯）认为这些装甲车极其贵重。有了这些车，他得以攻击铁路和桥梁，施行打完就走的游击战术。1918年10月成功攻入大马士革的最终战斗中，劳伦斯就坐在罗尔斯·罗伊斯装甲车里。

在加利波利战役中，也可以看到罗尔斯·罗伊斯装甲车的身影；爱尔兰内战中，它们还被爱尔兰自由邦所选用。甚至在二战初期的一些沙漠战场上，这些老式的机械战马仍然像它们1916年的前辈一般不懈战斗。

対页图：1911 年，比利时士兵驾驶着一辆武装型罗尔斯·罗伊斯 1911 银魅。到 1914 年 12 月，西线的运动战已宣告结束，这限制了装甲车的使用

上　图：一辆战后 1920 年款罗尔斯·罗伊斯 MK Ⅰ型装甲车

69 刘易斯机枪

虽然刘易斯机枪是美国人发明的，但是一开始并没有被美国军方采用。因此，它的发明人美国陆军上校I.N.刘易斯只能带着他这把刚被美国军需部拒之门外的导气式轻机枪来到欧洲，希望能获得投资。1913年，他抵达比利时的轻武器生产中心、工业城市列日，并建立了刘易斯自动武器公司，以对他的"刘易斯自动机枪"进行商业化生产。收了一大笔钱后，刘易斯把生产许可卖给了伯明翰轻兵器公司。1914年8月这把被称为"比利时响尾蛇"的机枪在大不列颠联合王国正式面世。

刘易斯机枪仅重13千克，全长1 280毫米。除了比较轻外，它还拥有相当可观的火力（每分钟500～600发子弹），一战爆发后，这些优点引起了英国军械界的兴趣。BSA的第一批成品是由比利时难民工人做的。到1915年6月为止，每个步兵营都装备4挺该型机枪。后来，因为将维克斯重机枪小组从营级配置提升至旅级配置，作为平衡，给每个营配备了16挺刘易斯机枪，这样的火力配置一直持续到索姆河战役。英军充分意识到，刘易斯机枪是一种"专业性的武器"，刘易斯机枪使用.303口径子弹，每个机枪组由8人组成，每个人都接受了良好的训练并且能做到一岗多能。被指派为"小组指挥官"（由下士或一等兵担任）的人决定射击阵位并负责发布火力控制指令。1号负责搬运机

枪和开火；2号和3号每人拿着4个很有特色的47发装弹盘；4号和5号负责侦察；与此同时，6、7、8号则携带着另外36个弹盘，分布其间。每一个小组配备的弹药量是相当大的：超过2 000发子弹，重达82.5千克。

除了被指定的1号，其他刘易斯机枪小组成员也被训练为步枪手，除非是履行与机枪有关的职责。攻击战术包括开火-移动前进，优先打击被所属侦察员指定的目标。防守时，刘易斯机枪常被用来掩护前线易受敌方攻击的地点。使用它的要点是，不论攻防都必须迅速瞄准闪现的目标并开火，这一经验来自1916年7月在索隆斯森林战斗过的一位北安普顿郡军团的军士。艾伦维下士所在的营冒着猛烈的步枪和机枪火力发起进攻之前，英军对这片德军强力防守的阵地已经反复冲击了好几次，并付出了巨大的代价，但还是以失败告终。英国人的冲锋部队在沉沉的夜幕下被隔绝和孤立了数个小时，满目疮痍的森林深处遍布尸体。艾伦维的小组已经损失了一半的成员。这时一把及时到达的刘易斯机枪和一个能操作它的枪手将他们从末日中拯救出来。机枪手立即开火并在眨眼间击退了包围上来的敌军步兵。火力强大、机动性好和可靠性高以及装备数量庞大，这些要素使刘易斯机枪成为英国和英联邦步兵最重要的火力提供者。至1918年初，每个营都装备了36挺刘易斯机枪。

对页图：由两名印度士兵操作的刘易斯机枪用于防止战机空袭

上 图：由于便携并能为部队进攻和防守提供有效火力支持，刘易斯机枪成为战时最成功的轻机枪

70 "红男爵"的三翼机

第一次世界大战中，最著名的单座飞机是由王牌飞行员曼弗雷德·冯·里希特霍芬驾驶的德制红色福克Dr.Ⅰ型三翼战斗机。这为他博得了一个绰号"der Rote Baron"，即"红男爵"。里希特霍芬是一战中战绩最好的飞行员，共击落80架飞机。他在福克Dr.Ⅰ上的战绩是击落19架敌机，这也是他最后的座机。

福克Dr.Ⅰ是针对英国生产的索普维斯战斗机而研发的，后者于1917年初出现在西线战场上。该机长5.77米，翼展7.2米，动力来自110马力的奥贝鲁尔塞尔Ur.Ⅱ型9缸卧式星形发动机，机上还装备了两挺7.92毫米口径的IMG08机枪。飞机的海平面最高时速达到185千米，最大航程300千米，实用升限6 095米。虽然机动性很高，但是它的速度还是不如对手的一些飞机。

福克公司也生产过其他一些具有里程碑意义的飞机，包括1915年的E型单翼机。这款飞机的机枪可以穿过旋转的螺旋桨进行射击，这一战术优势使德国在一段时间里获得了完全的制空权，也因此被英国人称为"福克灾难"。

里希特霍芬最初是一名骑兵军官。驾驶了一些其他型号飞机（包括信天翁D.Ⅱ、D.Ⅲ和D.Ⅴ）后，他于1917年7月开始驾驶福克Dr.Ⅰ。1917年1月，他被授予德国军人最高荣誉"蓝色马克斯勋章"。同月，他成为第十一战斗机中队的中队长，并且相当自信地把自己的飞机（信天翁D.Ⅲ）漆上大红色。"从那时起，"他在自己的自传中如是写道，"很显然，每个人都知道我的红鸟。"当时他已经击落了16架敌机，其中包括英国王牌飞行员纳奈·霍克的飞机，加上德国人的大力宣传，很快他就成了一段传奇。在德国他被视为英雄，而敌方也欣赏并惧怕他。在1917年的"血腥四月"中，他击落了21架敌机，其中单单在4月29日就击落了4架。

与另一些王牌飞行员不同，里希特霍芬并不是孤身作战。他在1917年6月被提升为第一战斗机联队的指挥官，联队下辖4个中队，后来以"里希特霍芬的马戏团"著称。1917年7月的一场战斗中，里希特霍芬负伤并入院医治，但几周后他等不及完全康复，就重返蓝天战斗。1918年4月21日，他在驾驶福克Dr.Ⅰ时牺牲。关于他的死一时众说纷纭，最初人们认为他是被加拿大索普维斯"骆驼"战斗机的飞行员罗伊·布朗击毙，但是后来又有说法认为他似乎是被澳大利亚部队的机枪从地面射中的，开枪的是赛德里克·普坚斯中士。总之，驾驶福克飞机的"红男爵"传奇落幕了。

对页图：德国战斗机飞行员曼弗雷德·冯·里希特霍芬。他是第一次世界大战中最伟大的德国飞行员，并因此流芳百世

上　图：一架福克Dr.Ⅰ飞机（"红男爵"涂装）的模型

71 "柠檬榨汁器"式帽子

新西兰士兵所佩戴的标志性宽边软帽，帽子高度比较深，上有四个凹陷，这个形象让它不可避免地得到了"柠檬榨汁器"的昵称。佩戴时需要再戴一条遮阳布或者帽圈，不同的兵种帽子颜色不同。战前，这种帽子首次被惠灵顿军团使用，从此风靡整个新西兰军团。随后这种帽子成为新西兰士兵的标志，时至今日，在新西兰的庆祝盛典上仍能见到这种帽子的身影。新西兰军队在南非战争中首次在帽子上加上了银色的蕨叶徽章，这是帽子的另一个突出标志，银色蕨叶徽章也是战争公墓中"几维"（kiwi）士兵墓碑上的一个图形。"几维"这个词来源于一种无翼鸟，在第一次世界大战中这个词首次被用来形容新西兰士兵。1919年在位于索尔斯堡平原的布尔福德，新西兰远征军的一个士兵在附近山坡的白垩岩上刻下了一只巨大的几维鸟。

这些特性让新西兰人有别于澳大利亚人。1901年新西兰政府决定反对加入澳大利亚殖民地组成的联邦。新西兰这一名称的首字母"NZ"包含在澳新军团的名称缩写"ANZAC"中，而"ANZAC"这个名称的小写形式更为普遍。但是人们通常看到"Anzac"这个单词的时候，这个单词仿佛仅仅指代澳大利亚人。关于澳大利亚-新西兰联合军队的名称，最开始有人建议取"澳大拉西亚部队"（Australasian Army Corps），但是这个名称被新西兰人民明智地拒绝了，因为他们有充分理由怀疑人们（以及媒体）区分"澳大拉西亚"和"澳大利亚"的能力。在新西兰身份认同这个问题上，加利波利战役是一个关键点，从此，他们对自我身份的认同开始萌发，不同于祖国，也不同于他们塔斯曼海对面的表兄弟们。

新西兰军队在加利波利表现卓越，新西兰编队作为澳大利亚和新西兰军团的一部分参加战斗。1916年3月一支完整的步兵师在埃及建立，随后奔向西线战场。在那里，他们接受令人敬畏的少将安德鲁·罗素爵士的指挥，新西兰军团赢得了当之无愧的赞誉：精英编队，甚至可称得上英国远征军最好的军团。罗素则赢得了陆军元帅道格拉斯·黑格爵士的赞美，他推荐罗素成为英国兵团的指挥官，而罗素直接谢绝了。新西兰军团在抗击德国侵略者的战役中表现突出，在索姆河战役（1916），墨西尼斯战役、第三次伊普尔战役（1917）及至后来的百日攻势（1918）中都有不俗的表现。其他的新西兰编队，包括步枪骑兵编队，主要在中东进行战斗。

1918年的新西兰军队如此神勇的原因之一是其建制规模比英国及澳大利亚军团大得多（尽管比不上加拿大）。新西兰在1916年引入了征兵制度（相反，澳大利亚两次公投反对征兵），征调了一个旅的兵力（在1917年，这个军团已经有4个旅参与作战了，而一般标准为3个），这让它能保持人员充足。这使得新西兰军队的力量堪比一支小型集团军，战力超越了1918年标准规模的军团。

新西兰在战争时期的贡献非常大，这个人口为100万的国家中，45%的青壮年男性都在新西兰远征军中服役，其他人在澳大利亚以及英国军队中服役。新西兰远征军中，18 000人死亡，还有50 000人受伤。

对页图：新西兰军官以及军士们接受将军戈德利的检阅，戈德利将军是新西兰远征军以及澳新军团第二军的指挥官

上　图：新西兰军队在第一次世界大战中穿戴的经典"柠檬榨汁器"式帽子

72 无线电收发机

1896年，古列尼莫·马可尼为英国陆军和皇家海军展示了一台功能全面的无线电收发机（收音机）。海军马上看到了这台设备的潜力并且满怀热忱地将其投入使用。然而陆军对此抱有更为谨慎的态度。无线电设备过于庞大笨重，难以携带，同时，该设备并不可靠，经常出故障。尽管陆军也意识到这个设备的潜力，但在1914年的战争中，投入使用的无线电设备仅有寥寥数台。

其他军队此时仍在对无线电设备进行试验。其中著名的是，1914年，俄国入侵东普鲁士时曾用"清晰的明语"发出信号，信号被德军截获，之后坦能堡战役的发动即受此推动。俄国军队因这一安全漏洞而备受嘲弄，但在这点上德国人也并没有比俄国人好到哪儿去。英军和法军在1914年9—11月截获了德军大约50条用"明语"发送的无线电信号，关键时刻，这些信息为西线战场上的英法指挥官们做出战略决策提供了极大的帮助。掌握通信情报——破解和翻译截获的无线电信号——在第一次世界大战中发挥了极其重要的作用，但在当时其作用总是被低估。

自1915年以来，战争的静态特性促使军队开始试验在堑壕中设立无线电，但是当时技术水平仍未达到制造真正有效的便携的无线电设备的水平。为了解决运输问题，英国军队开始在1917年后期开始使用"无线电坦克"。这是传统运输车型的一个改型，将车上的武器替换成通信设备。然而，坦克发动机运转的时候，内部产生的震动干扰了无线电信号的接收，因此，使用前该设备必须从车辆上卸载下来。尽管这代表了早期战争中对实际上无法移动的无线电设备的一次改进，但这仍旧严重限制了无线电的潜能。

缺乏便携的无线电设备是战争中所有军队普遍面临的问题。这致使缓慢的通信无法跟上快速的战争节奏，从而导致了一系列困难，这些困难形成了战争的特点。一旦战斗开始，前进的部队没有任何可靠的通信方式和大后方的指挥官进行交流，战场很容易陷入战争迷雾中。没有功能强大的无线电收发机，攻击方只好让士兵来往于战场传递信息。然而，单枪匹马穿越致命的战场风险太大，很多信息都没能够传达给接收人，而且人力运送信息过于缓慢，这就意味着当信息传达到的时候，可能已经过时了。这种通信上的延后使得攻击者基本不可能获得任何成功。当需要援军或支持的消息传到总部的时候，战场上的情况通常已经改变了。

然而，尽管战争中的基本通信问题没有得到解决，无线电设备在某些特殊的条件下仍旧是十分有价值的。飞机能够装载无线电设备。它们在炮兵观察方面极具优势，在观察直达敌军内部的炮击时尤为有用。观察者能够清楚看到炮弹的落点，向炮击手发出反馈信号，让炮击手根据要求改变目标。

1918年8月以后，无线电设备在协约国反攻的过程中发挥了更大的作用。半运动化的战争形势意味着部队的行进相对更深入，而且经常超过电话线的覆盖范围。在铺设野战电话电缆的时候，车辆运载的无线电设备让不同军队之间能够保持联系。然而，发挥无线电全部潜能的时机尚未到来，在第二次世界大战中，无线电才显示出自己真正的价值。

对页图：西线战场上投入使用的战地无线电和电报设备

上　图：大约 1915 年，带有麦克风的无线电话发射机。在此之前，飞行员和地面联系的唯一方式是打手势和挥动旗帜

下页图：这架双翼飞机大约产自 1917 年，配备了一台无线电设备以及一挺机关枪

73 西格里夫·萨松的反战书

1917年7月31日，《泰晤士报》刊登了一位年轻的步兵军官西格里夫·萨松的声明。萨松认为战争已经从自卫变成了领土扩张，他声称："我并非反对战争，而是反对让大批青年战斗及牺牲的政治错误和伪善。"

西格里夫·萨松是英国著名的反战诗人。1886年，萨松出生于一个富裕的犹太家庭，成长环境优渥，过着年轻乡绅的田园生活。出于对祖国的热爱，他在战前加入了苏塞克斯义勇骑兵队，1915年5月，他被派驻皇家韦尔奇燧发枪手团。在前线服役的时候，他遇到了战友罗伯特·格雷夫斯，他们建立了十分亲密的友谊。

萨松数次冒着生命的危险领导了突袭和攻击，因此获得了"狂人杰克"的称号。在索姆河战役中，他更是从无人区里救出不少伤员，为嘉奖他的勇气，1916年，他被授予军工十字勋章。同时，他因在德国前线的突袭战中表现英勇，而被提名维多利亚十字勋章，尽管最后他并没有被授予该勋章。在前线时，他写下了大量的诗歌，他早期的作品带有爱国主义及英雄主义色彩。

1917年4月，萨松负伤回家休养。从战场回来的他有更多的时间反思自己的经历，而挚友大卫·托马斯的死讯让他感到万分悲伤失落。休养期间，他经人介绍认识了和平主义者罗伯特·罗斯、奥托琳·莫雷尔夫人以及伯特兰·罗素。在他们的鼓励下，萨松进行了一次公开的反战行动。他扔掉自己军工十字勋章上面的绶带（并非勋章），同时写了一封信批判战争的目的，信件的标题是——结束战争：一个士兵的宣言。罗素将信件转寄到全国媒体，同时利用自己的关系让这封信件在议会上被大声朗读出来。这个事件立即在媒体上引起了轰动。

当局并没有将萨松送上军事法庭，而认定他只是患了炮弹休克症，并将他送去接受精神病疗养。他在苏格兰的克雷格洛克哈特医院接受治疗，在此期间，他创作了他最著名的诗歌，与他早期的诗歌相比，这一时期他的诗歌带有明显的讽刺意味。住院期间，他遇到了诗人威尔弗雷德·欧文，并与之成为朋友。三个月的治疗之后，萨松回到了原来的部队，1918年7月他再次受伤。在他养伤期间，战争终于结束了。

他创作的"自传体小说"，即谢斯顿三部曲，包含了《猎狐人回忆录》《步兵军官的回忆》和《谢斯顿的历程》这三部作品，在这些作品中，他回顾了自己的战争经历，表露了他对战争的某些看法。在《步兵军官的回忆》中，他一字不差地重新印刷了自己当年写下的反战书，但是这本书也透露了他对于这个事件复杂的感情。

萨松的宣言被当作前线战士沮丧及背叛情绪的典型例子而被反复提及。然而，这只是反抗情绪的一次个人行为，单就这一封信件而将结论推及更广大的范围，是一种危险的误导。1945年，萨松承认，回想起来，"1917年谈判而得的和平能持久"实在不太可能，"地球上没有任何东西能够阻止德国人的野心卷土重来"。

I am making this statement as an act of wilful defiance of military authority because I believe that the war is being deliberately prolonged by those who have the power to end it. I am a soldier, convinced that I am acting on behalf of soldiers. I believe that the war upon which I entered as a war of defence and liberation has now become a war of agression and conquest. I believe that the purposes for which I and my fellow soldiers entered upon this war should have been so clearly stated as to have made it impossible to change them and that had this been done the object which actuated us would now be attainable by negotiation.

I have seen and endured the sufferings of the troops and I can no longer be a party to prolong these sufferings for ends which I believe to be evil and unjust. I am not protesting against the conduct of the war, but against the political errors and insincerities for which the fighting men are being sacrificed.

On behalf of those who are suffering now, I make this protest against the deception which is being practised upon them; also I believe it may help to destroy the callous complacency with which the majority of those at home regard the continuance of agonies which they do not share and which they have not enough imagination to realise.

对页图：西格里夫·萨松，摄于 1920 年。他在西线战场上表现出非凡的勇气，他的朋友及战友罗伯特·格雷夫斯甚至称之为"自杀式"的

上　图：伯特兰·罗素和批评家约翰·米德尔顿·穆雷协助萨松写作反战书，在他们的帮助下，萨松这封信件得以于 1917 年 7 月 30 日在众议院朗诵，并于第二天登载在《泰晤士报》上

74 士兵的《圣经》

参加第一次世界大战的士兵中，有许多人都有宗教信仰且参加宗教活动，来自英国及其各自治领的大多数部队至少名义上都是基督教徒。1914年，在英格兰、威尔士和苏格兰大约4 200万的人口中，有250万人是英国国教会的活跃分子（也就是领圣餐者），120万人是苏格兰长老会教徒，200万是不信奉国教的新教徒，240万是罗马的天主教徒。而且，"扩散基督教"——也就是对更广泛大众发挥影响的基督教伦理与模糊不系统的信仰——的存在，意味着基督教信仰之所及不仅仅限于教堂之内。

新教徒尤其如此，他们极其重视诵读与研究《圣经》，小开本的《现役新约全书》在军队中非常盛行，其中就包含陆军元帅罗伯茨勋爵（典型的维多利亚女王时代的基督斗士）的一则消息：

> 我希望你们要信仰上帝，他会关照你们，成全你们的。当你健康时，这本小册子会给你指点，生病时它会给你安慰，遇到灾难时它会给你勇气。

英国军营里的宗教信仰会以教仪的形式，给人一种集体感和归属感，也会给人机会同随军牧师密谈。牧师们需要在属灵的责任和所谓的"神圣杂货铺"之间取一个平衡。后者说的是安慰士兵以及提供各种消费品。与罗马天主教的神父们相比，国教教徒们的声誉并不太好，但是最近的学术研究已经说明，它受到了冤枉，不是一般的冤枉。

许多士兵在他们的口袋书《圣经》和各种祈祷书里，找到了慰藉与安慰，用"散兵坑里没有无神论者"这句至理箴言描述第一次世界大战，再合适不过了。

"幸运"《圣经》挽救了一个士兵的生命，许多这样的故事流传甚广，有可能是挡住了一块弹片，也有可能是正被敌方狙击手瞄准时，书却掉了，子弹击中了战壕。

德国也是一个基督教国家，在巴伐利亚地区是天主教强势，在北方是新教盛行。德国士兵也是利用宗教信仰来寻找慰藉，一个服务于萨克森地区的新教牧师认为，大概有半数的士兵都有某种形式的信仰，信奉天主教的士兵在战壕的尾部建立了圣坛。像英国人一样，许多德国士兵的教义也是易于普及的那种，绝非正式的，也不是基于教堂的。历史学家亚历山大·沃森的主张非常令人信服，"宗教信仰……对德国军队能够保持经久不衰的战斗力（非常重要）"。

许多当地的大小教堂组织，供应属于它们自己的《圣经》版本和祈祷书，通常都会带有一段简单的铭文。例如："一路平安，顺利返回，这是莫肯人民的美好祝愿。"《圣经》常被看作是保存相片与家信的"安全地方"。士兵们在复员后，多用它们来做服过兵役的纪念品，一些人还把它当作牺牲士兵的部分个人财产带回家。这项艰巨的任务，通常都是由牧师来负责，他们还会附上一封简短的信件。这些物品成为珍贵的纪念品，一代一代传下去。一位英国士兵的《现役新约全书》，日期标记为1916年，这本书由他的后代带在身边，他参加过第二次世界大战，20世纪50年代去过朝鲜，也经历过北爱尔兰的争斗。21世纪在阿富汗服役时，它最新的主人把它当作护身符，塞进了防弹衣内。

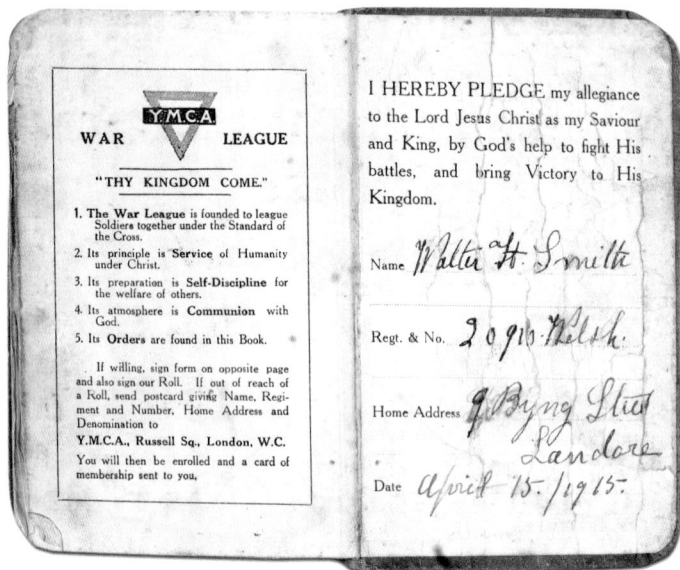

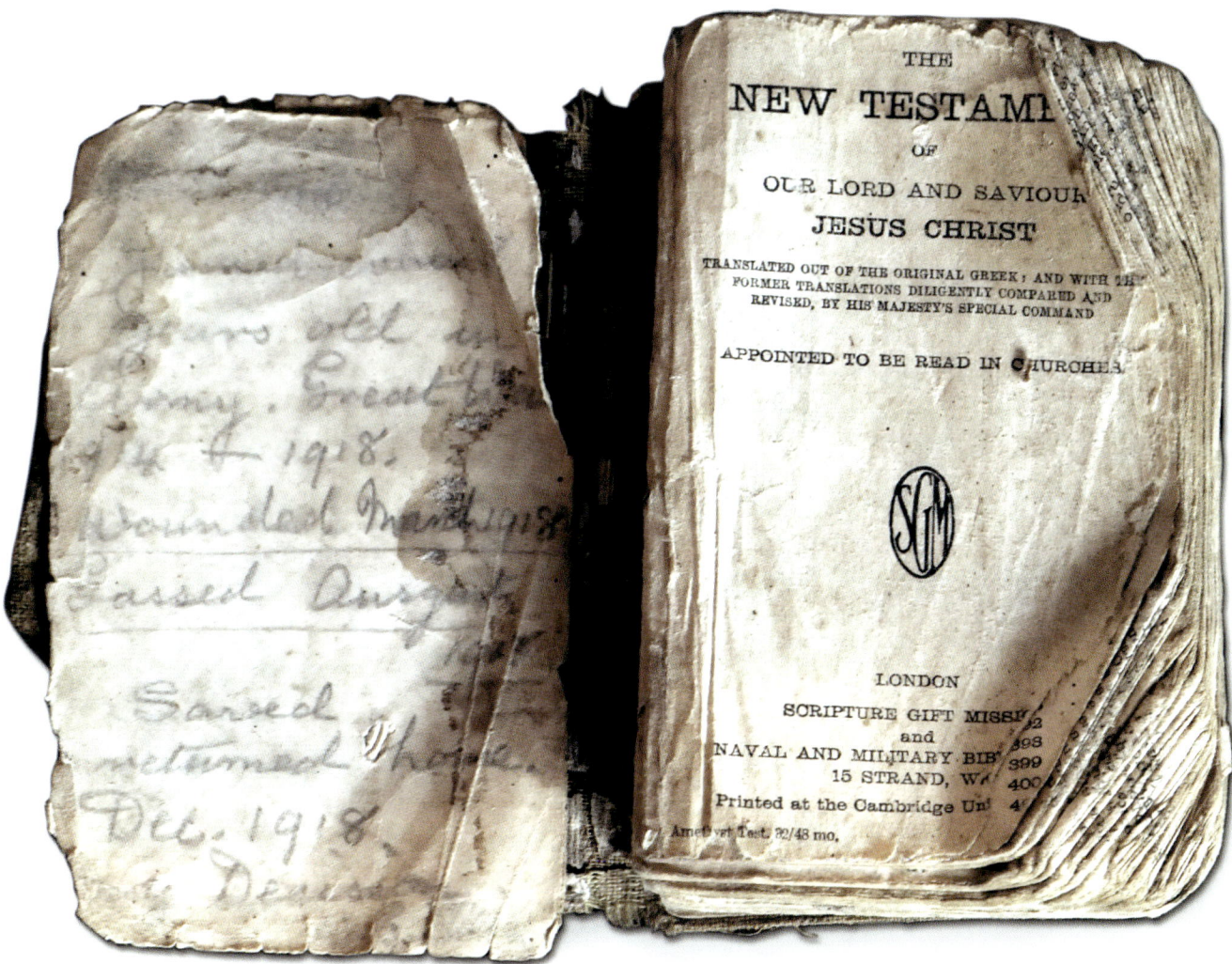

THE
NEW TESTAME
OF
OUR LORD AND SAVIOUR
JESUS CHRIST

TRANSLATED OUT OF THE ORIGINAL GREEK; AND WITH THE
FORMER TRANSLATIONS DILIGENTLY COMPARED AND
REVISED, BY HIS MAJESTY'S SPECIAL COMMAND

APPOINTED TO BE READ IN CHURCHES

LONDON
SCRIPTURE GIFT MISSI
and
NAVAL AND MILITARY BIB
15 STRAND, W
Printed at the Cambridge Uni

对页图：专门为英国士兵而发行的袖珍《圣经》的内页。这本书的主人是沃尔特·史密斯

上　图：这是威尔弗雷德·埃利斯的《圣经》。他用《圣经》来记笔记，记录他的经历

75 玩具兵

士兵模型的生产已有多个世纪的历史了，其实例已在古埃及的一个墓葬中有所发现，再就是欧洲的王公们，像后来的法国国王路易十三和路易十四，都玩过士兵模型。然而，作为大众化的玩具，士兵模型是250年前开始出现的。一个世纪以后，汉斯·克里斯蒂安·安徒生的童话故事《勇敢的锡兵》，就足以证明这种玩具的普及程度。19世纪晚期和20世纪早期，可以说是玩具士兵的全盛时期。起先，这些玩具士兵都是平面人物，但是德国的格奥尔格·海德公司，使三维模型得到了普及，生产范围也得到了扩大。在英国，威廉·布里顿公司于1893年开始生产中空的铅士兵（成本得到了降低），这家公司还生产许多其他类型的人物玩偶。

男孩子们，不管是属于哪个阶层，都在玩玩具士兵。温斯顿·丘吉尔就收集了1 500余件，有步兵，有骑兵，还有各种枪炮，这些玩具模型现在就在牛津郡的布伦海姆宫展出。布里顿的玩具士兵的售价尚在底层人士所能承受的范围内。在战前，玩具士兵通常都被描绘成身着盛装（阅兵）礼服的潇洒模样，或者是给穿上拿破仑、腓特烈大帝时代的制服。然而，战场上比较单调乏味的制服也是有所反映的，连同机枪队这样的新式军队也不例外。

玩具士兵的流行也许更能说明第一次世界大战前欧洲年轻人的尚武精神，从这种意义上来说，黩武思想可以被解释为对武装力量的过分敬重和歌颂，并且向全国各阶层人民渗透军事价值观。在英国和德国，小男孩们穿海军套服也是这样一个例子，各种制服青年组织也是。据历史学家J.O.斯普林霍尔估计，在第一次世界大战前，41%的英国男孩子加入了制服组织。别的国家也有类似的团体：在德国，"探路者"侧重于军事预备和锻炼体魄。上述情况可能会被过分解读——童子军运动的尚武精神可能就被夸大了，而在德国也有坚定的左翼青年组织。然而，毋庸置疑的是，以上所述的尚武精神，在武装青年的头脑为战争而做准备上，起到了作用。

英国作家扎基（H.H.芒罗）在他的短篇小说《和平的玩具》（*The Toys of Peace*）（在他去世后才于1919年出版）里，通过战争玩具以打趣的方式讽刺了对尚武精神的惧怕。好心的大人们，急于塑造年轻人的心灵，于是送给两个孩子一个青年妇女基督协会曼彻斯特分部的模型和约翰·斯图尔特·密尔及其他名人的模型。孩子们把它们丢进了他们的玩具堆里，玩起了打仗游戏，用人物模型代表路易十四、萨克斯元帅（Marshal Saxe）及他们的士兵，法军向曼彻斯特发起了勇猛的进攻。闷闷不乐的叔叔大爷只得悄悄躲到一边，得出失败的结论："我们行动得太迟了。"

上　图：德国制造的玩具士兵，身着灰色制服和尖顶头盔

76 桑达姆纪念教堂

藏身于伯克郡伯克莱尔村的一幢建筑内存放着一些最伟大的名画，它们取材于第一次世界大战。桑达姆纪念教堂是为纪念海军上尉亨利·桑达姆而兴建的，桑达姆是在萨洛尼卡染病去世的。艺术家斯坦利·斯宾塞（1891—1959）出生于桑达姆附近的库克姆，在萨洛尼卡服过役，他受托创作一整套画。虽然画的风格并不张扬，可结果还是在视觉上给人以震撼，他记录的那场战役几乎完全被公众遗忘了。

协约国为什么要在希腊的萨洛尼卡港建立一支大规模军队？其原因在于1915年英法两国决定支援正受到德国、奥地利和保加利亚军队围攻的盟国塞尔维亚。他们到达得太迟了，没能帮上塞尔维亚人。然而尽管希腊是中立国，但萨洛尼卡仍旧是协约国的飞地，不受希腊当局的管辖，一直到战争结束。协约国的军队到1917年发展到了60万人，总指挥是法国人莫里斯·萨拉伊将军。在萨洛尼卡布置并维持一股"侧翼威胁"的一个因素就是法军内部的政治游戏——颇有影响力的萨拉伊将军一定要在西线之外指挥一支重要的军队。

斯宾塞为人谦逊，在乔治·米尔恩将军统率的英国军队服役，"萨洛尼卡的园丁们"在1916年和1917年断断续续地进行了几次行动。1916年11月，协约国军队进入塞尔维亚的莫纳斯提尔镇。1917年4月，在莫纳斯提尔地区的一连串进攻都以失败告终，部分原因出在对多国部队的协调问题上（除英法两国军队，还有塞尔维亚军、俄国军队和希腊叛军）。然而，战争结束的最后几个月，在法国将军弗朗谢·德埃斯普雷的英明领导下，在希腊军队的大力支持下，萨洛尼卡军取得了一场重大的胜利。1918年9月，瓦尔达尔行动突破了保加利亚防线，协约国军队长驱直入一直打到多瑙河。同盟国11月份的战败是各方面不断累积的压力的结果，而这场胜利正是其中之一。

斯宾塞最初只是皇家陆军军医队的一名卫生兵，后来转到了步兵团（皇家伯克郡第七步兵团）。他的画在基督教形象的基础上，融入了平凡但很吸引人的细节：圣坛装饰画《士兵的复活》中，有几个人从墓穴里爬出来和同志们打招呼。其中一人正在绑他再也不需要的绑腿。背景中有一个小小的基督形象，包围在无数十字架当中，还有一人在发呆。观看者会想：复活的士兵们是否在把他们的十字架交给天堂里的军需官呢？这是对复员过程的一种幽默致敬。因病伤亡的人数远远高于对敌行动（桑达姆上尉就是死于疾病），这些都反映在斯宾塞的画中。有一个场景是帐篷中蚊帐正被撑起——萨洛尼卡是一个疟疾多发区。那里的气候条件对于士兵们来说总是走极端，要么太热，要么太冷。

桑达姆油画出色地捕捉到了军旅生活的细小变化，这一点可以从普通士兵的视角中看出来（没有人委托斯宾塞画这样的画）。有一部分画回顾了他在布里斯托一家医院当卫生兵的时光。在其中一幅中，一位军官正在看地图，士兵们抓紧时间趁机休息一下。有一位艺术史学家兼评论家名叫R.H.威伦斯基，他认为"每一千个有记载的回忆中就有一个有如尖尖的铁钉扎入艺术家的意识之中"。

有一个流行的观点说的是，参加第一次世界大战的士兵，大部分时间是在战斗中或是战壕中度过的。这是错误的，其实有许多时间是在后方度过的。从医院的病床到果酱三明治和军装的细枝末节，斯坦利·斯宾塞以一种特别的方式捕捉到了普通英国士兵的经历。

对页图：斯坦利·斯宾塞。原先是要他描绘在前线举行的宗教仪式，他却选择了展现"真实生活中的上帝，炮车上的上帝，壕沟里的上帝，还有在扎结缰绳的上帝"

上　图：《马拉雪橇载着伤员到达位于马其顿索摩尔的急救站，1916年9月》。斯潘塞后来说起这件工作，"我的意思是，它不是一幅恐怖的场景，而是一幅救赎的场景"

77 战地电话

1876年发明了电话，可是它没有马上对欧洲的军队产生影响。各国军方都拥有一套成熟的通信系统，靠的是旗子、日光反射信号和派遣骑兵。电话这项新奇技术的军事功能似乎明显受到了限制，尤其是通话需要电缆，电缆布线所遇到的困难很大。

就英国陆军来说，态度在第二次布尔战争（1899—1902）时期发生了改变。转折点出现在布尔人在普拉特兰德战役（1900年1月6日）的突袭中，出其不意活捉了英国守军。这件事促使指挥官兰·汉密尔顿给上级打电话请求增援。这次通信的速度对英军的最后胜利起了关键的作用。

英国陆军在第一次世界大战前的几年里少量使用了电话，但是对它们的实用性还是持谨慎态度。1914年的战争经历证明了小心些是合理的。电话线很容易被敌军的炮火给切断，即便在电话线完好无损的条件下，通话的质量也并不稳定。尽管如此，其潜在价值在1914年的使用中还是有所体现。

从1914年末起一直往后，由于静态战争的影响和战壕体系的发展，电话的重要性有所提高。前线电话很安全地放在防空洞里，电话线放入战壕网络里也很安全。如果这套系统不出差错，它就可以提供可靠及时的通信，与司令部及其他如炮兵和后勤等后方部队取得联系。到1917年5月，西线德军的电话线长度达到51.5万千米，东线的电话线也达到了34.8万千米。

电话对炮兵部队来说尤其有用，炮兵部队的位置离前线还有一段距离，这就意味着炮手们不能观察到炮弹的落点，随着使用电话的前线观察员的出现，这一问题也得到了解决。这些观察员可以对炮弹的精确度提供及时的反馈，同时他们也成为炮兵部队的基本组成部分。

由于实用的战地电话的存在，参加第一次世界大战的将军们可以在后方进行指挥。由于脱离了战壕里的危险，指挥官们被描绘成刻板的"城堡将军"形象，尽管如此，将司令部置于离前线很远的后方，还是一个较为实际的决定。有了电话这种远程通信工具，指挥官们就可以及时了解前线的战事，并可快速向下级发布命令。这样从理论上来说，指挥官就可以掌控大型的战场，至少效果相对好一点。

可是，战地电话也有其局限性。尽管电话线与战壕网形成了一个整体，但还是很容易遭到敌军炮火的毁坏，或者出现简单的机械故障，这样就需要不断地进行维护，维护的劳动强度也很大。电话经常被后方用来发送一些细碎的要求，对此前线军官是深恶痛绝，实践证明，这样的捣乱常常成为战地报纸的主题。然而，这套系统最严重的局限性在于，电话不能随攻势前移，一旦进攻部队进入无人地带，通信就变得异常艰难。战壕内的电话操作员只能焦急地等待消息从进攻部队那儿传来，这样才能把信息传回司令部。在执行进攻的时候，电话的通信速度受到了严重的限制，结果是指挥和局势控制都成了问题。在便携的无线电话出现之前，战斗当中的通信依然是一个问题。

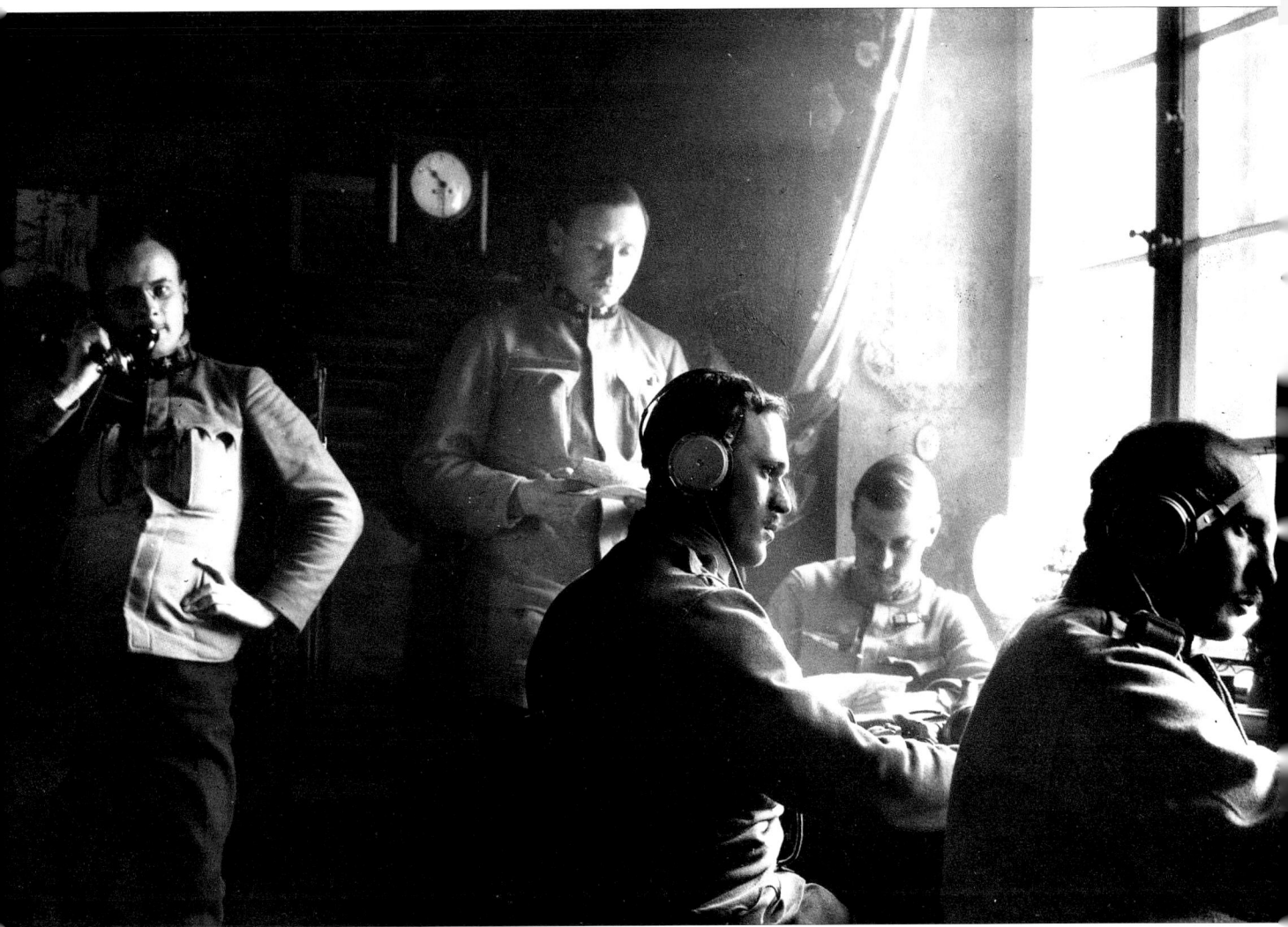

对页图：一个士兵正在靠近凡尔登的德军防御工事内使用战地电话，1916 年

上　图：法军在使用战地电话，1916 年

下页图：奥匈帝国在加利西亚的一个战地电话小分队，1915 年

78 阿尔卑斯高山帽

纵观古今历史，大凡精锐部队都头戴与众不同的帽子，以此显示他们一流的地位。阿尔卑斯高山部队（意大利的山地作战部队）头戴一顶粗糙的三角毡帽，帽子的后檐上翘，帽子颜色在第一次世界大战爆发前不久由黑色换成了灰绿色。帽子的前面别着一枚老鹰在号角上方飞翔的徽章，还以步枪与斧头十字交叉相叠为其标志。在阅兵时以及在后方时，他们还会在彩色的绒球上插一根鹰毛做装饰。

意大利于1915年5月加入战争时，其36个步兵师中有24个营的阿尔卑斯山地兵。最后，到1917年末，阿尔卑斯山地营最终上升到64个，而总兵力达到65个师。意大利陆军对一场大型欧洲战争准备不足，尤其是缺少重炮，到1915年这种武器已被各交战国一致认为是现代战争取胜的关键。意大利军队还缺少足够的机关枪和弹药，甚至步枪储备也不足。对于陆军参谋长（事实上的总指挥）路易吉·卡尔多纳将军于1915年6月23日开始指挥的那次进攻来说，这可不是一个好兆头。这次战役名叫第一次伊松佐河战役，目标是从奥匈帝国手中夺回存在争议的特伦蒂诺地区。进攻上到卡尔索高地——这里曾经被称为"荒僻的旷野，石头锋利如刀"——的时候，意大利人希望速胜，可遭到了奥地利人的抵抗，他们态度坚决，防御工事坚固，这打乱了意大利人的部署。这是意大利人对伊松佐河发动的11次攻势中的第一次，与在法国和佛兰德一样，进攻推进在意大利同样很艰难。

阿尔卑斯山地部队在多洛米蒂山脉充分发挥了他们的作用。1915年，为了最大限度地利用他们的俯临优势，奥地利人回撤了，接着就是一场可怕的山地战争。除了敌人，双方的战士不得不与环境做斗争。雪与低于零度的温度就是时常遇到的危险，许多人在雪崩中丧生。火炮等重型设备只能用人力费尽辛苦地抬到半山腰。阿尔卑斯山地部队经常被安排到下级单位，以最大限度地利用他们的登山技巧。骡子能够驮运重物到高地无人区，它们成了执行任务时不可少的工具。

多洛米蒂山脉的地形异常复杂，取得决定性胜利的机会极其渺茫。正如历史学家马克·汤普生恰如其分地指出，拿下一个像"小城堡"一般的岩石，是典型的"足智多谋用错了地方，白费精力"。在长达7个月的时间里，阿尔卑斯山地部队的坑道工兵，在"小城堡"下开挖出了一条地道，俯临特拉沃那斯河谷。尽管奥地利守军能听到阿尔卑斯山地部队在他们脚下挖掘，但"出于声望的原因"，上级命令他们避开。地道里装了炸药，爆破发生在1916年11月。尽管被炸出了一个大坑，但活下来的奥地利守军还是击退了意大利人的进攻。汤普生对此事有所评论，他认为这次大型远征的结果是"毫无价值……花了3个多月的时间才把奥地利人撬离'城堡'"。

僵持的局面牵制了意大利的前线作战，直到1917年10月卡波雷托被奥匈帝国攻破，把意大利人赶了回去。虽然按照艰苦程度给从军经历排出个三六九等没什么价值，但在1914—1918年的这场战争中，阿尔卑斯山地部队和他们的奥匈对手经历的环境条件算得上是最严酷的了。

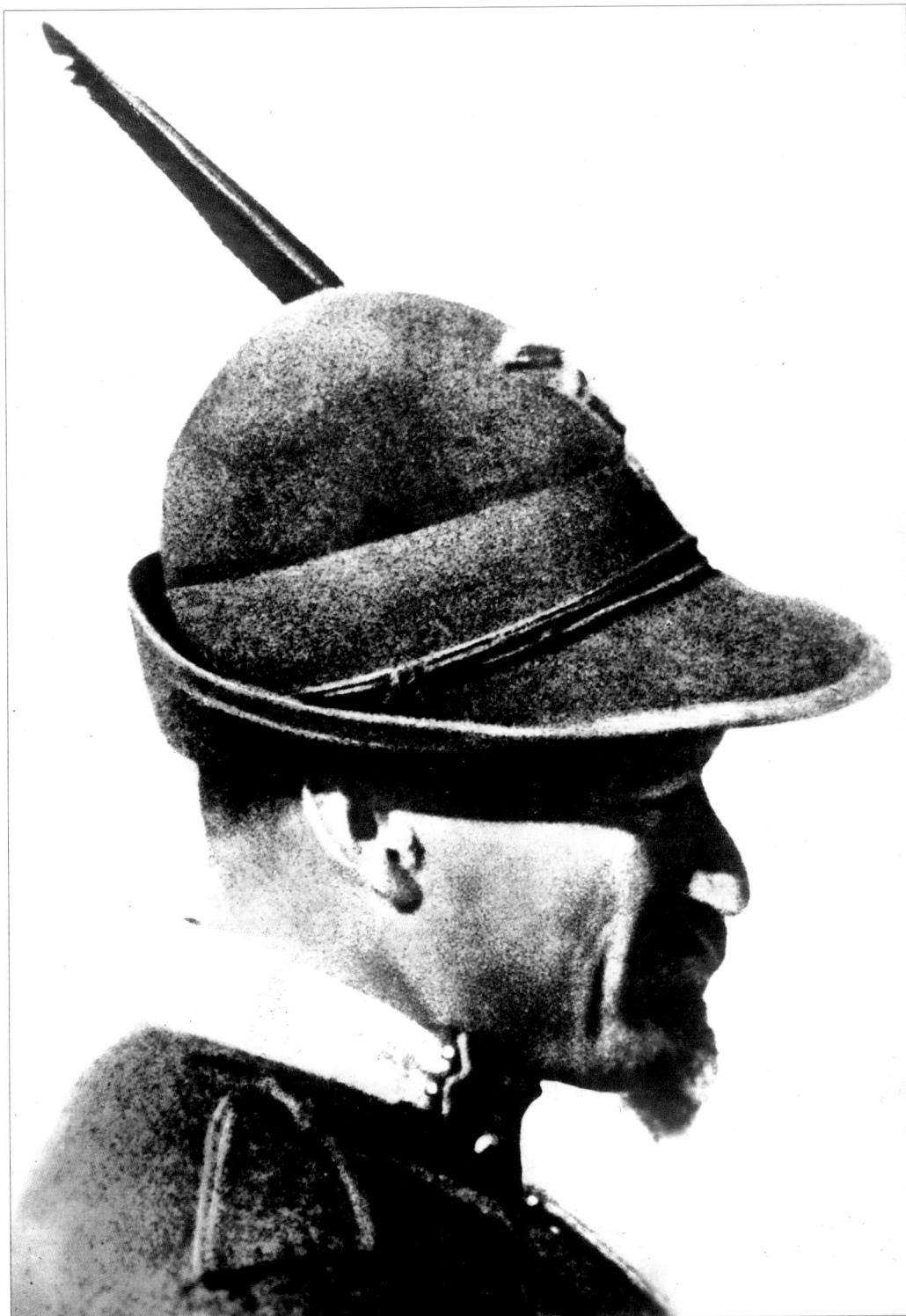

对页图：可能是 1917 年尼禄山（卡波雷托之上）战斗中的防空机枪

上　图：塞萨雷·巴蒂斯蒂头戴阿尔卑斯山地部队的军帽。他是一个奥地利士兵，在战争初期逃到意大利，意大利参战后站在协约国一方参与战斗

79 香烟

第一次世界大战的胜利，靠的是"茶叶和忍冬（一种香烟品牌）"，一个英国老兵曾这样说。抽烟在第一次世界大战的参战士兵当中，是极其普遍的一种行为习惯。尽管一些人对烟斗青睐有加，可对于大多数当兵的来说，香烟还是占主流。这得归功于美国企业家詹姆斯·布坎南·杜克，此人设计了一套生产程序，进行大规模的香烟生产。这些香烟价格低廉，到1914年时，吸烟已成为工薪阶层共同的爱好习惯。

战争期间，女人们也开始在公众场合吸烟，作为一种新环境下带来的新变化，这种现象引起了人们的广泛关注，究竟是胆战心惊地去接受，还是当作一种解放而热烈欢迎，这得看评论者的社会地位及政治立场。在1914年前，女人们吸烟在文雅的上流社会是不能被接受的。实际上，1908年在纽约就有一个妇女因为吸烟而遭到逮捕。可是，20世纪20年代，这一大战时期打开的新型市场的重要性受到众烟草公司的认同，广告的对象主要集中到了女性烟民身上。

在那个时候，吸烟与癌症等重大疾病之间没有任何联系。尽管诸如"烟民咳嗽"等毛病被人们认识到了，但是吸烟才有男人味，并且有益健康，这是人们普遍的看法。19世纪末，小儿哮喘有时也靠吸特制的香烟来治疗。

参加一战的三军将士抽了数以百万计的香烟。他们所抽的烟，有的是免费发放的，有的是从小卖部购买的，也有的是军官像父亲一样给他们分发的：有一个著名的英国传教士，杰弗里·史都勒·肯尼迪牧师被人们戏称为"忍冬属植物威利"。在后方的英国士兵每周可领到20~30支香烟，战壕里的领到的更多。有一些品牌的香烟更受人们青睐，除去曾经流行的忍冬牌，在英国陆军内部，土耳其和埃及的香烟价格较高，属于"军官级别"；"玩家"和"黄锡包"是人们竞相追求的香烟；但是，像"红色轻骑兵"这样的廉价香烟就是低级烟了。Poilu，也就是法国士兵，也离不开香烟，1910年开始生产的高卢牌香烟特别流行。德国士兵也是对香烟成瘾，但是在这一方面，他们就不像交战区另外一头的人们那样幸运了。协约国军队的封锁意味着在德国有许多物品存在短缺现象，导致的一个结果就是烟草替代品的生产，现存的一个德国烟民的烟袋，里面装着"许多树皮屑一样的东西，这就是人们所说的粗糙的黑色烟草替代品"。

许多人在穿上军装前就染上了烟瘾，香烟所具有的稳定神经的作用，使得吸烟成了人们在危急关头的本能反应。尼古丁，一方面很容易让人上瘾，一方面又可以提神。对于成千上万的陆海空士兵和大后方的工人来说，不让他们吸烟确实很难。人们连烟头都存起来，以备急用，真正的烟草短缺不应该被低估，它是德国人士气下降的一个因素。

对于普通士兵来说，香烟可以带来一丁点快乐，日子可以好过一点。英国兵公开声称，"茶叶和忍冬"是战争的胜利者，此言不虚。香烟是士气的坚强后盾。

対页图：战后的柏林，一名士兵转行做香烟销售员

上　图：香烟的分发用于维护士气。这导致的意想不到的结果是，用烟斗吸烟或者咀嚼烟草的现象减少了

80 蓝马克斯勋章

蓝马克斯勋章（Pour le Mérite）因1966年的好莱坞电影《碧血蓝勋》而闻名于世。它是一枚金质奖章，采用与众不同的天蓝色瓷釉涂层，是德意志帝国用于奖赏英勇作战者的最高级勋章。由普鲁士国王腓特烈二世于1740年创立，从名字上可以反映出法语的地位，当时它是欧洲精英所使用的语言。

蓝马克斯勋章起初用于奖励在军事方面和民政方面做出功绩者。而在1810年，腓特烈·威廉三世规定其仅限授予军官。它不是一枚可以授予任何人的"民主"勋章——比如英国的维多利亚十字勋章——它最初只限于奖励高级官员。在1914年前获得蓝马克斯勋章的人当中有滑铁卢英雄菲尔德·马歇尔·格哈德·冯·布吕歇尔、铁血宰相奥托·冯·俾斯麦，还有杰出的战略家、普奥战争（1866）和普法战争（1870—1871）的胜利缔造者菲尔德·马歇尔·赫尔穆特·冯·毛奇（老毛奇）。

到第一次世界大战时，勋章上添加了橡树叶饰，作为更高一级的奖励授予杰出的战地司令员和功勋卓著的参谋长。三分之一的勋章授予了高级军官，与之形成鲜明对比的是，四分之一的勋章授予了低级军官，即来自各部门的中尉、上尉。

蓝马克斯勋章通常总是与德国空军王牌联系在一起，比如"红男爵"曼弗雷德·冯·里希特霍芬、王牌飞行员奥斯华·波尔克、马克斯·殷麦曼、恩斯特·乌德特和赫尔曼·戈林等17个飞行员在1914—1918年受奖。有10位海军军官获得此勋章，他们中有"公海舰队"的缔造者海军大元帅阿尔弗雷德·冯·提尔皮茨；

日德兰半岛战役的指挥官赖因哈德·舍尔元帅；潜艇舰队王牌洛塔尔·冯·阿尔诺·德·拉·佩勒，以及瓦尔特·佛斯特曼——U-20潜艇的指挥官，他曾于1915年5月击沉邮船"卢西塔尼亚"号。获得此勋章的陆军将领有陆军元帅和后来的总统保罗·冯·兴登堡、充满争议的埃里希·鲁登道夫将军、后来的"沙漠之狐"埃尔文·隆美尔和著名的东非游击队的勇士保罗·冯·列托-佛贝克。

最年轻的，也是最著名的陆军领奖者是中尉恩斯特·荣格尔（1895—1998），他来自汉诺威轻步兵七十三团。不管是用何种标准来衡量，他都是一个"王牌步兵"，他在战场上的非凡功绩通过他的经典自传《钢铁风暴》而流传后世。荣格尔于1895年出生于海德堡的一个资本家家庭，17岁的荣格尔加入了法国外籍兵团，遵从父亲的旨意，于第一次世界大战前夕返回家中。1914年8月，荣格尔当了兵，被分配到汉诺威轻步兵团，1915年他受伤了。1916年，他奉命参加了索姆河战役，战役结束后他获得了一级铁十字勋章。由于他1918年8月在康布雷的一次行动中受伤，他于同年9月被授予众人梦寐以求的蓝马克斯勋章。他的作品有力地再现了战斗的场景，与此同时，这些作品对战争的美化，深深地刺痛了一些读者，同时深深地伤害了一些人。尽管荣格尔不是一个纳粹分子，可他的作品中有一些主题接近法西斯主义，让人很不舒服。二次世界大战后他得到了人们的谅解。1995年，法国总统和德国总理对他的90岁生日表示祝贺。这位最后的蓝马克斯勋章获得者于1998年去世，终年93岁。

対页图：库尔特·温特根斯，他于 1916 年获得蓝马克斯勋章，他是第一个使用同步步枪击落敌机的战斗机飞行员。他还获得了铁十字勋章

上　图：在战争期间，飞行员要获得蓝马克斯勋章所需的获胜次数增加了——从 1914 年的 8 次到 1917 年的 16 次，到战争结束时大约是 30 次

下页图：1916 年 5 月，日德兰海战。公海舰队的缔造者冯·提尔皮茨海军大元帅和日德兰海战总指挥舍尔元帅，两人都获得了蓝马克斯勋章

81 伍德罗·威尔逊的"十四点"和平原则

美国第28任总统伍德罗·威尔逊是我们今日世界的创造者之一。尽管他在1916年的总统选举中打出了"他让我们远离战争"的口号，但是他个人是支持协约国的事业的。1915年，德国发动无限制潜艇战，英国实施海上封锁，这些举措侵犯了美国的中立权，此时伍德罗·威尔逊倾向法英两国的态度造成内阁的紧张局面，国务卿威廉·詹宁斯·布莱恩也因此提出辞呈。1916年12月，威尔逊签署了一份和平协议，要求交战国写下各自的战争目标，他尝试以这种方式为交战双方居中调停，却以失败告终。

1917年4月，本想做和平使者的他不情不愿地成为一个战士。德国奉行无限制潜艇战，击沉了美国的船只，从而将美国卷入战争。但是威尔逊十分小心谨慎地和旧世界保持着距离——美国不是协约国的盟国，而仅是一个"合作方"。不仅如此，他比协约国各方更为野心勃勃。威尔逊的规划、自由主义和国际主义做派，充满了革命性，目标是建立后代所称的"世界新秩序"。在这一秩序下，主导国际关系的规则将与战前时期的秘密外交截然不同。

"世界应该让民主享有安全，"威尔逊宣告，"世界和平应当建立在政治自由久经考验的根基之上。"一如1917年1月威尔逊为"没有胜利的和平"呼号时所说的，他坚信，自己不仅代表了美国人民，也代表了世界上"没有机会发表意见也无处表达诉求的沉默大众"。威尔逊想要将门罗主义推及全世界，"没有一个国家会将自己的政体强加于其他国家和民族，每个民族都有决定本民族政体、发展方式的自由，不受干涉，不受阻碍，不受恐吓，小国与大国强国一律平等"。威尔逊最理想的愿景，以资本主义为基础，这在他所提出的"十四点"和平原则中体现得淋漓尽致。"十四点"和平原则是威尔逊在1918年1月提出的，内容包括：公开订立和平条约和终结秘密外交；公海自由航行；裁减军备；集体安全；民族自决。威尔逊的思想比英法两国所预期的走得更远，这必然使其与这两国产生了罅隙。

威尔逊的愿景在短期内无法实现。他自己的国家就反对其中的大部分内容，因此美国拒绝加入国联，无论如何，这一实现集体安全的努力最终失败了。尽管在欧洲帝国残骸中诞生的国家均视威尔逊为英雄，但是各民族从混乱的状态到成为独立的民族国家并非易事，在许多国家，民主并没有扎根，悲惨的是，这些国家中就包括德国。

然而，威尔逊思想主张的出现恰逢其时，为1914年前的帝国秩序以及即将在意大利和德国兴起的法西斯主义之外提供了另一种选择。也许最重要的是，它与俄国正在积聚力量的一股新兴思想主张相互竞争。著名的历史学家约翰·刘易斯·加迪斯写道："20世纪接下来的历史大部分都是从这两种思想主张的碰撞中产生的——威尔逊主义对列宁主义……"而到了20世纪末，威尔逊的思想主张已经大行其道了。

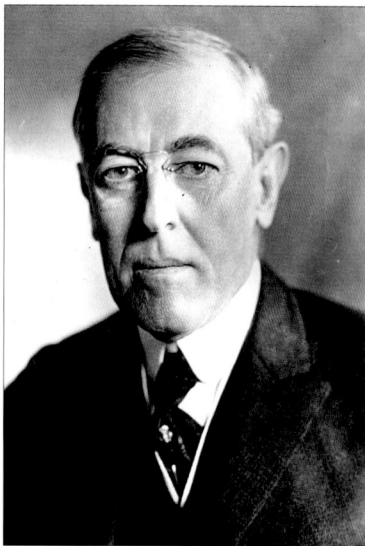

Program for the Peace of the World

By *PRESIDENT WILSON* January 8, 1918

I. Open covenants of peace, openly arrived at, after which there shall be no private international understandings of any kind, but diplomacy shall proceed always frankly and in the public view.

II. Absolute freedom of navigation upon the seas, outside territorial waters, alike in peace and in war, except as the seas may be closed in whole or in part by international action for the enforcement of international covenants.

III. The removal, so far as possible, of all economic barriers and the establishment of an equality of trade conditions among all the nations consenting to the peace and associating themselves for its maintenance.

IV. Adequate guarantees given and taken that national armaments will reduce to the lowest point consistent with domestic safety.

V. Free, open-minded, and absolutely impartial adjustment of all colonial claims, based upon a strict observance of the principle that in determining all such questions of sovereignty the interests of the population concerned must have equal weight with the equitable claims of the government whose title is to be determined.

VI. The evacuation of all Russian territory and such a settlement of all questions affecting Russia as will secure the best and freest coöperation of the other nations of the world in obtaining for her an unhampered and unembarrassed opportunity for the independent determination of her own political development and national policy, and assure her of a sincere welcome into the society of free nations under institutions of her own choosing; and, more than a welcome, assistance also of every kind that she may need and may herself desire. The treatment accorded Russia by her sister nations in the months to come will be the acid test of their goodwill, of their comprehension of her needs as distinguished from their own interests, and of their intelligent and unselfish sympathy.

VII. Belgium, the whole world will agree, must be evacuated and restored, without any attempt to limit the sovereignty which she enjoys in common with all other free nations. No other single act will serve as this will serve to restore confidence among the nations in the law which they have themselves set and determined for the government of their relations with one another. Without this healing act the whole structure and validity of international law is forever impaired.

VIII. All French territory should be freed and the invaded portions restored, and the wrong done to France by Prussia in 1871 in the matter of Alsace-Lorraine, which has unsettled the peace of the world for nearly fifty years, should be righted, in order that peace may once more be made secure in the interest of all.

IX. A readjustment of the frontiers of Italy should be effected along clearly recognizable lines of nationality.

X. The people of Austria-Hungary, whose place among the nations we wish to see safeguarded and assured, should be accorded the freest opportunity of autonomous development.

XI. Rumania, Serbia and Montenegro should be evacuated; occupied territories restored; Serbia accorded free and secure access to the sea; and the relations of the several Balkan States to one another determined by friendly counsel along historically established lines of allegiance and nationality; and international guarantees of the political and economic independence and territorial integrity of the several Balkan States should be entered into.

XII. The Turkish portions of the present Ottoman Empire should be assured a secure sovereignty, but the other nationalities which are now under Turkish rule should be assured an undoubted security of life and an absolutely unmolested opportunity of autonomous development, and the Dardanelles should be permanently opened as a free passage to the ships and commerce of all nations under international guarantees.

XIII. An independent Polish State should be erected which should include the territories inhabited by indisputably Polish populations, which should be assured a free and secure access to the sea, and whose political and economic independence and territorial integrity should be guaranteed by international covenant.

XIV. A general association of nations must be formed under specific covenants for the purpose of affording mutual guarantees of political independence and territorial integrity to great and small States alike.

对页图：伍德罗·威尔逊，美国第 28 任总统。1919 年他因发起创建国联的倡议被授予诺贝尔和平奖

上　图：威尔逊在欧洲极受欢迎，但是他的理想主义也遭遇了其他政治家的质疑，如英国的劳合·乔治和法国的克莱盂梭

下页图：1918 年，威尔逊总统访问法国首都，巴黎人民聚集在道路两边对他在一战期间给予的帮助表达感激之情

82 坦克兵面罩

"一辆坦克在弗莱尔的大街上行进，后面是欢呼的英国军队。"菲利普·吉布斯这个相当夸张的句子描绘了英国第四十一军团占领了弗莱尔废墟的情景。这个村庄在弗莱尔-库尔瑟莱特战役中被摧毁。从作战的角度而言，这场战斗令人失望：黑格希望能够在前线大举突破，但是第四军团以及预备军仅仅向前推进了大约2 300米。然而坦克的这次初战具有重大意义。

初型坦克对内部的乘员而言是一种十分难受的工具。戴姆勒发动机和乘员同处一个空间，乘员呼吸的空气混合着十分有害的气体，其中就有一氧化碳，舱内温度有时会高达52℃。这极大影响了乘员的效率。另一个极其糟糕的问题是"坦克飞溅"：坦克内部有很多热得通红的金属屑四处飞溅，这些碎屑是坦克外部遭受攻击时内部金属脱落所产生的。为了保护乘员的面部，一种链甲面罩被发明了出来。面罩和皮革面具一起用一条绳子绑在头上，链子垂在眼睛前面。有人将这种巧妙的设计比作非洲巫医的面具，也有人将它比作"十字军链甲头盔"。

温斯顿·丘吉尔是坦克诞生的推手之一。担任英国海军大臣期间，他在1915年成立了"陆地巡洋舰委员会"，但是世界上第一辆能够使用的坦克是林肯郡福斯特有限公司的威廉·特里顿和沃尔特·威尔逊设计的。坦克的名字源于掩人耳目的表面文章。这个机器的各个部分都需要通过轮船运输，这些部分被描述成一个水箱（tank），因此名字便这么定了下来。坦克集中体现了当时的各种技术。履带源于拖拉机，装甲车身更是体现了汽车、装甲板、武器合而为一的实用性。1916年1月，坦克的样机"母亲"号在赫特福德郡的哈特菲尔德庄园展出。

在弗莱尔-库尔瑟莱特战场上使用的马克Ⅰ型坦克内装载了8名乘员，长7.75米。如果加上为了转向而在尾部装的一个像"尾巴"的轮子，它的长度就会增加2.1米，虽然后来这个"尾巴"被舍弃了。"雄性"版本的坦克有两门六磅炮安装在坦克两旁突出的炮座上，加上4挺口径7.62毫米的霍奇基斯机关枪。"雌性"版本的坦克有4把.303维克斯机枪以及一门霍奇基斯机关枪，装甲最厚为12毫米，速度最高可达6千米/小时。

将军道格拉斯·黑格爵士热衷于坦克，同时对其他多种机器也十分感兴趣，他过于自信地认为能够在1916年7月的索姆河战役中使用这些机器进行反攻。最终，坦克只在9月15日的重大反攻中发挥了作用。一直以来，黑格都被指责未能在战争中大量使用坦克。然而这种武器的可靠性及威力当时都无法确定，而且可供使用的坦克数量十分稀少（在法国仅有接近60辆，在9月15日能上战场的仅有21辆），在这种情况下，仅将坦克作为战场上步兵的支援力量不失为一个明智的决定。随后还是犯了一系列错误，包括创造"坦克路径"——在坦克可能前进的线路上，火炮轰炸须保证坦克的行进空间。这意味着对德国防御者的打击是不彻底的。虽然如此，坦克已经展现了巨大的潜力。

对页图：1916 年 9 月 15 日索姆河战役中，"C"连的马克Ⅰ型（C19 莱斯利组）

上　图：由皮革以及链甲制成，这个面具很可能是 1917 年至 1918 年间产自英国。敌军子弹打在坦克上会引起内部金属碎片四处飞散，这一现象被称为剥裂，这些面具提供了一些保护

83 道格拉斯·黑格爵士的背水一战电令

这条震撼人心的信息中，我们能够听到纳尔逊在特拉法尔加海战中发出的"英格兰期盼"信号的回响。它是由黑格发出的这一点实在有点不可思议。陆军元帅道格拉斯·黑格，身为英国远征军的元帅，是一个性格沉静、感情内敛的人，即便在最为困难的时候，他唯一的表现方式就是不经意地用力扯自己的胡子。但是，在1918年4月11日，他感觉到自己已离失败不远了。两天前，利斯河战役打响，德国军队突破了伊普尔南部一支无力抵抗的葡萄牙师。3月，在皇帝攻势（Kaiserschlacht）停止之前，德国几乎要突破协约国联军南部防线。现在，尽管英国士兵仍在顽强抵抗，黑格清楚地意识到德国军队哪怕再向前推进一小步都会令海峡诸港口陷于危险的境地，英国很可能要面临与本土阻隔的风险。而真正的危险是英国可能被迫于1918年从海路仓皇撤退（一如几十年以后的敦刻尔克大撤退），又或者情况将陷入更糟糕的境地，英国军队可能被彻底击溃。

黑格因此发表了著名的"特别电令"，这是英国远征军元帅发给军队士兵的一封特殊电令，号召每个士兵抵抗德国的推进，命令"每一个岗位都必须坚守到最后一个人"。他那振奋人心的呼号"背水一战，直到最后一刻"，让这份文件有了一个昵称："背水一战"命令。

当这一重要指示传达到军官和士兵中时，他们的反应各不相同。有一部分士兵因此燃起了斗志，坚定了抗战到底的决心；那些之前尚未意识到事情严重性的士兵则因此警醒；还有一些士兵只是耸耸肩，继续战斗。黑格发出的警示信息中蕴含着希望，某种程度上说，这一信息也是发给这位指挥压力陡增的将军自己。有趣的是，在黑格记录详细的个人日志里，他却对这一命令的发布只字不提。

黑格是英国历史上最饱受争议的将领之一，这一命令就是他最出名的一份文件。1861年，黑格出生于一个富裕的苏格兰家庭，他的军事背景十分平常，曾在印度的骑兵团服役，1898年他在苏丹服役，1899—1902年，他参加了第二次布尔战争，担任指挥官和参谋的他在这场战争中崭露头角。在1914年以前，他主持了重建军队的工作。1914年到1915年，黑格先后在法国负责指挥英国远征军第一军和第一集团军，1915年，他被擢升为英国远征军司令。1916年的索姆河战役中，他所采取的策略和战术一直以来都饱受争议，同样非议不断的还有他在1917年第三次伊普尔战役（即帕斯尚代尔战役）中的所作所为。这两场战役中，士兵死伤十分惨重，但战果付之阙如。黑格以及一部分历史学家则认为，他们的作战拖垮了德国军队，这让后来1918年的胜利成为可能。

黑格"背水一战"电令标志着整个战争中英国军队最为危险的一天。但是上至英国以及整个帝国的最高指挥部，下至一般军官及士兵都鼓足了勇气。因此，英国远征军顶住了利斯河攻势中风暴式的攻击，并于1918年8月在亚眠发起反攻，赢得了关键性的胜利。接着，黑格的军队带领着协约国军在百日攻势中最终击败了德军。

SPECIAL ORDER OF THE DAY
By FIELD-MARSHAL SIR DOUGLAS HAIG
K.T., G.C.B., G.C.V.O., K.C.I.E
Commander-in-Chief, British Armies in France.

D. Haig, F.M.

To ALL RANKS OF THE BRITISH ARMY IN FRANCE AND FLANDERS.

Three weeks ago to-day the enemy began his terrific attacks against us on a fifty-mile front. His objects are to separate us from the French, to take the Channel Ports and destroy the British Army.

In spite of throwing already 106 Divisions into the battle and enduring the most reckless sacrifice of human life, he has as yet made little progress towards his goals.

We owe this to the determined fighting and self-sacrifice of our troops. Words fail me to express the admiration which I feel for the splendid resistance offered by all ranks of our Army under the most trying circumstances.

Many amongst us now are tired. To those I would say that Victory will belong to the side which holds out the longest. The French Army is moving rapidly and in great force to our support.

There is no other course open to us but to fight it out. Every position must be held to the last man: there must be no retirement. With our backs to the wall and believing in the justice of our cause each one of us must fight on to the end. The safety of our homes and the Freedom of mankind alike depend upon the conduct of each one of us at this critical moment.

D. Haig, F.M.

Commander-in-Chief,
British Armies in France.

General Headquarters,
Thursday, April 11th, 1918.

对页图：《泰晤士报》登载了黑格的讣告，讣告中说道："战争中追随他，但现在已十分厌战的士兵们敬爱他，他是他们最真诚的领导以及朋友。"这当然过于夸张，但是战后的他因担任英国退伍军人协会主席而广受欢迎

上 图：特别电令，陆军元帅道格拉斯·黑格爵士于1918年4月11日签署

84 赫尔曼·戈林的福克 D.VII 型战机

在第一次世界大战中，飞机代表了当时技术的最高水平，飞行员日益被视为英雄，他们的出现对战后的世界具有重大的文化及政治含义。其中一个英雄便是赫尔曼·戈林，他的福克 D.VII 型双翼战机（编号5125/18）代表了德国航空界的最高技术。这架全金属的歼击机由莱因霍尔德·普拉茨设计及建造，极具开创性，这架飞机的前身是1916—1917年制造的"V系"试验飞机。

1918年5月福克 D.VII 型战机在法国及佛兰德上空服役。在战争的最后7个月，前线的飞行员叫嚷着要结构稳固、高度灵活的战斗机。事实上，D.VII的动力由梅塞德斯160马力D.III发动机或者BMW IIIa发动机提供，装备两架固定的施潘道机关枪，攀爬表现出色，备受赞誉，不易自旋，失速时便于操作，螺旋桨保持能力卓越，能够在高空开火。由于其出色的性能，当时公认它能"让普通飞行员成为优秀飞行员，让优秀飞行员成为王牌飞行员"。战争的最后一年制造了3 000～3 300架该型飞机。

不久后，戈林中尉就得到这架德意志帝国最强战斗机。1914年，这位未来的帝国元帅还是一个步兵军官。他后来转投空军，到1918年6月，他已经成为著名的王牌飞行员，取得了19次经过确认的胜利，而且除了蓝马克斯勋章，还五次获颁其他军功章。戈林的第20次胜利就发生于6月9日他第一次驾驶D.VII型战机时。8天后的6月17日，他迎来了个人的第21场胜利。7月他被任命为第一战斗机联队指挥官，也就是著名的"飞行马戏团"。他的管理职责减少了他活跃在战场上的时间。最后一场决定性的胜利——第22次胜利，发生在7月18日，戈林击落一架法国斯帕德 XIII 型战机。是年秋天，这架战功卓著的全白D.VII战机被收缴。停战前，日渐事务缠身的戈林究竟驾驶着这架特殊的飞机飞行过多少次，我们不得而知。

戈林是大批老兵中的一员，他日益倒向极右翼，于是被彻底排挤在新成立的魏玛共和国之外。作为一名成熟的战斗英雄，他是新兴的国家社会主义党（纳粹）的主要争取对象，他在1922年加入了国家主义社会党。戈林的空军背景完全符合纳粹对于现代化以及技术优势的要求。事实上，战争中兴起的法西斯运动对于飞行员有着一股狂热的倾向。莱尼·里芬斯塔尔导演歌颂纳粹主义的电影作品《意志的胜利》中有一个镜头描绘的就是希特勒1934年飞往纽伦堡党代会。历史学家柯林·库鲁克曾经说过，飞机投在地面上的影子呈十字形状，象征着"一个全新的德国，重生之后便得自由，不再遭受第一次世界大战带来的失败及羞辱"。象征着先进技术的飞机代表着这种自由。戈林很快就成为阿道夫·希特勒的重要副手，从而获得了大量的财富和权力，并成为1933年成立的纳粹德国空军的总司令。1946年，他参加纽伦堡审判，审判中他被控犯有战争罪并被判绞刑，但他在绞刑执行之前自杀。

对页图：赫尔曼·戈林，第一次世界大战中一名年轻的军官，后来的纳粹领袖

上 图：配备一个梅塞德斯发动机的福克 D.VII 型战机，单座战斗机。根据停战协议，这种卓越战机要全部上缴协约国

85 捷克军团的旗帜

当奥匈帝国加入1914年的战争时，期望的是重振它日渐下滑的影响力。但与之相反的是，1914年7月28日对抗塞尔维亚的开战宣言实际上宣布了哈布斯堡王朝的死亡，延期至1918年执行。捷克军团的旗帜象征了民族主义势力及渴望从奥匈帝国中脱离出来取得民族自治权利的人民的期望。

大量的捷克人在战争中被强征入伍到奥匈帝国军。雅洛斯拉夫·哈谢克就是其中的一员，他是小说《好兵帅克》的作者。小说描述了士兵帅克倒霉又狡猾的当兵生涯。帅克的这个角色经常被用来显示大部分捷克人对于反抗奥匈帝国的矛盾心理。很多日耳曼族军官对于捷克士兵的忠诚度持怀疑态度。由于俄国有很多捷克移民组织，大量的捷克囚犯、逃亡者和其他人员自发地逃往俄国定居。同样的组织在意大利和法国也有建立。

就在流亡的捷克领导人争取国际援助寻求独立的同时，捷克民间与协约国并肩作战的力量也在日夜增长。最开始的时候，协约国政府还与捷克反抗力量保持一定的距离，希望以此离间奥匈帝国与德国的联盟关系。到1917年，政治局势开始转变。在无法与同盟国单独媾和之后，随着美国总统威尔逊的"十四点"和平原则的提出和劳合·乔治1918年1月5日的卡克斯顿大厅演讲（演讲中宣称支持反对哈布斯堡王朝的人民建立一个"真正依赖民主原则的独立政府"），捷克的独立也敞开了大门。

1917年末，一个由战俘组成的捷克军团在俄国建立。这是巴黎协约的一部分，即承认捷克为一个独立国家。在与德军交锋后，法国人把捷克军队派往符拉迪沃斯托克（海参崴），以便做好西归祖国的准备。与布尔什维克党的亦敌亦友的关系破裂后，捷克军团成为一股强有力的军事力量。他们占领了西伯利亚铁路的一部分后又支援了反布尔什维克党的白军。1918年底之前，红军正不断地收复失地。大部分的捷克人于1919年从符拉迪沃斯托克（海参崴）经海路，由美国回到新成立的捷克斯洛伐克。捷克军队的胜利是推动协约国政府卷入俄国内战的一大因素，并且提高了捷克人在协约国中的信誉和影响力。

和在瑞士的捷克斯洛伐克国民会议领袖托马斯·马萨里克一道的还有大批捷克流亡者。捷克军团和他们一起，用历史学家伊曼努尔·盖斯的话来说，在战争后期"为捷克斯洛伐克的独立开辟出了一条道路"。革命的热情转变为"政治合作和宣言"。民主捷克的政治家及流亡者的领袖于1918年10月末在荷兰达成共识。10月28日，捷克宣布独立。随后斯洛伐克加入了捷克，协约国承认捷克斯洛伐克为一个新的国家。从老旧的哈布斯堡王朝取得独立仅仅是抗争的一部分。捷克边境（日后称苏台德地区）的日耳曼人威胁要脱离捷克斯洛伐克，新的布拉格政府采取了保卫领土的行动。捷克斯洛伐克有了易于防守的边疆，但却为将来埋下了后患；20年后，希特勒利用了苏台德日耳曼人的不满，并打倒了布拉格的新政权，此举正是他扭转最终战局的激进政策的其中一环。1938年《慕尼黑协定》签订的后果就是，当希特勒的军队准备瓜分其国土时，捷克军团不得不独力抵抗。

上　图：作为捷克人的传奇，托马斯·马萨里克于1918年12月8日入主布拉格。随着奥匈帝国的灭亡，协约国承认了他作为捷克斯洛伐克政府领导人的身份

86 雷诺 FT 坦克

世界上第一部坦克有时被认为是1917年型 6吨 FT装甲战车。它拥有旋转炮塔和源于拖拉机的履带，而且动力后置。由法国雷诺汽车公司生产的这种坦克的第一次试运行是在1918年5—11月的美军和法军中。坚信轻型坦克的战术价值高于相对较重的英国和法国坦克，让–巴普蒂斯塔·艾蒂安上校说服法国总部在1917年初期大量生产FT坦克。坦克装置有37毫米的加农炮，和8毫米的马克沁重机枪。由一个四缸35马力引擎提供动力，它的速度比较快（每小时11千米），机动性较好，最大行驶距离也很远，达到了65千米。共制造了3 700辆雷诺轻型坦克。一些坦克被运输到国外，这其中有超过500辆都被美军购买。当时还是少校的乔治·巴顿第一次接触FT坦克是在1917年末贡比涅附近的法国坦克训练中心。拥有骑兵战斗背景的他立马成为这个新武器的狂热支持者。他在旋转炮塔上亲自指挥坦克，自成一派的训练方法竟是通过轻敲驾驶员的脑袋和肩膀来保持坦克前行的方向。在附近开阔的试验场测试新型的两人驱动车，与协约军坦克军官讨论以及飞去雷诺汽车厂参观，这些都表明了他在这么短的时间内学到了多少东西。巴

顿在这次逗留期间吸取的战术知识后来凝结在了一份颇有影响力的研究中，成为一战期间美军坦克作战的基础学说。

在美国陆军坦克学校新成立不久后，巴顿便被任命为校长。直到1918年3月，10辆FT坦克被送抵后，训练项目才得以展开。他被擢升为陆军中校，并在8月份成为临时坦克旅的指挥官，在圣米耶勒战役（1918年9月12—15日）中指挥了美军第一批FT坦克的作战。他下令不能让任何一辆坦克落入敌手，巴顿在此展现了惊人的战术（和勇气）：他在步枪和机枪密集的火力下，一直走在隆隆前行的FT坦克队列之前。共有174辆坦克参与作战，其中3辆损毁，22辆走散，还有14辆出现故障。两周后，损失巨大的默兹阿尔贡战役（1918年9月26日—11月11日）爆发了，这是一场真正的试炼。巴顿发现坦克在战斗初期便陷于泥沼动弹不得时，冒着生命危险在敌人的枪林弹雨下使其前进。不顾腿部伤残，巴顿最终成功指挥了作战，动弹不得的FT坦克战队得以前进支援保护步兵团队。24年之后，巴顿再度加入战争。那时候，他是一位开始征战的将军，并逐步成为二战时期最富战斗力的征战者。

对页图：1918年9月圣米耶勒之战中使用的FT-17坦克

上　图：FT-17坦克的复制品，1917年由雷诺公司制造。这种坦克可以大量生产，在二战中仍旧是法国军队的有力武器

下页图：1918年在胜利游行中使用的雷诺坦克

87 先进的防毒面具

维尔浮莱德·欧文写出了一些英国文学史上最鼓舞人心的语句，这得益于他曾在一战中担任步兵军官的经历。

"有毒气！快一点伙计们！——人们立马手忙脚乱地将笨重的面罩及时戴上。"

欧文的笔触完美地诠释了毒气弹临落时的恐怖气氛，以及人们在毒气散播前，争先恐后抢夺防毒面罩的疯狂场面。这些语句出自描写战时痛苦折磨的名诗《为国捐躯》（*Dulce et Decorum Est*）。这个标题极为讽刺，出自拉丁诗句"为国捐躯是甜蜜而荣耀的"。这首诗和约翰·辛格尔·萨金特的著名油画《毒气》都传达了同一个观点：一战中的毒气袭击是非常可怕的战斗方式。然而诗歌的语句和油画似乎都模糊了毒气的低致死率（大概仅有3%），而防毒措施随着战争的持续得到了有效提高。相反，在东部战线，俄国由于防毒设备简陋，反化学武器的训练跟不上，伤亡十分惨重。

随着化学武器水平的提高，相应的预防措施也更加完善。英国1916年上市的"小盒子呼吸器"就是一种成功通过软管过滤空气的橡胶面具。意识到毒气的局限性后，双方在1915年之后再也没有将其作为进攻的核心武器。然而，将化学武器与其他武器结合使用仍然是有用的。在轰炸中混入毒气弹使敌军不得不戴上呼吸器，这就使他们的作战能力下降并最终全军溃败。这是一种有效对抗炮兵部队的战术策略。当1918年3月德军向西进攻的前夕，弗莱斯基埃突出部上弥漫着毒气弹发射的毒气，这就意味着此次袭击并非德军主攻方向，因为部队向毒气进军时必须穿戴好防毒面罩，否则作战能力就会下降。德军使用毒气只是意图迫使守军放弃对突出部的防守。

化学炮弹在1916年被研发出来，这使化学军火的运输问题成为重要事宜。1916—1917年化学武器又有了更进一步的发展，其中包括用臼炮发射化学武器等。化学武器的发展使其更加致命。氯气被加入到更加致命的二氯化碳气体中（首次被德国人在1915年12月使用），之后在1917年7月，德国首次使用了芥子气。这使化学武器的使用有了飞跃性的改变，因为芥子气不仅灼烧人体皮肤，在接触后还会对肺部造成长期致命的影响。不同于早期的化学药剂，这种影响因素在很长时间后才能彻底消除，因此对人体有长期威胁。协约国对此并没有做出及时的应对，只是在1918年才使用芥子气予以回击。

尽管充足的防毒设备降低了化学武器的威胁，实际上，毒气对军队整体的战斗力有重要影响。对装备差、疏于训练，或经验不足的士兵来说，毒气仍有致命的影响。超过四分之一的美军伤亡都是化学武器所致。

对页图：在法国的美国士兵学习如何使用防毒面具

上　图：德国的防毒面具用皮革制作，配上塑料的眼部零件和金属配件。该型面具于1915—1918年制作

88 马克 V 型坦克

1918年8月8日凌晨4点20分，亚眠战役打响，450门重炮向德军阵地上开火。由陆军上将亨利·罗林森爵士率领的第四军团向前挺进，这个军团包含了英国第三军，还有澳大利亚和加拿大部队，配备了552辆坦克。三个骑兵师充当预备队。在南边，暂时由上将道格拉斯·黑格爵士全权指挥的法国第一军在蒙迪迪耶地区发动攻击。到晚上的时候，协约国军队已经推进了13千米，以西线战场的标准，这个成绩已经十分了不起了。德军防守这一阵地的第二军团被击溃。

7月在马恩河战役中，协约国抵挡住了德国的攻击，并击退了德军，亚眠会战是协约国军队获得主动权的关键战役。随后展开的"百日攻势"势如破竹，在西线击溃了德军。

亚眠会战的胜利是联合作战策略的胜利：步兵、炮兵、飞机、坦克、装甲车以及骑兵协同作战。然而，坦克所发挥的作用至关重要，亚眠会战实际上是战争中规模最大的坦克战。第四军团作战配备了96辆轻型惠比特式坦克以及120辆备用坦克，但所有的重装营都配备了马克V型或者马克V*型（读作马克5星型）坦克。马克V型坦克的外廓呈常见的长菱形（它是马克IV型坦克的改良版），能搭载8名乘员。马克V型坦克重29吨，长8.05米，高2.64米。雄性版本宽度为4.11米，速度最高可达7.4千米/小时，作用半径达到72千米。雄性版本的坦克还配有两门6磅炮，车体

两侧安装了突出的炮座，配有4门.303霍奇基斯机枪。雌性版本坦克上没有配备6磅炮，取而代之的是6门霍奇基斯机枪。最大装甲厚度达到16毫米。马克V*型坦克的长度和重量都超过了马克V型，建造初衷是为了运载机枪小队，但是在亚眠会战中，由于浓烟弥漫，乘员的晕动病以及舱内温度过高，马克V*型坦克并"不适合作战"。

在百日攻势中，英军再没有如此集中地在一次进攻中大量使用坦克。亚眠会战之后，第三军团紧接着在艾伯特发起攻击。因此只有156辆坦克可供投入战斗，加之进攻编队中的主力是常规的英国师，从这种程度上而言，这场战争所取得的战绩堪比亚眠战役。而总司令部没有集中坦克兵力进行攻击的原因并非外界所推测的是从"机械"战争退回传统战争。在百日攻势中，英国远征军的前进速度很快，由于坦克极易出现故障，且德军开始使用反坦克武器，军队对坦克的需求远超过供应。英国统帅部并不反对使用坦克，而且可供使用的坦克都已经被投入战争中。此时德国已经处于守势，停止军事行动以让坦克在新战场上集中火力进攻，这样的举动只会减缓对德国防线的持续压迫，是十分不现实的，很可能产生适得其反的效果。

1918年美国军队在战争中也使用了马克V型坦克，在俄国内战中也能看到马克V型坦克的身影。

对页图：1918 年 9 月 29 日，英国坦克从贝利库尔向前挺进，装配着用于跨过兴登堡防线的木笼

上　图：1918 年，参与伦敦市长就职游行的马克 V 型坦克

89 伦敦第五十八师纪念碑

伦敦第五十八师纪念碑坐落在齐皮里（Chipilly）村庄，靠近索姆河，是西线战场上最动人心魄的一座丰碑。这座纪念碑由亨利·德西雷·戈基耶（1858—1927）设计，齐皮里民众自发捐建。纪念碑是一个炮兵双臂环绕一头受伤战马的白色雕塑。战时宣扬士兵与动物之间的情感是无可厚非的。戈基耶最出名的作品要数1896年在法国卢森堡公园的18世纪法国艺术家让-安东尼·华托的纪念碑。他非常善于雕塑，是瓦兰希恩村人，此地1914年10月被德军占领，在四年后被英国军队解放。

第五十八师于1914年按照归属地成立，作为著名的五十六师（伦敦第一军）后方的"第二防线"。组成的士兵全部来自伦敦团的各个营，但第四萨福克团1918年则纳入师部成为其先锋部队。第五十八师于1917年抵达法国后，积极投身于1917年的第三次伊普尔战役（帕斯尚代尔战役）和1918年的多次战役。作为英国远征军的主体，英国军队发挥了其英勇作战的一贯风格。在1918年8月9日的亚眠战役中，当第三军团与同盟国在南侧防线交战时，第五十八师胜利占领了齐皮里。

纪念碑坐落在战场上是无可厚非的决定。由英国第三军团、澳加联军和法国第一军参与的亚眠战役（1918年8月8—11日）中，先进军事技术得到了大规模应用。超过500辆坦克开往战场，大量的战斗机也用于支援地面战局。英国皇家空军在炸毁索姆桥的攻击中损失了17架飞机。这次小试牛刀预示着将来的巨大成果，比如1944年联军空军在法莱兹对撤退德军的大规模打击。英国炮兵采取的战术是最复杂的。在开战之前，最有效的炮兵运用的基础都是让飞机为炮兵提供目标情报，同时使用荧光弹标记位置和声波测距等先进技术来实现"不用地图"炮击——这样就不必先试射，也就不会惊动敌人。这种突击方式成效斐然。协约国军在亚眠一战得胜，将战线推进13千米，并造成敌军2.7万人伤亡。

因此，第五十八师纪念碑是协约国军胜利的象征，尽管战争前期高科技占了主导成分，但军马仍是战争胜利的重要因素。在特定的情况下，骑兵队在西线战场上发挥着自己的作用，亚眠战役中英国骑兵表现出了非凡的战斗力，但是大部分的马匹是征募来运送货物和武器的。在最多的时期，骑兵队仅占英国远征军马匹战力的6%。马匹在一战结束许多年后仍旧保持军中主力的地位。到1939年，英国军队相对其他军队已在机械化道路上飞速发展。相比之下，德国军队仍主要依靠马匹运输，这一状态一直持续到二战的尾声。

上　图：1918年8月，英国的坦克开在巴坡密（Bapaume）的废土之上

下页图：位于齐皮里的第五十八师纪念碑。这个师于1918年8月成为协约国的北部侧翼部队

H.GAUQUIÉ

AUX MORTS DE LA 58ᵉ DIVISION BRITANNIQUE

LONDON DIVISION

PRO·DEO·PRO·REGE·PRO·PATRIA

LA 58ᵉᴹᴱ DIVISION BRITANNIQUE FUT UNE DES SEULES DIVISIONS
ANGLAISES QUI EN COOPÉRATION AVEC L'ARMÉE FRANÇAISE ET LES
CORPS D'ARMÉE AUSTRALIENS ET CANADIENS RÉUSSIT A PÉNÉTRER
LES DÉFENSES ALLEMANDES ENTRE LE QUESNOY ET MONTDIDIER
LE 8 AOÛT 1918 DÉTERMINANT LE COMMENCEMENT DE LA RETRAITE
ALLEMANDE QUI SE TERMINA PAR L'ARMISTICE DU 11 NOVEMBRE 1918.

90 贝利库尔隧道

比利时和法国乡村是西线主要战场，上面纵横交错分布着复杂的运河网络。在1914年及1918年，这些运河形成了有力的防御屏障，在战斗中发挥了巨大的作用。1914年8月23日，英国远征军首次参与战斗——蒙斯之战，在这场战斗中，英军利用一条运河进行防御。但是在1918年，德军同样利用大量运河进行防御，一路高歌猛进的协约国军反而不得不越过一条条运河一路反攻。这样的军事行动通常都极具挑战性。

贝利库尔隧道属于圣康坦到康布雷运河的一部分。在1916年下半年，德国开始在这一地区构建防御工事，即沃坦防线，这是被英国称为兴登堡防线的一部分。在这个有利的位置设计建造防线，是为了抵抗协约国最精锐的力量。

贝利库尔隧道就是这个宏大计划的一部分。这条隧道工程巨大，长度约为5 700米。内部空间宽阔，德军得以将运河小船进行改装，将其停泊在隧道内部供防御部队安营扎寨。这也保护了德军免受协约国的陆上炮击。这个山坡本身就遍布迷宫一般的地道，防御者利用这个有利地形能够快速从隧道两头抵达地面以及防御地点。驻扎在隧道内部的德军发现隧道内部的环境出乎意料地适宜。空气比标准的隧道还要凉爽清新，睡觉的地方也很宽敞。

然而，在努力使这个地方成为防御阵地的同时，驻扎在这个隧道里也暴露了德军的一个弱点。这个山坡就是一座天然的桥梁，行进的部队能通过这里迅速跨过运河。因此德军在隧道周围建造了一系列强有力的防御工事，包括坚固的铁丝网、混凝土堡垒、隐蔽的机枪点以及仔细布置的大炮。

1918年9月29日，这座固若金汤的防线被多国联合军队突破——部队都来自英语国家：英国、美国和澳大利亚。为了突破贝利库尔隧道，装备了150辆坦克的美国和澳大利亚军队经受住了猛烈的攻击。在这场战役中，坦克部队以及经验不足的美国士兵，损失尤为惨重。第二十七师（美国）中共有39辆坦克参与进攻，最后到达山顶的却只有一辆。第四十六师（北米德兰）在右翼的进攻则大获全胜。接着部队的攻击越过这条运河，一部分士兵身穿救生衣，最重要的是一个团队找到了位于利魁瓦的关键桥梁。因此协约国军成功攻上隧道上面的山坡，在黄昏前占领了这个地点。

9月29日的胜利是令人叹为观止的军事成功。战前德国最高指挥部对于坚守兴登堡防线几个月寄予了极大的希望，但是仅仅一天，防线就在这里被攻破了。在贝利库尔隧道取得的胜利本身是在圣康坦隧道战中（9月29日—10月10日）取得的更大胜利的一部分，这场胜利使得协约国军队得以挺进广阔的郊区，迫使德军开始撤退，直至1918年11月战争结束。

对页图：胜利的部队，刚刚穿过圣康坦运河的第一三七旅。他们身处贝利库尔隧道右侧

上　图：贝利库尔隧道，摄于 1918 年 11 月 1 日。这次攻击是美国步兵首次在英国指挥下进行战斗。因为缺乏经验，他们与久经战场的澳大利亚部队一同作战

91 布尔什维克海报

此页的海报在倡导工人阶级联合反抗俄国布尔什维克政权的主要敌人：国际帝国主义。在赢得政权的道路上，布尔什维克的领袖们面临着无数难题。这不仅仅是因为俄国正与德国交战，也因为新政府在人民面前的威信不足。由于美国、法国和大英帝国的干涉，不久之后爆发的全面内战的形势变得极其复杂。然而，俄国的剧变被认为不过是即将在整个欧洲爆发的无产阶级起义的前兆，一种新型的社会与经济制度正在从战争与革命的废墟中崛起。

1918年3月签署的《布列斯特-立托夫斯克条约》结束了俄国与德国的战争。列宁的战友托洛茨基领导了此次布尔什维克的谈判团队。他采取了搪塞拖延战略，希望战败的德国会爆发革命活动，但柏林方面却一直坚持要签署更为苛刻的条款。包括前沙皇俄国的芬兰、乌克兰、白俄罗斯部分地区，波兰以及波罗的海地区在内的340万平方千米土地割让给德国，这些都是沙俄工农业最发达的地区。1918年11月，德国战败。之后，其中部分领土被归还给苏俄。

布尔什维克党接受了上述条约，开始放手解决国内矛盾。但是由于得到外国军队援助的白军图谋推翻布尔什维克政权，《布列斯特-立托夫斯克条约》实际上促成了内战的爆发。托洛茨基组建了一支有战斗力的军事部队，起名为"红军"，这支军队在政治委员的领导下，成功保卫了布尔什维克党的核心地区，最终击败了被分割成几股且总体上缺乏强力领导的白军。1921年，红军获得了最后的胜利。

在国内，列宁起初采取了耕者有其田以及土地和大型企业国有化的政策。而1918年6月开始实行的"战时共产主义"，更将所有企业全部国有化，并对农民征粮——这一过程中暴力很常见，这一切逐渐导致了国内的抵触情绪。农民耕种主要是为己所需，此番政策在一些地区甚至造成了暴乱。1921年，在国内经济走投无路之时，战时共产主义被含有一些资本主义元素的"新经济政策"所取代。

在俄国之外，布尔什维克主义造成了更多更严重的恐慌。当时很多例子都足以证明这一情况。1919年，库恩·贝拉在匈牙利建立了短暂的共产主义政权。由罗莎·卢森堡和卡尔·李卜克内西领导的斯巴达克斯党[1]，于1919年1月在柏林发动起义，随后被右翼成员的"自由军团"和政府武力迅速击溃。在无政府状态下，右翼团体在德国迅速崛起，初出茅庐的国家社会主义者希特勒策划了1923年11月在慕尼黑的啤酒馆暴动。然而，魏玛共和国在德国逐渐建立了自己的政权——尽管很脆弱，于是在德国得到推行的是民主制度而非共产主义。西欧的情况也一样，虽然有一段时间不太稳定。在英国，重新整改的工党正在稳步争取工人阶层的投票。而在其他地方，独裁主义政府在两次大战间隙正逐渐成为主导。

1924年列宁逝世后，约瑟夫·斯大林最终继承了他的位置，他引入的"一国建成社会主义政策"默认了俄国革命无法在各地激起普遍的革命起义。不过，在两次大战之间，苏联一直饱受他国轻蔑，西方保守派政客对之抱有深度的怀疑。

① 即德国共产党前身。——译注

СМЕРТЬ МИРОВОМУ ИМПЕРИАЛИЗМУ

对页图：弗拉基米尔·伊里奇·列宁领导革命

上　图："消灭全世界的帝国主义"：工人们正在对抗一只绞杀工厂的绿色怪物

下页图：一战时同盟国的外交官和军官与俄国签署《布列斯特－立托夫斯克条约》，标志着俄国于1918年3月3日退出第一次世界大战

92 防流感口罩

图示的面部口罩是预防流感病毒的众多口罩型号之一。流感俗称"西班牙流感"或"西班牙少女"，这种疾病于1918年2月在西班牙的圣塞瓦斯蒂安首次现身。一个月后，美国出现了一例病患；到4月初，流感已经扩散到了西线。这场流行病从1918年一直持续到1920年，因病身亡的人数超过了一战阵亡人数——尽管战场数据通常并不准确，但也有大约1 000万名士兵阵亡。而流感造成的死亡人数，即便是保守估计，也是其两倍之多。数据显示，约有1亿人因流感死亡，仅印度地区就有1 200万~1 600万人。美国海陆军中，有记录可查的流感病例达到73万例，死亡率高达7.2%。英国的医疗机构对1916—1920年的1 043 653起病例进行调查，结果显示其中94 989例为流感。

流感并非因战争而起，营养不良也并不会加剧流感的毒性（饮食良好的富人跟底层群众一样易受感染而亡），但毫无疑问，流感的爆发使战争形势更加恶化。在德国，人民正在忍饥受饿，而流感爆发之前的肺炎及肺结核疾病，已让女性死亡率上升了

23%。西班牙流感的第一次爆发持续到1918年的夏天，其影响相对较轻，感染者因病身亡并不常见。随后的另一波病毒则非常危险，病魔杀人不分老少，也不分健康或病弱。20~40岁年龄段的人群更易患病，而流感的破坏力在军队更强，大量年轻士兵聚集在一起，病毒更易传染。要活下来只能靠运气。到10月底，英国的死亡人数已达到每周7 000人。

每个国家都采取了一系列的预防措施。使用不同类型的口罩，在公共场所喷洒消毒剂，四处分发印有流感预防措施的传单，但是这些都无济于事。

流感对军事行动造成了直接影响。1918年，流感在军队中肆虐，而德军受到的影响是最大的。德军在春夏两季的激烈战斗中损失巨大，并未完全恢复元气，因此在1918年8月8日的亚眠战役中兵员不足。流感使军队的情况变得更糟。英国第四军所辖各师一共仅有7 000名精兵（加拿大部队的情况会好一些），而德军各师的士兵总数在3 000~4 000人。历史学家至今还在研究评估流感对于战争的全面影响。

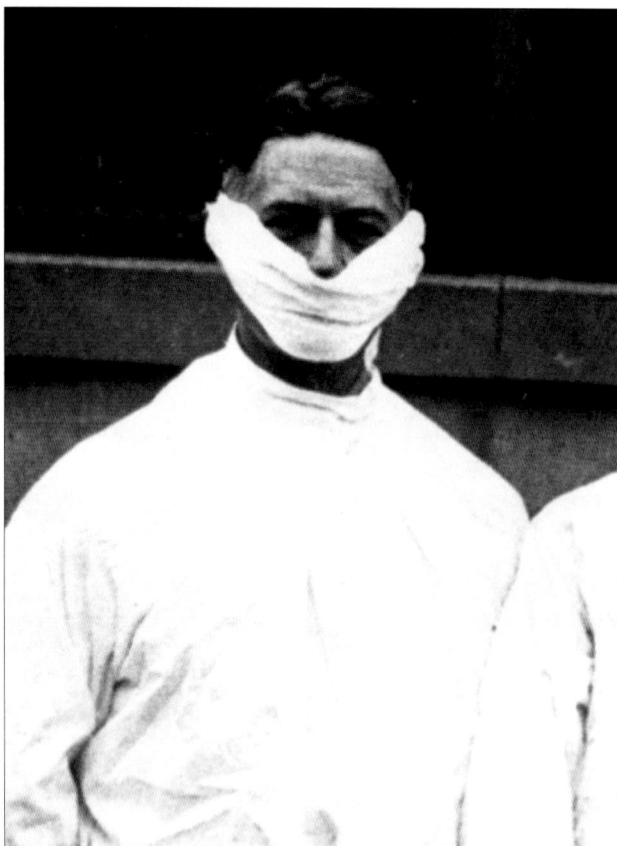

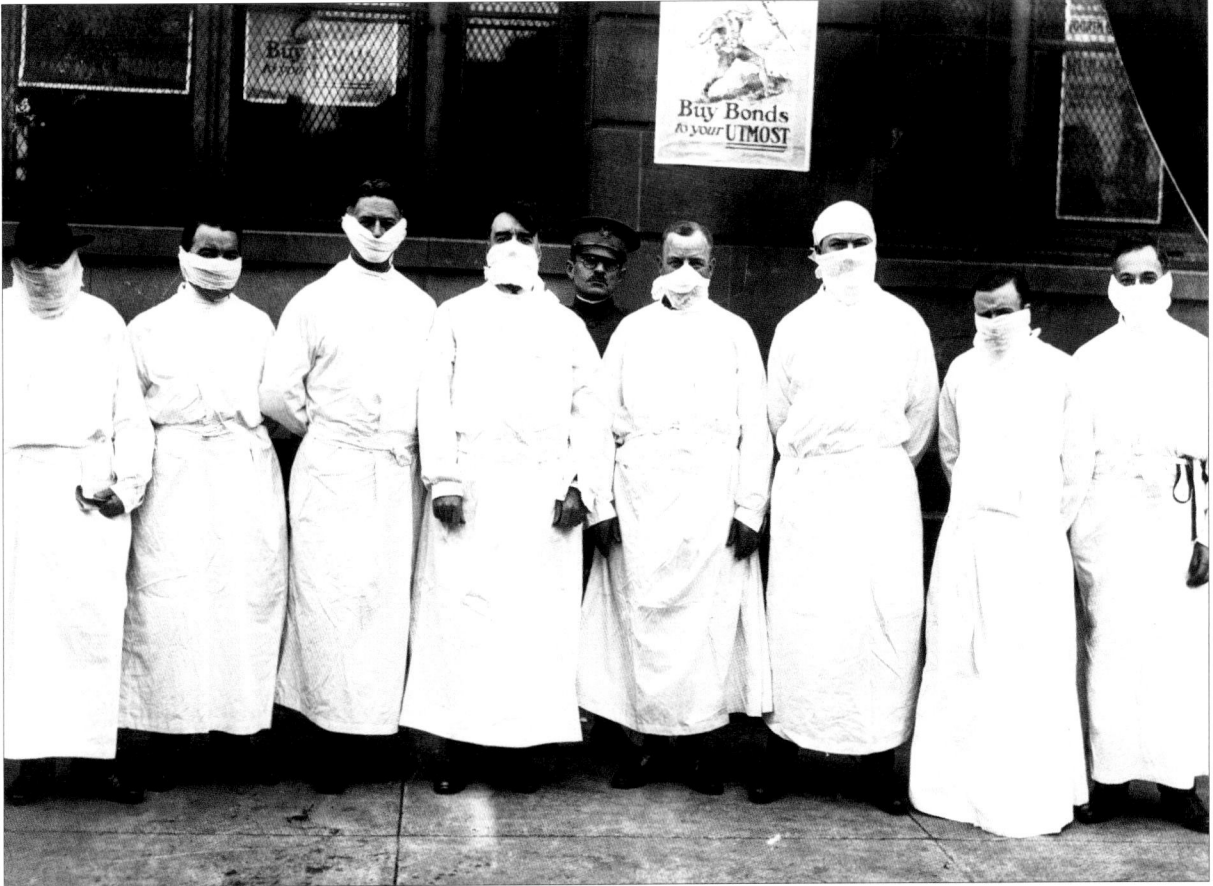

对页图：医务人员佩戴的口罩，用以预防流感病毒从一个国家传播到另一国家过程中产生变异

上　图：1918年，医生、军官和记者在探访因流感入院治疗的病人时，都要身穿手术服并佩戴口罩

93 贡比涅的火车车厢

法国东部贡比涅森林附近的一块空地上，停着一节火车车厢，一份停止西线杀戮的正式协议将在此处签署。1918年11月8日，由德国中央党领袖马提亚·艾尔兹贝格带领的新生的德国共和政府代表团与福煦元帅签署了停战协定。条约包括撤离所有占领区和莱茵河西岸，以及归还所有武器和铁路车辆。福煦元帅在谈判中几乎没有给对方任何回旋的余地。德国必须在11月11日之前给予回复。德国人没有选择的余地，只能同意。停战协议于11月11日上午11时正式生效。

英国代表团也来到了贡比涅。但看上去团结一致的各战胜国之间出现了分歧，协约国之间没有一个共同的战争目标。1918年，德国战败的可能性越来越大，各协约国之间的关系也随之越来越紧张。出于本土海防安全的需求，英国要将德军赶出比利时，这是其最关注的目标之一。低地国家的安全问题一直是英国的传统关注点，其次还要维持欧洲各国的均势。英国在法国大革命和拿破仑帝国时代就为这些问题征战了25年之久。除此之外，英国还想报复德国的侵略，但这并不是它真正的目标。在此前的战争中，英国就一直想夺取海外殖民地。一战之后，大英帝国的领土面积得以前所未有地扩张，其中包括德国各殖民地以及从德国的盟友土耳其手中夺得的土地。

法国在一战中的主要目的是将德军赶出它的领土。除此之外，它还希望收回在1871年普法战争中割让给德国的阿尔萨斯–洛林地区。没有任何证据表明，法国肯定能得到华盛顿和伦敦的支持，但它最终还是在1919年的《凡尔赛条约》中达成了这些目标。法国还通过与英国瓜分殖民地战利品，拓展了自己的领土。

法国代表团的一些成员提出了一个相当激进的方案。他们试图将德国分割为众多小国，让其倒退回100年前的状态，从而彻底消灭这一威胁。这警醒了英国，他们并不想让法国成为欧洲霸主。与此同时，英法也对美国产生了怀疑，担心美国总统伍德罗·威尔逊在实施一个完全不同的计划（见《伍德罗·威尔逊的"十四点"和平原则》，本书第198页）。

协约国在战争末期的分歧预示了胜利后战胜国之间的分裂。实际上，《凡尔赛条约》并没有被很好地执行。20世纪30年代后期，面对新生的德国的威胁，英法两国拒绝再次联手。

这节车厢在20世纪动荡的历史里还扮演了另一个角色。1940年5月22日，德国洗刷了1918年11月战败的耻辱，在对法作战中取得了辉煌的胜利。希特勒让人将这节车厢从博物馆中搬出，放回签署停战协议的贡比涅森林附近的空地上。在那里，法国代表签署了正式的投降书，而这节车厢又被作为胜利的标志运回德国，并于1945年彻底销毁。今日，在贡比涅的车厢是后来的一件仿制品。

对页图：1918年11月11日，福煦元帅（右起第二）手拿停战书。他随后对《凡尔赛条约》的评价是：这不是和平，这仅仅是一份停战20年的协议

上　图：1918年签订贡比涅停战协议的火车车厢的内部展示；1940年6月21日法国在同一节车厢里向同一个敌人签署了投降书

94 德皇的退位诏书

1918年11月9日，德国人发布了德皇威廉二世退位诏书，从曾经的万人之上到后来流放异乡，这一天可以说是威廉二世人生中的一个转折点。退位的到来异常迅速。7月中旬，德国的精英阶层至少还有点胜券在握的幻觉。先是7月18日，福熙元帅在马恩河会战中的防守反击，接着是8月8日黑格将军在亚眠战役中的获胜，协约国百日攻势的序幕被徐徐拉开。德军战场的失利带来的是本土防线的溃败。由于德军最高统帅部考虑更多的是保住军队而非其为之服务的政权，他们遂打算推卸责任。巴登亲王马克斯，一个有自由主义倾向的贵族，以首相和社会民主党反对派人士的身份进入了政府。战后"背后挨了一刀"的谣言即源于此。

10月26日，格勒纳将军接替了鲁登道夫的职位，他于11月9日直截了当地告诉威廉皇帝，"您现在已经没有任何军队了，没有军队再为您效力了"。威廉并不想这么快退位，他想退一步，仍旧保留普鲁士的王位，但却身不由己。同日，政府未经商量便直接发布了威廉二世的退位诏书，威廉被流放到荷兰。

威廉生于1859年，是腓特烈三世的儿子，也是普鲁士王位的继承者。他的母亲是与英国女王维多利亚同名的维多利亚长公主。威廉在英国长大，从小就对母亲的国家有种极为复杂的感觉：既羡慕又嫉妒。威廉出生时遭遇难产，这导致他左臂萎缩，脑部功能也有一定问题。威廉在幼年时接受了一系列吓人却不成功的治疗，以矫正他的残疾，这可能造就了他日后的性格。他成长为一个极不成熟并且傲慢至极、难以相处的人，一些人甚至认为他精神错乱。

威廉的父亲在1888年被加冕为腓特烈三世皇帝，但却在3个月后死于癌症。威廉下定决心要有所建树。1890年，威廉免去了铁血宰相奥托·冯·俾斯麦的职务，改变了德国的外交政策。俾斯麦在德国统一战争（1864—1871）中打破了原有的势力平衡，并建立了一种新的平衡。根据威廉的"世界政策"，德国拒绝维持现状。俄国拒绝与德国再续新约之后，于1892年和法国结成同盟。在世纪之交的布尔战争中，威廉以武力相威胁，并宣称德国要组建一支强大的海军来对抗英国，孤立伦敦。这种做法将英国从一个潜在的盟友变为一个潜在的对手。此外，威廉必须为1914年各国联合对抗德国的境地负一定责任。

开战后，虽然威廉在理论上是德国最高战争统帅，但事实上，他被军方打入了冷宫。尽管如此，威廉对高层任免方面仍有相当重要的影响，比如法尔肯海因就是他任命的。大部分的决策中，他被排挤为边缘人物。其子威廉王子指挥着一个集团军，按照德军惯例，威廉王子的参谋长是一名职业军人。

威廉二世无视将他作为战争罪犯进行引渡和审判的要求，一直在荷兰过着平静的生活，直到1941年去世。

Ich verzichte hierdurch für alle Zukunft auf die Rechte
an der Krone Preussen und die damit verbundenen Rechte an der
deutschen Kaiserkrone.

Zugleich entbinde ich alle Beamten des Deutschen Reiches
und Preussens sowie alle Offiziere, Unteroffiziere und Mann-
schaften der Marine, des Preussischen Heeres und der Truppen
der Bundeskontingente des Treueides, den sie Mir als ihrem
Kaiser, König und Obersten Befehlshaber geleistet haben. Ich
erwarte von ihnen, dass sie bis zur Neuordnung des Deutschen
Reichs den Inhabern der tatsächlichen Gewalt in Deutschland
helfen, das Deutsche Volk gegen die drohenden Gefahren der
Anarchie, der Hungersnot und der Fremdherrschaft zu schützen.

Urkundlich unter Unserer Höchsteigenhändigen Unter-
schrift und beigedrucktem Kaiserlichen Insiegel.

Gegeben Amerongen, den 28. November 1918.

对页图：威廉二世于 1918 年 10 月 31 日离开柏林，前往战时一直是中立国的荷兰流亡

上　图：1918 年 11 月 28 日正式颁布的退位诏书。《凡尔赛条约》指控威廉二世为战犯，但荷兰拒绝引渡

95 法西斯黑衫

法西斯黑衫无声地证明了：战争往往会带来执政者意料之外的影响。1915年5月，意大利参战时，当权者希望借此占领那些意大利语区，而这些土地上的居住者是19世纪60年代至70年代"意大利统一运动"的结果，他们依然游离在统一的意大利之外。所谓"尚未收复的意大利"带来了"领土收复主义"，借以指代意大利将这些"丢失"的土地收归版图的意愿。而战争后期的和平方案使得意大利民族统一的梦想仅仅实现了一部分。虽然意大利也确实有所斩获，如南蒂罗尔地区的一部分和的里雅斯特地区；但达尔马提亚这样的重要地区则成为新国家南斯拉夫的一部分，阜姆港则宣布成为自由市。意大利占领小亚细亚以及非洲领土的愿望没有实现。意大利人绝望且怨恨地以为，他们是被自己的协约国盟友拖了后腿，祖国的大部分牺牲都没有得到应有的回报。

意大利军队对奥匈帝国发起了一系列的消耗性攻势。由于进攻地区都是易防守的山地地形，意大利人难进寸步。尽管同盟国于1917年10月在意大利卡博雷特（Caporetto）地区发动的一场毁灭性攻势击溃了意军，但在得到了英法两国的增援后，意军在维托里奥·维内托获得了辉煌的战绩（1918年11月）。意大利军队在一战中损失惨重：大约46万人死亡，95万人受伤，并且有大约50万名士兵被俘。

战争对意大利社会的凝聚力也造成了严重的破坏。战争花费了意大利1 480亿里拉的经费。但一直没有增税，这造成了政府高额的负债及严重的通货膨胀。国家的自由民主及其可靠性甚至合法性都遭受到严重的怀疑。这时由贝尼托·墨索里尼（1883—1945，记者，社会主义变节者，退伍军人）领导的法西斯政党抓住了机遇。

墨索里尼曾在伊松佐河前线战斗，1922年他成为意大利的领袖。他是一名极端的右翼国家主义者，在1919年成立了准军事化组织"黑衫党"。两年后他又建立了一个准军事化组织"法西斯"（the Fascists）；这个名字的来源是"束棒"（fasces），即周围捆绑了一束木棍并露出刃口的斧头形象，在古罗马是权力的象征。1922年，意大利政坛乱象丛生，墨索里尼在此背景下被任命为首相。三年后，他又掌权了一个以他为"领袖"的极权主义国家。

正如法西斯政党的黑色制服所暗示的那样，墨索里尼政权是新兴大型极权主义政党的一分子。这在20世纪上半叶的欧洲是一个引人注意的特征。希特勒从意大利的榜样中学到了许多。表面上，墨索里尼政权与被其取代的前政权相比焕然一新。但实际上，它有很多缺陷，尤其是在处理意大利经济衰退问题上——这大大降低了它在二战中作战的实力。

作为战争领袖，墨索里尼到后期由于频频战败而被人视作一个滑稽的人物，而他的败绩也被后人铭记。不为人所熟知的是，在两次世界大战间隙，和致力于解决它们所面临的一系列经济、社会和政治等难题的民主国家相比，强调军事美德和秩序的意大利法西斯主义，似乎是更有吸引力、更适合解决这些难题的方案。墨索里尼在海外拥有众多的追随者，其中包括温斯顿·丘吉尔这样的人物，而他们在日后将为自己热情的言语蒙羞。法西斯是第一次世界大战的产物，严重削弱了一个为获取领土而参战的自由主义国家，这确实是人们始料未及的。

对页图：1922 年 10 月，进军罗马前夜，墨索里尼身旁有那不勒斯的纳粹同僚陪同

上　图：1919 年，墨索里尼作为意大利老兵联盟的首领，前往罗马奥古斯都剧场参加第一届法西斯会议

96 英联邦战争公墓的墓碑

英联邦战争公墓管理委员会管理的公墓坐落在世界各地，这些"寂静的城市"规模大小不一。有些非常小，比如为纪念1916年索姆河战役而建立的亨特公墓仅有46座墓碑。而在比利时帕斯尚代尔的泰恩克特公墓纪念馆则规模庞大。11 500多人埋葬在这里，还有将近35 000名不知牺牲在何处的士兵的名字被铭刻在纪念碑上集中悼念。

尽管每个地区的情况都有所不同，但大部分都有着相似的白色墓碑，上面刻着每个在墓碑下长眠的士兵的军衔、名字、死亡日期以及家人的悼词。这些悼词各不相同，例如许多以"亲爱的父亲/儿子/兄弟"为主题的悼词，常常令人无法抑制地感到惋惜。

这些墓碑最初由波特兰岩石制成，但现在是采用伯蒂奇诺石灰岩制作。高81厘米、宽38厘米，上面镌刻死者（有男有女）生前所属军种的徽记，比如皇家海军（标志为一个生锈的船锚）、皇家空军（标志为展翅的雄鹰）等不同军种的标志。1914年是郡县团的鼎盛时期，走在英联邦战争公墓里，可以看见已被解散多年或已被合并的步兵团的徽章，比如沃克里郡团的羚羊皮，汉普郡团的老虎和玫瑰（被称为猫和白菜），还有机枪兵团的十字交叉机枪，这个在战争中崛起的军团和其他很多军团一样，并没能在和平时期延续下来。正如他们的战争纪念碑称颂的那样，新西兰士兵来自"地球的最底端"，他们的墓碑上刻有蕨类植物的叶子。加拿大士兵的象征是枫叶，南非的象征是跳羚，澳大利亚则是一枚"旭日"徽

章。墓碑还以宗教标志为记号，如十字架和大卫星，有时则什么都没刻。

最早的战争墓碑都是以粗劣的木质十字架为记号，再用铅笔写上无法擦掉的士兵的名字。大英帝国（后为英联邦）战争公墓管理委员会于1917年成立。机构的成立要归功于法比安·韦尔爵士。他与国际红十字会组织共事时展开了墓碑的登记工作，并在这个新机构中发挥了重要作用。雷金纳得·布朗菲尔德爵士设计了"牺牲十字"，即将基督教的象征十字架与长剑放在一起。另一名杰出建筑师，爱德温·勒琴斯设计了墓碑林立的公墓中易于寻找的国殇纪念碑。1915年，英国著名诗人鲁迪亚德·吉卜林被告知其爱子约翰"失踪，据信身亡"，之后，参与了大量委员会组织的活动。他建议将短语"上帝已知"刻在无名战士墓碑上，以及句子"他们的名字将永存"刻在国殇纪念石碑上。

公墓力求提供一方水土使人心情平和稳定。不管其中的植物来自哪里，公墓始终是典型的英式花园风格。这种氛围与德国墓园暗色系十字架营造的阴沉昏暗的氛围不同，也与颂扬美利坚的美国士兵公墓不同。今天，英联邦战争公墓——无一不被管理得井井有条——清楚地提醒世人，人类在1914—1918年以及1939—1945年的战争和后来的冲突中，付出了惨痛代价。英王乔治五世于1922年"漫游"西线时说过的话在今天听来依旧振聋发聩：我曾多次问自己，这世上是否有人会比目睹战争带来的无尽荒凉并长眠于此的战士更有力地主张和平？

对页图：土耳其加利波利的阿里·布尔努公墓。这是该地区 31 座英联邦战争公墓之一

上　图：L.A. 考克斯的私人墓地。他属于英国皇家陆军医疗部队，死于 1917 年 12 月 9 日。与英联邦战争公墓委员会竖立的大多数早期墓碑一样，该墓碑由波特兰岩石制成

下页图：德国战时军用墓地，约建于 1919 年

97 凡尔赛镜厅

凡尔赛宫见证了欧洲过去300年当中的历史与权势的兴衰。1678—1684年，凡尔赛宫进行了大规模的扩建，目的在于赞颂"太阳王"路易十四的功绩：他的军队发动了一系列战争，扩张了法国的领土，并使法国成为当时的军事强国。雄伟壮丽的镜厅由357块镜子组成，定义了现代欧洲的两起重大事件就发生在这里。1871年1月18日，在普法战争的余烬中，普鲁士国王在凡尔赛宫加冕为德皇威廉一世。对于统一的德国而言，在一个象征法国过去功勋的场所举行加冕仪式是对法兰西莫大的羞辱。另一件转动历史车轮的事件发生在1919年6月28日，交战双方在镜厅签署了《凡尔赛条约》。该条约结束了德法之间的战争，德国以同样的方式受到了法国的羞辱。

《凡尔赛条约》要求德国赔偿6亿英镑，1871年被德国吞并的阿尔萨斯-洛林也还给了法国。另一些领土则被划分给了波兰，使波兰拥有了通向海洋的道路。也许最让人愤恨的条款是第231条，即所谓的"战争罪责条款"，将战争的爆发完全归咎于德国及其盟友。

《凡尔赛条约》的经济影响遭到约翰·梅纳德·凯恩斯的强烈批评。两场世界大战之间，美国和英国的自由主义者为德国在《凡尔赛条约》中受到战胜国不公正的待遇而感到不安，而正是这些国家炮制了该条约。因此《凡尔赛条约》的道德权威，甚至于合理性都受到了质疑。条约的批评者们无意中帮助了希特勒的崛起，因为对《凡尔赛条约》的批评攻击是他计划的一个主要部分。但简单地将二战的爆发归咎于《凡尔赛条约》是不合理的。1933年希特勒掌权之前，条约就已经进行了重大的修改，例如战争赔偿方面，以及接纳魏玛德国重新成为国际社会的一部分。1929年华尔街崩溃引发了全球经济危机，这促使了二战的爆发，这一论调比《凡尔赛条约》导致二战爆发更令人信服。这也为德国纳粹的掌权铺平了道路，希特勒一直决心打一场意识形态上的征服战。

鉴于一战带来的大规模破坏和创伤，而且据认为，是战败国开启了战争侵略的魔盒，那么将惩罚性的和平强加在它身上，看起来就很公平了。但是与德国于1918年强加在俄国布尔什维克身上的《布列斯特-立托夫斯克条约》相比，《凡尔赛条约》就显得温和得多。如果和1945年战败的纳粹所受到的待遇相比，就更显得微不足道。1919年，理想的和约应该是温和的，给新生的德国民主政府一个机会，但是在当时狂热的环境下，这种和约无论在政治上还是心理上都是不被人接受的。相反，如要摧毁德国未来数十年发动战争的能力，条约应更加严苛。凡尔赛镜厅签署的条约已经足够严厉，甚至激起人们的愤恨，但是并不足以阻止一个复苏的德国在20年后发动一场报复性的战争。

対頁図：1919 年 5 月 7 日，德国代表团于凡尔赛接受协约国的和平条约

上　图：镜厅，《凡尔赛条约》的签署地，选址于此的原因在于，1871 年普法战争结束时，法国正是在这里遭受了奇耻大辱

98 无名战士纪念碑

坐落于威斯敏斯特教堂的无名战士纪念碑是一战中牺牲的英国无名士兵的最后安息之处，这块纪念碑用来纪念战争中身份不明或未知所葬之处的战士。

用纪念碑来祭奠无名烈士的想法来自英国陆军牧师戴维·雷尔顿。1916年，他被一座刻有"一个无名的英国士兵"的粗制木质十字架深深打动。此景给他留下了深刻而长久的印象。1920年8月，他提出建立一座永久的纪念碑，来祭奠那些战死沙场、身份不明的英国士兵。这个建议被威斯敏斯特教堂的主持牧师赫伯特·赖尔采纳，他利用自己的个人影响及庞大的资源关系将这项提议变为现实。这项提议也得到了当时的首相与国王的支持。

关于无名战士的来源问题出现了争论，一些人建议，墓碑祭奠的伤亡人员应来自三支主要的军队。然而这项建议没有被采纳。最后的方案是，分别从英军战斗过的主要战场（比如埃纳省、阿拉斯、索姆河和伊普尔等）各自移回一具遗体。四具身盖英国国旗的遗体被放在阿拉斯附近的圣博德教堂的小礼拜堂中陈列。英国陆军在法国的战时指挥官、陆军准将L.J.瓦特，应邀选出一名士兵的遗体。他闭上眼睛，然后随机选出了一名。这具尸体被放置在灵枢里，其他几具则被重新安葬。

装着无名士兵遗体的灵枢由在汉普顿宫生长的橡木制成。灵枢上陈列着一把乔治五世从伦敦塔藏品中挑选的16世纪宝剑，宝剑上是一面铁盾，盾上刻有如下字样："这是一名在1914—1918年的大战中为国王和国家而牺牲的英国勇士。"灵枢被转移到布伦，由皇家海军战舰"凡尔登"号承载出海，福熙元帅代表军队向灵枢施以军礼。这艘军舰是被特别选中，以向在同名战役中牺牲的法军战士表达敬意。

1920年11月11日，这具灵枢由一辆炮车运载，完成了它最后的旅程。多名英军高级将领担任它的护枢者，其中包括戴维·贝蒂爵士、道格拉斯·黑格爵士和休·特伦查德爵士。在短暂的烈士衣冠冢揭幕仪式之后，皇室成员和内阁成员在威斯敏斯特大教堂举行了悼念仪式。100名维多利亚十字勋章获得者组成的护卫队守卫在灵枢两侧，随之进入教堂。在灵枢放平之后，墓穴被100袋来自法国的泥土填平。随后，墓地被覆盖了一座比利时的黑色大理石碑。

为了参加无名战士葬礼的游行，众多人士聚集在伦敦。感受这样的仪式是一种非常深刻的情感经历。很多历史学家都认为，对大英帝国的公众来说，这次葬礼仪式是一次非常重要的情感宣泄。1920年后，战争胜利的喜悦已经逐渐消退，取而代之的是"举国的情绪休克"，不论是大众还是个人都需要一个情感宣泄口。所以那些失去亲人的人可以期许那位无名士兵就是他们的儿子、丈夫或者兄弟。

BENEATH THIS STONE RESTS THE BODY
OF A BRITISH WARRIOR
UNKNOWN BY NAME OR RANK
BROUGHT FROM FRANCE TO LIE AMONG
THE MOST ILLUSTRIOUS OF THE LAND
AND BURIED HERE ON ARMISTICE DAY
II NOV: 1920. IN THE PRESENCE OF
HIS MAJESTY KING GEORGE V
HIS MINISTERS OF STATE
THE CHIEFS OF HIS FORCES
AND A VAST CONCOURSE OF THE NATION

THUS ARE COMMEMORATED THE MANY
MULTITUDES WHO DURING THE GREAT
WAR OF 1914-1918 GAVE THE MOST THAT
MAN CAN GIVE LIFE ITSELF
FOR GOD
FOR KING AND COUNTRY
FOR LOVED ONES HOME AND EMPIRE
FOR THE SACRED CAUSE OF JUSTICE AND
THE FREEDOM OF THE WORLD

THEY BURIED HIM AMONG THE KINGS BECAUSE HE
HAD DONE GOOD TOWARD GOD AND TOWARD
HIS HOUSE

Grave of the
Unknown Warrior 1920   27

对页图：无名战士的棺木在下葬前陈列在威斯敏斯特教堂。无名战士象征着为大英帝国战亡却没有墓碑的勇士

上　图：安息在威斯敏斯特教堂的无名战士。其遗体从法国运回，并于战争结束两年后（1920 年 11 月 11 日）下葬。组成纪念碑的还有来自法国的土壤和比利时的黑色大理石碑

下页图：很多国家也有他们的无名战士。照片展示了1922 年 11 月 12 日比利时无名战士下葬后两分钟的默哀

241

埃里希·玛利亚·雷马克的小说《西线无战事》引发了文坛轰动。1929年1月，它在德国首次出版，名为*Im Westennichts Neues*。经A.W.韦恩翻译后，这本书在同年稍晚的时候，在英语文化圈中引起了巨大的反响。在广告商的高效协助下，该书在出版后的一年半时间里就被翻译成了18种语言，卖出了250万本。

《西线无战事》生动形象地讲述了一名德国士兵保罗·博伊默尔被派往前线参加战斗的故事。在此过程中，他经历着噩梦般的生活，眼看着朋友被杀，起初的爱国热情渐渐熄灭，最后他对战争的幻想彻底破灭。在战争结束的前一刻，保罗阵亡了。他的死毫无意义，因为那天整个前线是那么沉寂和宁静。这也是小说讽刺性标题的来源。雷马克的写作目的在很久之前就谈到了："这本书既非控诉也非忏悔，更不是投机冒险，因为那些与死亡面对面的人并非在做一次冒险。我只是想简单地讲述一个这一代人被战争摧毁的故事——即使他们也许已经脱离了枪林弹雨。"

在历史学家所谓的"大战书籍的繁荣"之初，《西线无战事》的出版是最重要的事件。回忆录、小说和出版的日记百花齐放。其时间始于20世纪20年代（齐格弗里德·萨松的回忆录《猎狐者回忆录》发表于1928年），并一直持续到30年代中期。英国方面的例子包括罗伯特·格雷夫斯的《向那一切告别》和理查德·奥尔丁顿的《英雄之死》（均发表于1929年）；在美国，欧内斯特·海明威也在同年发表了《永别了，武器》。舞台和荧屏也为这一风潮做出了贡献。R.C.谢里夫的《旅行的终点》于1928年底首演。1930年，好莱坞将《西线无战事》拍摄成电影。

如此之多的文学作品影响甚大。这看起来似乎反映出人们对一战的醒悟。在对待战争方面，和平主义在伦敦成为一股主要力量。1931年，美国作家威廉·福克纳宣称"美国人并没有被死于西线的德国士兵所征服，却被死在一本德国小说里的德国士兵征服了"。

历史学家丹·托德曼指出，《西线无战事》的悲剧基调更多地归因于雷马克战后失败的经历，而并非他在西线所真正经受过的。雷马克并不能代表所有的战争老兵。1933年纳粹掌权后，《西线无战事》遭禁。战争是纳粹德国非常重要的一个日程安排。一些英国战争老兵批评道，小说中描述的残酷无情的景象并不能反映出西线的真正情况。颇具争议的历史学家、老兵西里尔·福尔斯说："每段战线都糟透了……似乎没有人可以休息一下。"很多（也许是大部分）英国老兵并非视战争为毫无价值的东西。尽管他们战后的生活悲惨，他们仍把德意志帝国看作一个危险而具有侵略性的敌人，而将英国人的战争视为一场保家卫国的正义之战。

ALL QUIET ON THE
WESTERN FRONT
ERICH MARIA REMARQUE

对页图：埃里希·玛利亚·雷马克在1930年拍的照片。1917年他被弹片击中，被送往一所军医院治疗，他在那里度过了战争的剩余时光

上　图：1929年，美国出版了第一版《西线无战事》。这本书最早是于1928年11—12月间，连载于德国报纸《福斯报》

凯绥 · 珂勒惠支的雕像

凯绥·珂勒惠支是一位被高度赞扬的德国画家。她的作品主要是蚀刻版画和雕塑。一战爆发前，她的作品主题主要是贫穷、饥饿和愤怒。她特别着迷于刻画底层人民对（她认为的）资产阶级压迫的反抗。其作品组画《织工》（*The Weavers*）为其赢得了极高的赞誉，该画反映了1842年西里西亚纺织工人起义失败的史实。随后，珂勒惠支又完成了一组表现残酷的德国农民战争（1524—1526）的画。

一战的经历给珂勒惠支留下了深深的心理创伤。她最小的儿子彼得在1914年10月23日满怀热情地应征入伍。他的队伍充满爱国热情但缺乏训练，匆匆投入第一次伊普尔战役。颇具地理优势的比利时防御阵地位于迪克斯莫德，德国人对该阵地发起一系列正面突击。突击队接连战败，遭受了巨大的损失。19岁的彼得战斗身亡。

彼得之死对珂勒惠支造成无法言喻的伤害，她因此陷入了深深的痛苦之中。为了使其幼子和许多像他一样的年轻人的死更有意义，珂勒惠支开始创作塑像来纪念他们。她的设计进展缓慢。1919年，她放弃了塑像的创作，她在日记中写道："我会回来的。我会为你、你们还有其他人完成这项工作。"在随后的几年里，她把精力集中在反战木刻和海报上。

尽管如此，珂勒惠支还是在1925年恢复了纪念作品的创作。这次完成的作品令她非常满意，这便是《哀痛的双亲》（*The Grieving Parents*）。虽然原型是珂勒惠支及其丈夫，但她表达出了人们痛失亲人的普遍感受。作品完成于1931年。在被位于比利时埃森的德国公墓收藏之前，作品在汉堡展出。20世纪50年代，公墓迁往比利时瓦尔德斯洛，两件塑像也搬进了新家，直至今天仍然保存在那里。塑像被放置在一个可以让父亲像的眼睛看到彼得·珂勒惠支墓碑的位置。

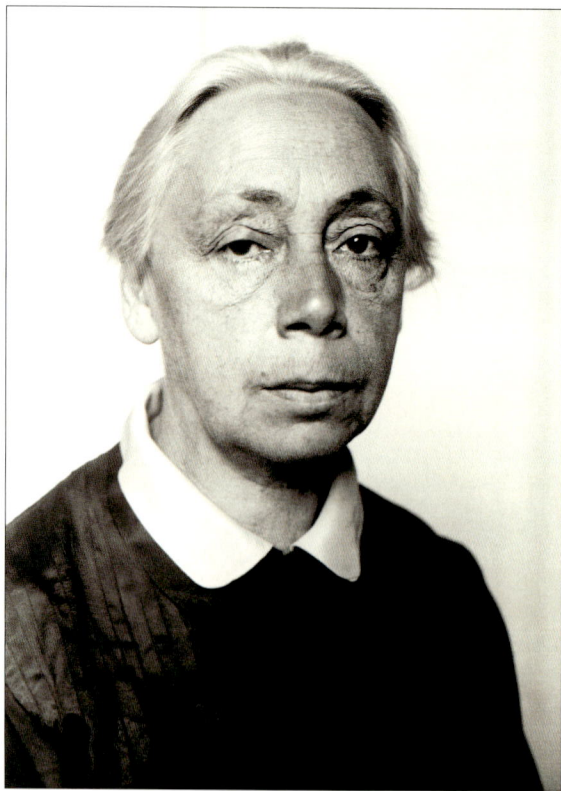

阿道夫·希特勒在这座塑像展出还不到一年，就成为德国首相。纪念作品的情感力量及其唤起人们失去亲人的哀痛的能力，使之完全站在了纳粹政府所喜爱的战争英雄观的对立面。于是珂勒惠支的作品被视为是"不合时宜"的，被禁止展出。珂勒惠支夫妇在整个20世纪30年代都受到纳粹当局的迫害，且威胁要把他们送进集中营。更残酷的是，组织纪念那场彼得逝去的战役的任务被交给了希特勒青年团。他们把这场战役描述为一场充满国家主义和英雄主义牺牲观的胜利。珂勒惠支的雕像作品在这样的政治环境下毫无立足之地。

纳粹政权的战败使得珂勒惠支的作品在战后德国重新出名。《哀痛的双亲》依然是纪念第一次世界大战最具情感力量的作品之一。它所表达的独一无二的双亲痛失子女的感情，让它成为全欧洲战争创伤的象征之一。

对页图：珂勒惠支于1914年10月痛失爱子彼得。彼得之死使她痛苦万分，对其日后的艺术创作形成了很大影响

上　图：《哀痛的双亲》，雕塑位于瓦尔德斯洛的一座德国公墓中。这里安眠着 25 644 名德国士兵

参考文献

Air Historical Branch, *The Royal Air Force in the Great War* (Battery Press Inc., 1996)

Ross Anderson, *The Forgotten Front 1914-18: The East African Campaign* (Tempus, 2007)

Vince O. Armstrong, *World War One Soldiers: Training, Trenches and Weapons* (Createspace, 2009)

Max Arthur, *When This Bloody War is Over* (Piatkus, 2001)

Stéphane Audoin-Rouzeau and Annette Becker, *1914–1918: Understanding the Great War* (Profile, 2002)

C.E.W. Bean, *Official History of Australia in the War 1914–1918 Vol. III: The A.I.F. in France 1916* (Angus & Robertson, 1934).

Ian F.W. Beckett, *The Home Front 1914–18: How Britain Survived the Great War* (National Archives, 2005)

Ian F.W. Beckett, *The Great War 1914–1918* (Person, 2001)

Martin Blumenson, *Patton: The Man Behind the Legend, 1888–1945* (William Morrow & Co., 1985).

Brian Bond, *Survivors of a Kind: Memoirs of the Western Front* (Continuum, 2008)

John Bourne, *Britain and the Great War 1914–1918* (Edward Arnold, 1989)

John Bourne, *Who's Who in World War One* (Routledge, 2001)

John Brophy and Eric Partridge, *The Long Trail: What the British Soldier Sang and Said in the Great War of 1914–18* (Andre Deutsch, 1965)

John Buckley, *Air Power in the Age of Total War* (Indiana University Press, 1999)

Stephen Bull, *Stosstrupptaktik: The First Storm Troopers* (Spellmount, 2007).

Mike Chappell, *The British Soldier in the Twentieth Century 4: Light Machine Guns* (Wessex, 1988).

Peter Chasseaud, *Topography of Armageddon: A British Trench Map Atlas of the Western Front* (Mapbooks, 1991)

Peter Chasseaud, *Artillery's Astrologers: A History of British Survey and Mapping on the Western Front 1914–1918* (Naval & Military Press, 1999)

Roger Chickering, *Imperial Germany and the Great War, 1914–1918* (Cambridge University Press, 1998)

Anthony Clayton, *Paths of Glory: The French Army 1914–18* (Cassell, 2003)

Deborah Cohen, *The War Come Home: Disabled Veterans in Britain and Germany, 1914–1939* (University of California Press)

Nik Cornish, *The Russian Army and the First World War* (Spellmount, 2006)

Colin Cook, 'The Myth of the Aviator and the Flight to Fascism', *History Today* Vol. 53, No. 12 (2003).

Rose Coombs, *Before Endeavours Fade: A Guide to the Battlefields of the First World War* (After the Battle, 1983).

Gordon Corrigan, *Sepoys in the Trenches: The Indian Corps on the Western Front 1914–1915* (Spellmount, 2006)

Daniel G. Dancocks, *Welcome to Flanders Fields: The First Canadian Battle of the Great War: Ypres 1915* (McClelland & Stewart, 1988).

Joseph Darracott and Brenda Loftus, *First World War Posters* (Imperial War Museum, 1972)

Robet A Doughty, *Pyrrhic Victory: French Strategy and Operations in the Great War* (Belknapp Press, 2005)

William M. Easterly, *The Belgian Rattlesnake – The Lewis Automatic Machine Gun: A Social and Technical Biography of the Gun and Its Inventor* (Collector Grade Publications, 1998).

James Edmonds, *Military Operations: France Belgium 1915 Vol. I* (Macmillan, 1928).

James Edmonds, *Military Operations: France and Belgium 1916 Vol. I* (Macmillan, 1932).

James Edmonds, *A Short History of World War I* (Oxford University Press, 1951)

Max Egremont, *Siegfried Sassoon: A Life* (Farrar, Straus & Giroux, 2005)

Cyril Falls and A.F. Becke, *Military Operations Egypt and Palestine Vol. II* (HMSO, 1930)

Bernard Fitzsimons (ed), *Warplanes and Air Battles of World War I* (Beekman House. 1974).

Lucien Fornier, 'Carrier Pigeons in the French Army, *Scientific American*, 12 July 1913, at http://www.pigeoncote.com/sa/sa.html

Norman Franks & Hal Giblin, *Under the Guns of the German Aces* (Grub Street, 1997).

Leonard Freedman, *The Offensive Art: Political Satire and Its Censorship around the World from Beerbohm to Borat* (Praeger, 2008)

Immanuel Geiss, 'Armistice in Eastern Europe and the Fatal Sequels: Successor States and Wars 1918–23' in Hugh Cecil and Peter H Liddell, *At the Eleventh Hour: Reflections, Hopes and Anxieties at the Closing of the Great War, 1918* (Leo Cooper, 1998)

Martin Gilbert, *Winston S. Churchill: The Challenge of War 1914–1916 Vol. II* (Houghton Mifflin, 1971).

Lucinda Gosling, *Brushes & Bayonets: Cartoons, Sketches and Paintings of World War I* (Osprey, 2008)

Adrian Gregory, *The Last Great War: British Society and the First World War* (Cambridge University Press, 2008)

Adrian Gregory, 'Railway stations: gateways and termini' in Jay Winter and Jean-Louis Robert, *Capital Cities at War: Paris, London and Berlin 1914–1919* (Cambridge University Press, 2007, 2 vols.)

Jeffrey Grey, *A Military History of Australia* (Cambridge University Press, 2008)

Paddy Griffith, *Forward into Battle* (Crowood, 1990)

Paddy Griffith, *Fortifications on the Western Front 1914–18* (Osprey, 2004).

Mary Guatt, 'Better Legs: Artificial Limbs for British Veterans of the First World War', *Journal of Design History*, Vol.14, No.4, 2001

Brian Hall, 'The British Army and Wireless Communication 1896–1918', *War in History*, Vol.19, No.3, 2012.

Paul G. Halpern, *A Naval History of World War I* (UCL Press, 1994)

Sir John Hammerton (ed), 'The Great War … I Was There!' *Undying Memories of 1914–1918 Vol. 2* (Amalgamated Press, 1939).

Neil Hanson, *The Unknown Soldier* (Doubleday, 2005)

Mark Harrison, *Medicine and Victory: British Military Medicine in the Second World War* (Oxford University Press, 2004)

Mark Harrison, *The Medical War: British Military Medicine in the First World War* (Oxford University Press, 2010)

Michael Haselgrove & Branislav Radovic, *The History of the Steel Helmet in the First World War: Austro-Hungary, Belgium, Bulgaria, Czechoslovakia, France, Germany* (Schiffer, 2006).

Ian Hogg, *Grenades & Mortars* (Ballantine, 1974).

Tonie Holt & Valmai Holt, *Till the Boys Come Home: The Picture Postcards of the First World War* (Deltiologists of America, 1977)

Tonie Holt, *Major and Mrs Holt's Battlefield Guide to the Somme* (Pen & Sword 2008)

Richard Holmes (ed.) *The Oxford Companion to Military History* (Oxford University Press, 2001)

Alistair Horne, *The Price of Glory: Verdun 1916* (Penguin, 1994)

Alvin Jackson, *Home Rule: An Irish History 1800-2000* (Oxford University Press, 2003)

Herbert Jäger, *German Artillery of World War I* (Crowood, 2001).

Fred T. Jane, *Jane's Fighting Ships* (Sampson Low, 1911)

Ernst Junger, *Storm of Steel* (Penguin, 2004).

Alan Krell, *The Devil's Rope: A Cultural History of Barbed Wire* (Reaktion Books, 2002).

Lee Kennett, *The First Air War: 1914–1918* (Free Press, 1999).

Rudyard Kipling, *The Irish Guards in the Great War: The Second Battalion* (Sarpedon, 1997).

Tony Lane, 'The Merchant Seaman at War', in John Bourne, Peter Liddle, and Ian Whitehead (eds.) *The Great World War 1914–1945* (2 vols. , Harper Collins, 2000–01)

Tony Lane, 'The British Merchant Seaman at War', in Hugh Cecil and Peter Liddle, (eds.) *Facing Armageddon: The First World War Experienced* (Leo Cooper, 1996)

Witold Lawrynowicz, *French Light Tank Renault FT US Six Ton Tank 1917* (Model Centrum Proges, 2006).

Edward G. Lengel, *To Conquer Hell: The Meuse Argonne 1918, the Epic Battle that Ended the First World War* (Holt, 2009).

Philip Longworth, *The Unending Vigil: The History of the Commonwealth War Graves Commission* (Pen and Sword, 2010)

George McMunn and Cyril Falls, *Military Operations Egypt and Palestine Vol. I* (HMSO, 1928)

Arthur Anderson Martin, *A Surgeon in Khaki: Through France and Flanders in World War I* (Bison, 2011)

W.E. Mason, *Dogs of all Nations* (Mason, 1915)

Bruce W. Menning, *Bayonets before Bullets: The Imperial Russian Army 1861 - 1914* (Indiana University Press, 2000)

Martin Middlebrook, *The First Day on the Somme* (Allen Lane, 1971)

Martin Middlebrook, *The Kaiser's Battle* (Allen Lane, 1978)

Martin and Mary Middlebrook, *The Middlebrook Guide to the Somme Battlefields* (Pen and Sword, 2007)

Allan R. Millett and Williamson Murray (eds.) *Military Effectiveness Vol. I The First World War* (Unwin Hyman, 1988)

T.J. Mitchell and G.M. Smith, *Medical Services: Casualties and Medical Statistics of the of the Great War* (Imperial War Museum/Battery Press, 1997)

Stuart C. Mowbray & Joe Puleo, *Bolt Action Military Rifles of the World* (Mowbray Publishing, 2009).

Michael Moynihan, *Black Bread and Barbed Wire: Prisoners in the First World War* (Leo Cooper, 1978)

David Nicolle, *The Ottoman Army 1914–18* (Osprey, 1994)

David Nicolle, *The Italian Army of World War I* (Osprey, 2003)

John Parker, *The Gurkhas* (Headline, 2000)

Major E. Penberthy, 'British Snipers: An Account of the Training and Organisation of Snipers in the British Armies in France', *The English Review*, September 1920

Major Hesketh Vernon Hesketh-Prichard, *Sniping in France* (Hutchinson & Co., 1920)

Stephen Pope and Elizabeth-Anne Wheal, *The Macmillan Dictionary of the First World War* (Macmillan, 1995)

Ian Porter and Ian Armour, *Imperial Germany 1890–1918* (Longman, 1991)

Stephen Thomas Previtera, *Prussian Blue: The History of the Order Pour le Mérite* (Winidore Publications, 2005)

R.E. Priestly, *Breaking the Hindenburg Line: The Story of the 46th (North Midland) Division* (Fisher Unwin, 1919)

Robin Prior, *Gallipoli: The End of the Myth* (Yale University Press, 2009)

Mick J. Prodger, *Flying Helmets before the Jet Age* (Schiffer Military/Aviation History, 1995)

David Ramsay, *Lusitania: Saga and Myth* (W.W. Norton & Company, 2002)

Paul Reed, *Walking the Somme* (Pen & Sword, 2011)

Robert Rhodes James, *Gallipoli* (Batsford, 1965)

Donald Richter, *Chemical Soldiers* (Leo Cooper, 1992)

Anthony Saunders, *Weapons of the Trench War 1914–1918* (Sutton, 1999)

Anthony Saunders, *Dominating the Enemy: The War in the Trenches 1914–1918* (Sutton, 2000).

Siegfried Sassoon, *Memoirs of an Infantry Officer* (Faber & Faber, 1931)

Gary Sheffield, *Leadership in the Trenches* (Macmillan, 20000

Gary Sheffield, *Forgotten Victory: The First World War – Myths and Realities* (Headline, 2001)

Gary Sheffield, *The Chief: Douglas Haig and the British Army* (Aurum, 2011)

Dennis E. Showalter, *Tannenberg: Clash of Empires* (Brassey's 2004)

Ian Skennerton, *An Introduction to British Grenades* (Greenhill, 1988).

Stephen Skinner, *The Stand: The Final Flight of Lt. Frank Luke Jr.* (Schiffer, 2008).

Joseph E. Smith, *Small Arms of the World* (Stackpole, 1969).

Leonard V. Smith, Stéphane Audoin-Rouzeau and Annette Becker, *France and the Great War 1914–1918* (Cambridge University Press, 2003)

Roger Smither & Stephen Badsey (eds.) *Imperial War Museum Film Catalogue, The First World War Archive Vol. One* (Flicks Books, 1993)

Michael Snape, *God and the British Soldier: Religion and the British Army in the First and Second World Wars* (Routledge, 2005)

Michael Snape and Edward Madigan (eds.) *The Clergy in Khaki: New Perspectives on British Army Chaplaincy in the First World War* (Ashgate, 2013)

David Stevenson, *1914–1918: The History of the First World War* (Penguin, 2004)

John Still, *A Prisoner in Turkey* (John Lane, 1920)

Hew Strachan (ed.), *The Oxford Illustrated History of the First World War* (Oxford University Press, 1998)

Hew Strachan, *To Arms: The First World War* Vol. 1 (Oxford University Press, 2001)

Nigel Steel and Peter Hart, *Jutland 1916: Death in the Grey Wastes* (Cassell, 2003)

Ian Sumner, *They Shall Not Pass: The French Army on the Western Front 1914–1918* (Pen & Sword, 2012).

A.J.P. Taylor, *The First World War: An Illustrated History* (1966)

John Terraine, *Business in Great Waters* (Wordsworth, 1999)

Owen Thetford & Peter Gray, *German Aircraft of the First World War* (Bodley Head, 1970).

Mark Thompson, *The White War: Life and Death on the Italian Front 1915–1919* (Faber and Faber, 2008)

Dan Todman, *The Great War: Myth and Memory* (Hambledon and London, 2005)

Charles Townshend, *Easter 1916: The Irish Rebellion* (Allen Lane, 2005)

Charles Townshend, *When God Made Hell: The British Invasion of Mesopotamia and the Creation of Iraq 1914–1921* Faber and Faber, 2010)

Deltert Trew, *War Wire: The History of Obstacle Wire Use in Warfare* (DRM Publishing, 1998).

Barbara Tuchman, *The Guns of August* (Macmillan, 1962).

Spencer C. Tucker (ed.) *The European Powers in the First World War: An Encyclopedia* (Garland, 1996)

Spencer C. Tucker (ed.) *The Encyclopedia of World War I* (ABC Clio, 2005, 5 vols.)

Alexander Watson, *Enduring the Great War: Combat, Morale and Collapse in the German and British Armies, 1914–1918* (Cambridge University Press, 2008)

Alan Weeks, *Tea, Rum & Fags: Sustaining Tommy 1914–18* (The History Press, 2009)

Ian Westwell, *The Illustrated History of the Weapons of World War One* (Southwater, 2011)

Thomas Wictor, *German Flamethrowers in World War I* (Schiffer, 2007)

John Williams, *The Other Battleground. The Home Fronts: Britain, France and Germany 1914–1918* (Henry Regnery, 1972)

Craig Wilcox, *Red Coat Dreaming* (Cambridge University Press, 2009)

Dale E. Wilson, *Treat 'Em Rough!: The Birth of American Armor 1917–20* (Presidio Press, 1990).

Graham Wilson, *Dust, Donkeys and Delusions: The Myth of Simpson and his Donkey Exposed* (Big Sky 2012)

Trevor Wilson, *The Myriad Faces of War* (Polity, 1986)

Jay Winter, *Sites of Memory, Sites of Mourning* (Cambridge University Press, 1998)

Jay Winter & Emmanuel Sivan (eds.), *War and Remembrance in the Twentieth Century* (Cambridge University Press, 2000)

Sarah Womack, 'Ethnicity and Martial Races: The Garde indigène of Cambodia in 1880s and 1890s', in Karl Hack and Tobias Rettig (eds) *Colonial Armies in Southeast Asia* (Routledge, 2006)

John Yarnall, *Barbed Wire Disease: British and German Prisoners 1914–1919* (Spellmount, 2011)

Mitchell A. Yockleson, *Borrowed Soldiers: Americans Under British Command 1918* (University of Oklahoma Press, 2008)

Erik Zürcher, 'Little Mehmet inn the Desert: The Ottoman Soldier's Experience' in Hugh Cecil and Peter Liddle, (eds.) *Facing Armageddon: The First World War Experienced* (Leo Cooper, 1996)

Some useful websites

http://www.1914-1918.net [The Long, Long Trail]

http://www.cwgc.org/ [Commonwealth War Graves Commission]

www.GermanColonialUniforms.co.uk

www.militaryheadgear.com/garments/19-Flight-Helmets

http://info-poland.buffalo.edu/classroom/JM/monument. [Tannenberg memorial]

http://smsmoewe.com/ships/smsms10.htm

http://www.stanleyspencer.org.uk/

http://www.uboat.net/

http://www.winston-churchill-leadership.com

图片版权

本书所刊图片获得以下个人或机构的授权，在此表示感谢。

AKG-Images: 14-15, 20, 60, 71, 162, 186, 192, 194, 196-197; /Bildarchiv Monheim: 247; /Marc Deville: 239; /Erich Lessing: 160, 223, 230, 231; /IAM: 161, 223; /Interfoto: 18-19, 25, 114, 182-183; /NordicPhotos: 102; /RIA Nowosti: 84; / Ullstein Bild: 238; /Alamy: AKG-Images: 16; /The Art Archive: 155; /Martin Bennett: 1, 167; /CBW: 73; /David Crossland: 11; /Hemis: 211; /Hiberniapix: 180; /Interfoto: 12, 34 (上), 51, 158; /Masterprints: 27; /Oleg Mitiukhin: 75; /Patrick Nairne: 219; / The Print Collector: 142; /Tony Roddam: 10; /VPC Travel Photo: 157; /Australian Railway Historical Society, NSW Division: 113; /Australian War Memorial: 72 (J06392), 98 (PO9591.046), 99 (H03231), 118-119 (RELAWM03709-1), 128, 144 (E03375); / Balcer via Wikipedia: 47; /Battlefield Historian: 221; /The Bridgeman Art Library: City of Edinburgh Museums and Art Galleries, Scotland: 39; /Archives Larousse, Paris, France/ Giraudon: 60; /National Army Museum: 145; /Private Collection: 209; /Karl Bulla: 74; /© Canadian War Museum: 30 (下) CWM 19440025-009,; /George Metcalf Archival Collection 30-31 (上) CWM 1992004-282, 129; /Corbis: Bettmann: 226, 227; /Hulton-Deutsch Collection: 218; /Piotr Naskrecki/Minden Pictures: 122; /Getty Images: Apic: 22; /Jacques Boyer/Roger Viollet: 115, 176-177; /Buyenlarge: 91; / FPG/Hulton Archive: 46, 106-107; /Fotosearch: 200-202; /General Photographic Agency: 86, 194; /Hulton Archive: 32, 38, 40-41, 54-55, 68, 80, 88-89, 166, 198, 206, 236-237; /Keystone-France/Gamma-Keystone: 204, 233, 244; /Imagno: 170, 246; /IWM: 50, 202; /Keystone: 92-93; /Peter Macdiarmid: 69; /Mondadori Portfolio: 116, 224-225; /Horace Nicholls/IWM: 59; /Photo12/UIG: 120; / Popperfoto: 64-65, 87; /SSPL: 131; /Topical Press Agency: 82, 154, 232; /© James G. Howes, 1998: 85; /Imperial War Museums, London: 33 (CO 3392), 36 (Q 56658), 42, (FEQ 802), 44 (PST 13672), 45 (EPH 3813), 53 (Q 58467), 97 (MUN 1362), 109 (WEA 2225), 121 (Q 32002), 123 (EQU 3855), 133 (MISC2152_005323), 147 (FEQ 465), 168 (Q 24660), 169 (FIR 9220), 185 (ART 2268); /Library of Congress/Harris & Ewing Collection: 156; /National Library of Ireland: 117; /Head Quarters, New Zealand Defence Force Library, permission of the New Zealand Defence Force Library: 172; /Mary Evans Picture Library: 131; /Guy C. Powles from The New Zealanders in Sinai and Palestine Volume III Official History New Zealand's Effort in the Great War: 112; /Private Collection: 179; /Rex Features: Stuart Clarke: 181; /Science & Society Picture Library: 52, 81, 95, 103, 143, 164-165, 175, 188-189, 193, 203, 215, 228, 229; /Solo Syndication: 83; /Surrey History Centre: 136, 137; /Oliver Thiele: 171; /Topfoto.co.uk: 2-3, 42, 48, 56, 58, 70, 76, 77, 78-79, 100, 104, 108, 118 (下), 134, 174, 190, 199, 205, 207, 212-213, 216, 217, 220, 240, 241, 242-243; /The Granger Collection: 8, 63, 159 (左、右), 178, 214, 245; /The Print Collector/HIP: 13, 62, 94, 110, 146, 149, 150, 152-153, 235; /Roger-Viollet: 7, 24, 34 (下), 57, 66, 67, 105, 111, 125, 140, 210; /Ullstein Bild: 4, 5, 17, 49, 187, 191; /World History Archive: 26